Sabine Bode

Wir Alten

Sabine Bode

Wir Alten

Porträts einer lebenserfahrenen Generation

Patmos

Bibliografische Information der Deutschen Nationalbibliothek

Die Deutsche Nationalbibliothek verzeichnet diese Publikation in der Deutschen Nationalbibliografie; detaillierte bibliografische Daten sind im Internet über http://dnb.d-nb.de abrufbar.

Printed in Germany
ISBN 978-3-491-36010-5
www.patmos.de

In Gedenken
an Ilse Fricke (geboren im Jahr 1900),
die zu keiner Zeit Uniformen mochte
und im hohen Alter meinte, man könne
auf ihr Grab schreiben:
NUR MIT IHRER EIGENEN GENERATION
IST SIE NICHT KLARGEKOMMEN.

Inhalt

Vorwort

Seit ich denken kann, ist mein persönliches Interesse an älteren Menschen groß. Immer und immer wieder habe ich Zeitzeugen interviewt. Ich wollte mir nicht nur ihre Erlebnisse schildern lassen. Ebenso wichtig war mir zu hören, wie die Älteren das aktuelle Weltgeschehen vor dem Hintergrund ihrer Lebenserfahrung einschätzten. Wie viel Orientierung für das eigene Älterwerden unsere Gespräche enthielten, wird mir erst heute klar, da ich, 1947 geboren, selbst am Tor zum Alter stehe. Das bestärkte mich in dem Entschluss, im vorliegenden Buch eine große Zahl von älteren und alten Menschen zu Wort kommen zu lassen. Sie sind in meinen Augen die wahren Experten, wenn es um die Frage geht: Wie wird man älter und behält seine gute Laune?

Erst die Vielfältigkeit ihrer Erfahrungen und die ungleichen Lebensumstände machen nachvollziehbar, warum Menschen ähnlichen Jahrgangs so unterschiedlich altern. Beispiel: Eine 85-jährige Frau besucht ihre Freundin, die seit zehn Monaten bettlägerig ist. Die Kranke zeigt bei der Begrüßung keine Freude, sondern Wut. Warum? Weil ihre Besucherin nicht einmal einen Spazierstock braucht, während sie selbst weiß, dass sie nie wieder auf die Beine kommen wird. »Ich begreife das nicht!«, stößt sie hervor. »Ich bin drei Jahre jünger als du, und früher ich bin dir auf jeder Wanderung davongelaufen!«

Die Altersforscherin Ursula Lehr bestätigt: »Je älter wir werden, umso weniger sagt die Anzahl der Jahre etwas aus über Fähigkeiten und Fertigkeiten, über Erlebens- und Verhaltensweisen.«[1]

Heutzutage kennt das Mutmachen für ein gutes Altern von Seiten der Medien keine Grenzen. Die Bevölkerung wird geradezu überschüttet mit guten Ratschlägen für die letzten Lebensjahrzehnte. Unmöglich, sich der Fülle der Versprechen, Patentrezepte und pädagogischen Unterweisungen zu entziehen. Eben diese Maßlosigkeit aber verstärkt gerade bei jüngeren Menschen die Vorstellung, man könne ein heiteres Rentnerdasein erwerben, wie, sagen wir, eine gute Berufsausbildung: alles nur eine Frage der richtigen Einstellung und des Fleißes. Alte Menschen selbst glauben nicht daran. Ihr Blick auf die sie umgebenden Gleichaltrigen macht sie diesbezüglich illusionslos. Doch in dem Maße, wie das Bild von den »jungen Alten« – die es zweifellos gibt und die es in dieser großen Zahl früher nie gegeben hat – in Fernsehfilmen und Ratgebersendungen hofiert wird, schleicht sich durch die Hintertür eine inhumane Sichtweise auf ältere Menschen in unsere Gesellschaft ein. Sie lautet zugespitzt so: Wer krank und hinfällig ist, hat irgendetwas »falsch gemacht«, der trägt selbst daran die Schuld – ausgenommen Greise kurz vor ihrem Ableben. Tatsächlich handelt es sich um eine uralte kulturelle Prägung, genauer, um eine längst überwunden geglaubte Überzeugung aus dem Christentum, wonach Krankheit und andere Heimsuchungen eine Strafe Gottes seien.

Jeder erfahrene Hausarzt bekommt täglich vor Augen geführt, wie wenig die vitalen und glücklichen Weißhaarigen auf den Werbefotos der Pharmaindustrie – Opa trägt Oma Huckepack! – die Realität älterer Menschen wiedergeben. Der Mediziner weiß, dass seine mahnenden Worte, wenn es um eine vernünftige und altersgemäße Lebensführung geht, selten auf fruchtbaren Boden fallen, weil zum Beispiel Selbstdisziplin nur in Ausnahmefällen noch in späten Jahren erlernbar ist.

Die prägenden Faktoren des Alterns stammen überwiegend aus viel früheren Lebensabschnitten. Denn dazu gehören nicht nur die Gene und das Einkommen, sondern auch die Bedingungen der Kindheit, die Werte der Herkunftsfamilie, der Grad der Bildung, die Qualität der vorausgegangenen Lebensführung, ja sogar das Aufwachsen in einer bestimmten Region. Meine Gespräche mit älteren Menschen haben mich zu der Einsicht gebracht: gut alt zu werden ist im Wesentlichen kein Verdienst, sondern ein Geschenk.

Einige Regalmeter mit Ratgebern zum Thema »Älterwerden« sind geschrieben worden, einschließlich »Wenn Katzen älter werden«. Das erweckt nicht nur den Eindruck, als verwandelte sich das Leben dem Ende zu in ein einziges großes Problemfeld, sondern es soll paradoxer Weise die Hoffnung nähren, jeder Mensch hätte gleichwohl die Chance, sein Alter zu genießen, wenn er denn nur alles richtig macht …

Das Besondere an unserer Zeit ist das überwältigende Interesse am Thema »Älterwerden«. Als die französische Philosophin und Schriftstellerin Simone de Beauvoir 1970 ihre umfangreiche Untersuchung unter dem Titel »Das Alter« veröffentlichte, wurde dies zwar in den Feuilletons mit Hochachtung begrüßt, aber gelegentlich mit Sätzen kommentiert, die verrieten: So genau wollten wir es eigentlich nicht wissen. Zum Beispiel hieß es: »Sie wird uns noch aus dem Jenseits minuziös berichten.« Beauvoirs Botschaft: Würdeloses Altern ist kein individuelles, sondern ein gesellschaftliches Problem. Das Standardwerk mag einigen Altersforschern bei der Finanzierung ihrer Projekte geholfen haben, aber von einem gesellschaftlichen Umdenken konnte damals noch keine Rede sein.

Ich erinnere mich an eine Live-Sendung im WDR-Hörfunk Mitte der Achtzigerjahre. Titel: »Wie werde ich sein, wenn ich alt bin?« Es handelte sich um eine öffentliche Veranstaltung mit Beiträgen aus dem Publikum. Aber das Publikum spielte nicht mit. Es beantwortete die Frage nicht. Es wollte sich darüber keine Gedanken machen. Der Jugendwahn war schon damals folgenreich. Man scheute den vorausschauenden Blick in die Zukunft, individuell und gesellschaftlich. Man mochte sich das eigene Alter nicht vorstellen, und erst recht nicht die Folgen des Geburtenrückgangs, dessen eindeutige Zahlen bereits in den Siebzigerjahren die demografischen Veränderungen an die Wand der Zukunft schrieben. Da schaute man lieber nicht hin. Es ist leichter, Zahlen zu ignorieren als Bilder.

Es gab sie noch nicht, die Bilder, die zeigten, wie Jüngere im Alter aussehen würden. Sie kamen erst als verspielte Nebenprodukte der Digitalisierung. Wenn technologischer Fortschritt neue Bilder schafft, kann es geschehen, dass er damit unbeabsichtigt neuen Einsichten zur Verbreitung verhilft. Ein gutes Beispiel sind die Fotografien von der Erde, die bei den Weltraumexkursionen entstanden. Erstmals zeigte sich der blaue Planet in seiner ganzen Schönheit – aber auch in seiner Verletzlichkeit. Die Bilder der Erde, umgeben von der Schwärze des Alls, schufen das optische Symbol für ein neues Bewusstsein, das Umweltbewusstsein. Es rief Menschen dazu auf, zu beschützen, was ihnen wertvoll ist. Symbole reichen tiefer als Sprache.

Ähnliches mag für die neu entstandenen Bilder vom Prozess des Älterwerdens gelten, wie sie die Computersimulation ermöglicht. Ein junges Gesicht verwandelt sich in ein altes Gesicht: So also werde ich aussehen, wenn ich alt bin! So oder so ähnlich, vorausgesetzt, es werden nicht die Spuren schwerer Krankheit oder sonstigen Leides bestimmend sein. Der digitale Entwurf vom zukünftigen alten Gesicht hat selbst in Zeiten des Jugendwahns nichts Erschreckendes, denn er ist gnädig. Es handelt sich um ein Wunschbild, dem man im Alter zu entsprechen hofft. Warum auch nicht? Rückhaltlose Offenheit fördert nicht die Bereitschaft, sich auf unbehagliche Gedanken einzulassen. Wir alle nutzen Illusionen, um besser im Leben klarzukommen.

Das Computerbild fasziniert, und es unterstützt ein Thema, das heutzutage nicht nur die angesprochene Altersgruppe, sondern auch viele Jüngere interessant finden, entweder, weil ihr Beruf sie mit alten Menschen zusammenbringt, oder weil sie mehr über die letzte Lebensphase wissen wollen, in der die eigenen Eltern angekommen sind. An sie alle wendet sich dieses Buch.

Wer sind nun meist die Autoren, die über das Älterwerden schreiben? Grob gesagt handelt es sich um Prominente, Ärzte und Psychotherapeuten, oder um prominente Ärzte und Psychotherapeuten, die in die Jahre gekommen sind. Ihre Botschaft lautet, im Klartext oder im Subtext: Liebe Leute, strengt euch mal schön an, dann wird alles gut werden. Oder die Autoren präsentieren eine entgegengesetzte Variante: Der Verfall des Alterns ist nun mal eine fortschreitende Krankheit; sie hinzunehmen gelingt am besten durch Selbstironie oder schonungslose Darstellung. »Das Alter ist kein Kampf; das Alter ist ein Massaker«[2], notiert Philip Roth in seinem Roman *Jedermann*. Bücher über das Alter werden dann in Rezensionen gelobt, wenn sie ohne Larmoyanz geschrieben sind, genauer, ohne »Alterslarmoyanz«.

Wortkreationen in Zeiten des demografischen Wandels verdienen Beachtung. Als ich jung war, hatte für mich vor allem der »Altersstarrsinn« Bedeutung. Meine Großmutter väterlicherseits war eine große Verweigerin. Später kamen die verheißungsvollen Aussichten des »Alterssex« hinzu. Dann erfuhr ich von den angeblichen Bedrohungen durch eine auf den Kopf gestellte »Alterspyramide«. Und nun freut sich die Gesellschaft über die »Alterspotenziale«. Sie gilt es auszuschöpfen, aber, bitteschön, ohne »Alterslarmoyanz«.

In all diesen Begriffen stecken, offen oder verdeckt, Bewertungen. Beim Lesen der meisten Bücher über das Älterwerden entstand bei mir der Eindruck, die Autoren wüssten, was für andere Menschen gut oder schlecht, was richtig oder falsch ist im Umgang mit den Bedingungen des letzten Lebensabschnitts. Häufig werden die Ratschläge vorsichtig oder möglichst humorvoll formuliert – man will ja schließlich nicht bevormunden. Die neuen Alten sollen selbstbewusst ihre »Alterspotenziale« entdecken, da kann man sie nicht wie Schulkinder ansprechen. Mir persönlich schmeckte auch dieser behutsame Tonfall nicht – genauso wenig wie das gnadenlose Ausbreiten von Altersgebrechen in den Selbstauskünften namhafter Autoren.

Darum habe ich mich dafür entschieden, in diesem Buch die Älteren und Alten selbst zu Wort kommen zu lassen. Noch mal: Die wahren Experten zum Thema Altern sind alte Menschen und niemand sonst. Ich bedanke mich bei allen Freunden, Bekannten und Unbekannten, die mir bei der Suche nach meinen Gesprächspartnern geholfen haben, was sich vor allem im Falle der älteren Migranten als schwierig erwies. Mein Dank geht gleichfalls an Christiane Neuen für ihre Hartnäckigkeit und Gründlichkeit, mit der sie sich für das Entstehen dieses Buches einsetzte.

Ganz besonders möchte ich mich bei jenen älteren und alten Menschen bedanken, die bereit waren, sich mit mir zu einem gemeinsamen Nachdenken zu treffen, und dabei keine Scheu hatten, eine eigene Lebensbilanz offenzulegen. Die meisten meiner Gesprächspartner wollten, dass ihre Geschichte anonymisiert erscheint; ihre Namen sowie die ihrer Angehörigen wurden verändert und bei der ersten Nennung mit * versehen. Auch die Ortsnamen und Berufe sind geändert. Die Anonymisierten waren nicht der Ansicht, sich mit dem, was sie von sich preisgaben, verstecken zu müssen; doch wollten sie vermeiden, dass ihre Angehörigen von Nachbarn oder Arbeitskollegen überraschend und unqualifiziert angesprochen werden. Dass mit Reaktionen dieser Art gerechnet wird, hat in meinen Augen nichts mit Ängstlichkeit zu tun, sondern mit Realitätssinn. In unserer Gesellschaft ist es nun mal so, dass Eigenwilligkeit im Alter abgewertet und nicht geschätzt wird. Nur in Kinofilmen ist das anders. Warum eigentlich?

Köln, im Januar 2008
Sabine Bode

Kapitel 1
Paare
Gemeinsam alt werden

Wer hat Recht?

Ein schöner Herbsttag an einer griechischen Küste; eine schmale Bucht unterhalb eines felsigen Steilhangs, der mit Pinien und Olivenbäumen bewachsen ist. Heller Sand, türkisfarbenes Wasser. Es ist still am Strand – so still, dass man das leichte Plätschern der Wellen hört. Keine Musik, kein Sirtaki aus Lautsprechern, keine Motorboote. Drei Dutzend Urlauber, überwiegend Rentner, halten ihre Körper in die milde Vormittagssonne. Plötzlich tritt ein weißhaariges Paar in Wanderkluft auf und schon geht eine laute Diskussion los.

»Ja, guck doch mal, da oben, da oben links. Das Klofenster!«, ruft der Mann mit polternder Stimme. Folgsam hebt seine Frau den Blick zum Steilhang hoch: »Na ja. Ich weiß nicht, es könnte genau so gut ein ganz anderes Fenster sein.«

Offenbar wohnen die beiden oberhalb der Bucht, in einem 300-Betten-Hotel, von dem nur eine schmale Seitenwand erkennbar ist, die hinter dem Wald aufragt. Eine weiße Wand mit Fenstern und Balkonen – wobei eines der Fenster unbedingt identifiziert werden muss.

»Du guckst ja gar nicht genau hin«, beschwert sich der Mann. »Am Klofenster kannst du es erkennen.«

»Kann ich nicht, nein.«

»Aber am Klofenster sieht doch jeder, dass es gar nicht anders sein kann …«

Das Rentnerehepaar steht immer noch mit dem Rücken zum Meer. Beide tragen kleine Rucksäcke, Stiefel, Bundhosen. Er fuchtelt mit den Armen: »Vom Klofenster aus können wir doch auch nebenan das Stück Balkon sehen. Erinnerst du dich? Da hängt doch auch die Wäscheleine. Aber die kann man natürlich von hier aus nicht sehen.«

»Nein. Natürlich nicht«, bestätigt seine Frau mit schwacher Stimme.

»Hundertprozentig!«, legt ihr Mann nach. »Und wenn man ein Fernglas hätte, könnte man unterhalb des Klofensters vielleicht sogar die Wäscheleine erkennen ...«

Und so weiter und so weiter. Das Wort »Klofenster« fällt 24 Mal, bis die beiden endlich davonstapfen und wieder Ruhe einkehrt.

Rechthaberei im Ruhestand. Das kann böse enden, wie ein anderes Beispiel zeigt. Es stammt aus dem vielbeachteten Roman *Die Korrekturen* des Amerikaners Jonathan Franzen. Enid, die Hauptfigur, hat es schwer. Ihr Mann lebt in einem Pflegeheim. Er leidet an Altersdemenz und ist durch Worte nicht mehr erreichbar. Täglich fährt seine Frau ihn im Rollstuhl spazieren und redet dabei ständig auf ihn ein:

»Solange noch Zeit war, musste sie ihm sagen, wie sehr er im Unrecht und wie sehr sie im Recht gewesen war. Wie unrecht es gewesen war, sie nicht noch mehr geliebt zu haben, wie unrecht, sie nicht auf Händen getragen und bei jeder Gelegenheit mit ihr geschlafen zu haben, wie unrecht, ihren finanziellen Instinkten nicht gefolgt zu sein, wie unrecht, so viel gearbeitet und so wenig Zeit mit den Kindern verbracht zu haben, wie unrecht, so freudlos, so schwarzseherisch gewesen zu sein, wie unrecht, vor dem Leben Reißaus genommen zu haben, wie unrecht, wieder und wieder Nein gesagt zu haben anstatt Ja: All das musste sie ihm sagen, Tag für Tag. Selbst wenn er nicht zuhörte, musste sie es ihm sagen.«[3]

Wenn Ehen in die Jahre kommen, was ist dann? Werden sie leichter, schwerer, schöner oder gar unerträglich? Wie findet man das heraus? Meine Kriterien bei der Suche nach geeigneten Interviewpartnern waren rein subjektiv: Ich wollte mich vor allem mit ihnen gut unterhalten – und nichts von Klofenstern hören.

Harmonie ist kein Kriterium

Ich fragte mich: Mit welchen älteren Menschen bin ich gern zusammen? Wo ist gute Stimmung? Bei welchen Paaren ist es interessant? Wer hat wirklich etwas zu sagen? Wo gibt es originelle Lösungen? Wer freut sich an dem, was der gesundheitliche Zustand noch erlaubt, und starrt nicht verbittert auf das, was nicht mehr geht? Und wo schimmert so etwas wie Altersweisheit durch? Die Menschen, mit denen ich sprach, führen keine Bilderbuchehen, wahrlich nicht. Weder suchte ich bei ihnen nach Harmonie, noch wie diese herzustellen sei. Ihre Partnerschaft sollte einfach nur lebendig sein.

Zum Beispiel Elisabeth* und Wolfram Stollberg* aus Wuppertal, beide über 70 Jahre alt. Sie haben schon eine Reihe von Abschieden hinter sich, von der Berufstätigkeit, von zeitaufwändigen Ehrenämtern. Wolfram Stollberg war früher leidenschaftlicher Bergsteiger, das kann er schon lange nicht mehr; da käme er in Atemnot. Mehr über Gesundheitsprobleme ist von ihnen nicht zu hören. Elisabeth hat sie im Nebensatz »Wehwehchen« genannt, die das Alter so mit sich bringe, und natürlich sei es deshalb manchmal nicht leicht, bei guter Laune zu bleiben.

Dass man nichts mehr erreichen will und nichts mehr darstellen muss in ihrem Alter, empfinden sie als eine Wohltat. Begeisterte Großeltern sind sie, ohne finanzielle Sorgen, ein schönes Haus mit Garten – was will man mehr?

Elisabeth, schlank, hochgewachsen, legt Wert auf bequeme Kleidung, am liebsten in Blaugrautönen. Bei besonderen Anlässen allerdings nimmt sie in Kauf, dass enge Pumps ihre Füße quälen, zum Beispiel, wenn sie und ihr Mann eine Oper besuchen. Bei Beginn der Ouvertüre streift sie unauffällig ihre Schuhe ab, hoffend, dass sie noch passen, wenn der Vorhang fällt. Manchmal leidet sie unter geschwollenen Füßen.

Bei unserem Treffen sitzt Elisabeth im Schneidersitz auf der Couch. Meinen erstaunten Blick deutet sie richtig: Wie kriegt sie das hin in ihrem Alter von siebzig plus? »Yoga« sagt sie. Doch üblicherweise ist das ruhige Sitzen ihre Sache nicht. Elisabeth sagt von sich, sie sei eine »nervöse Natur«, die Stillstand kaum ertrage. Yoga als Gegengewicht hilft ihr, sich bis zu einem gewissen Grad auszupendeln. Es habe auch dazu beigetragen, sich mit einem chronisch schlechten Schlaf abzufinden. Den verdanke sie ihrer Kindheit im Luftschutzkeller. Ihre Stimme ist klar, sie redet prononciert und ergreift dreimal so oft das Wort wie Wolfram.

Er ist ein zurückhaltender, zierlicher Mann, der sich noch heute darüber freuen kann, bestimmte Berufsrituale endgültig hinter sich gelassen zu haben: nicht mehr täglich einen Anzug tragen und nicht mehr langatmigen Sitzungen beiwohnen müssen. Aus dem hochrangigen Beamten in einem Ministerium ist ein gutsituierter Pensionär geworden. Jemanden wie ihn könnte man als »kultivierten Ruheständler« bezeichnen, mit einem großen Interesse an Literatur, Theater, Konzerten und Kunstausstellungen. Gelegentlich besuchen er und seine Frau Seminare über Themen, die in einem religiösen Kontext stehen. Hier haben sie Fragen, die ihnen mit zunehmendem Alter wichtiger geworden sind.

Selten der gleichen Meinung

»Auch das Theater ist eine große Gemeinsamkeit von uns beiden«, erzählt Wolfram, und seine Frau fügt hinzu: »Da sind wir sogar meistens einer Meinung, auch bei Kunstausstellungen stimmen wir überwiegend überein – ein Zustand, der zwischen uns wirklich nicht selbstverständlich ist.«

Spätestens hier interessiert es zu erfahren, wie zwei so unterschiedliche Charaktere überhaupt zusammengefunden haben. »Eben nicht als unterschiedliche Charaktere«, erläutert Elisabeth. Ganz so, wie es früher üblich war, hatte es zwischen ihnen angefangen: Eheschließung Anfang der Sechzigerjahre, eine »Hausfrauenehe«. Elisabeth wollte ganz für ihre Familie da. Die junge Ärztin verzichtete auf Beruf und Karriere. Erst als die beiden Kinder das Gymnasium besuchten, begann sie, in der Praxis eines Kollegen zu arbeiten. Ein paar Jahre später reichte ihr das nicht mehr. Sie wollte nicht länger einer familienkompatiblen Teilzeitbeschäftigung nachgehen, sondern, wie sie damals ihrem Mann unterbreitete, »genau wie du, wie jeder normale Mensch« Vollzeit arbeiten. Sie wollte ihre eigene Praxis aufmachen. Ohne diesen Schritt, sagte sie, würde sie sich nicht entfalten können. Sie würde nie erfahren, was wirklich in ihr steckte.

Wolfram verstand die Welt nicht mehr. Wieso wollte seine Frau plötzlich Karriere machen? Ein Wort ergab das andere, ohne dass sich ihre Positionen annäherten. Das geschah in den Siebzigerjahren, als Deutschlands Frauen unruhig wurden. Die Jüngsten und Mutigsten gingen auf die Straße und protestierten gegen den Abtreibungsparagrafen 218. Und Elisabeth Stollberg mutierte – zu ihrer eigenen großen Überraschung – von einer konventionellen Ehefrau und Mutter zur Feministin. Zeitweise gehörte sie zu den Aktivistinnen der Frauenbewegung. Aus dieser Zeit kennen wir uns. Ich erinnere mich an eine Tagung, zu der Elisabeth Stollberg als Referentin eingeladen war und wo sie sich zum Star der Veranstaltung entwickelte. Der bestaussehende Mann lag ihr quasi zu Füßen, ein Dreißigjähriger, der die Tagung leitete. Früher hatte sie eher durch Intellekt und Zugewandtheit Menschen für sich eingenommen. Mit 50 Jahren aber war sie auf dem Höhepunkt ihrer Attraktivität. Auf der Heimfahrt fragte ich sie, wie sie sich das erkläre. »Learning by doing«, antwortete sie mit einem vergnügten Lächeln.

Das Ende der »Hausfrauenehe«

Bei Interviews im Fernsehen überzeugte sie mehr als die Studentinnen mit Frauenzeichen auf der Wange, weil sie damenhaft auftrat, im Wollkostüm mit Perlenkette. Ruhig und ohne jeden Schnörkel forderte sie das Ende der »Hausfrauenehe«. Elisabeth hatte gesellschaftlich und privat ihr Thema gefunden.

Wie sich denken lässt, tobte damals auch bei den Stollbergs der Geschlechterkrieg. Wenn sie davon berichten, klingt es an manchen Stellen tatsächlich wie eine Schlacht mit schweren Verwundungen. Der Pensionsschock schließlich drohte ihr Zusammenleben ein weiteres Mal aus den Angeln zu heben.

Aber – ihre Ehe hat gehalten, im Unterschied zu fast allen anderen im Freundeskreis. Sie haben eine Weile überlegt, ob sie ihre Geschichte unter ihrem richtigen Namen veröffentlichen sollen oder nicht. Sie haben sich schließlich zu einer Anonymisierung entschlossen, weil sie nicht möchten, dass ihre Kinder und Enkel von Dritten auf Konflikte in der eigenen Familie angesprochen werden. Denn davon, von Missverständnissen und langwierigen Auseinandersetzungen, können sie viel erzählen, und sie tun es auch.

Dass sich der Ruhestand von Wolfram so heftig auswirken könnte, damit hatten sie beide nicht gerechnet. Elisabeth erzählt: »Also ich fand es ganz schrecklich und dachte, das überlebe ich überhaupt nicht. Und ich war erst dann etwas getröstet, als meine Freundin, die Eheberaterin ist, sagte, bei der Hälfte ihrer Klientel ginge es darum, den Pensionsschock zu überwinden.«

Wolfram wendet ein, so dramatisch wie seine Frau habe er diese Zeit nun nicht in Erinnerung. Spätestens hier ist auf die Paardynamik Verlass. Er will die Thematik mit Gelassenheit angehen – und sie legt nach: »Ach ja? Erinnerst du dich vielleicht daran, wie schnell wir in eine Ehepaartherapie gestiefelt sind?«

»Schwach«, sagt er und lacht etwas gequält.

Wer lässt sich schon gern Grenzen setzen?

Als ihr Mann in Pension ging, war die Ärztin noch voll berufstätig. Die Praxis im eigenen Haus machte die Abgrenzung von einem Ehemann, der plötzlich viel Zeit hatte und viel Zeit mit ihr verbringen wollte, nicht leicht. Die erste Grenzziehung erfolgte, als sie ihm klar machte, sie wolle es dabei belassen, gemeinsam zu frühstücken und gemeinsam beim Abendbrot zu sitzen, aber, bitteschön, nicht auch noch gemeinsam am Mittagstisch.

Noch etwas muss man im Zusammenhang mit unterschiedlichen Bedürfnissen wissen: Für Elisabeth ist das Wandern ein Genuss, nicht Spazierengehen, sondern kräftiges Ausschreiten. Ihr Ehemann, sagt sie, sei ihr da häufig schlicht zu langsam. »Also ich empfinde ihn eher als bedächtig, so wie es einem Westfalen zukommt. Und gerade beim Spazierengehen ist das eine Diskrepanz. Und da hat es sich etwas zwischen uns entspannt. Heute können wir, ohne uns zu kränken, sagen: Du, jetzt gehe ich allein.«

Man ahnt die Mühe, die es sie gekostet haben mag, auf ihrem Freiraum zu beharren. Sie ist lange genug auf der Welt und lange genug Ehefrau, um zu wissen: Grenzziehungen werden selten auf Anhieb akzeptiert. Häufig lösen sie zähe Gefechte aus. Nun, die Mühe hat sich gelohnt. »Es ist in Ordnung so«, bestätigt Wolfram. »Wir haben das getrennte Wandern eingeübt. Und wir gehen ja auch manchmal zusammen spazieren. Wir machen auch Radtouren.« Ihr Haus liegt dafür ideal; nur hundert Meter weiter beginnt der Wald. Gemeinsam und getrennt – die Stollbergs haben offenbar ihren Modus gefunden. Der Ehemann zuckt nicht einmal mehr zusammen, wenn Elisabeth ihre Alleingänge mit drastischen Sätzen unterlegt. »Also, wenn ich hier vor unserem Haus ältere Ehepaare spazieren gehen sehe, eng eingehakt, dann wird mir ganz schlecht. Ich könnte mir denken: Wenn einer von diesen Ehepartnern sagen würde, ich möchte jetzt mal allein eine Stunde in den Wald gehen, dass der andere gekränkt wäre. So ähnlich sah das bei uns ja auch aus.«

Immer wieder muss das Verhältnis zwischen Gemeinsamkeit und Distanz ausbalanciert werden. »Vor allem Distanz ist im zunehmenden Alter wichtig«, betont Elisabeth, während sie sich flink erhebt, um ein Fenster zu schließen. Der Westfale nickt bedächtig. Schwer zu sagen, ob er den Eheleitlinien seiner Frau vollen Herzens zustimmt. Fest steht, die Stollbergs haben ihre zentrale Krise des gemeinsamen Älterwerdens gut überstanden.

Eine spezielle Streit-Theorie

Elisabeth sagt, sie habe für Streit eine so genannte Zwei-Phasen-Theorie entwickelt. »Da ist die erste Phase, wenn man so eine richtige Wut hat, und die kann ja auch bei Kleinigkeiten entstehen, also wenn zum Beispiel mein Mann hinter meinem Rücken die Heizung abdreht, weil es ihm immer zu warm ist und ich immer friere, und mir das nicht sagt, da kann bei mir plötzlich wahnsinnige Wut kommen. Und in dieser Phase vernünftig zu handeln – ich glaube, das ist eine Illusion. Also, da muss man auch mal schreien dürfen und auch mal die Tür zuknallen, und, wenn's geht, nicht viel sagen. Es passiert aber trotzdem, dass man sich dann aus der Kiste sieben beschmeißt, aber danach – und das ist vielleicht das Wichtigste – wenn man wieder friedlich ist, nach einem Tag oder am Abend oder nach drei Tagen, dann setzt man sich zusammen und guckt: Was war eigentlich los? Warum bin ich wegen so einer Kleinigkeit so verletzt gewesen, so wütend geworden? Und das haben wir, glaube ich, in den letzten Jahren oft praktiziert, nicht?«

»Nicht immer, aber weitgehend, ja.« Wolfram formuliert seine Zustimmung mit Bedacht. Dann schaut er von seiner Frau zu mir und fügt hinzu: »Sie kann ja froh sein, dass sie auf meinen Schultern abladen kann, weil ich ein anderes Temperament habe, behaupte ich mal.«

Elisabeth zuckt die Achseln. Wir sind bei einem Thema angelangt, dass die beiden bis zum Überdruss diskutiert haben. Hier gibt es keine Übereinstimmung, aber es ist auch kein vermintes Feld mehr.

»Das ist gerade das Schwierige«, sagt sie – ebenfalls nur zu mir –, »wenn jemand wütend ist und den anderen beschimpft, und wenn der andere dann nichts sagt.«

Später im Gespräch wird Wolfram mitteilen, auch er brauche Zeiten des stillen Rückzugs, ja, die genieße er geradezu. Dazu sei er in seiner aktiven Phase kaum gekommen. »Das Leben ist ein Stück reduziert, wenn man älter wird, aber sinnvoll, vielleicht auch konzentrierter.«

»Heute glücklicher als früher«

Elisabeth nickt und fügt noch mehr Positives hinzu. »Was schöner ist als früher: Du und ich, wir beide haben viel, viel mehr Zeit. Und das führt dazu, dass es heute mehr Augenblicke gibt – ich sag's ganz vorsichtig –, wo ich glücklicher bin als früher.«

Dann herrscht Schweigen. Sie horcht in sich hinein. Schließlich sagt sie: »Ich beschäftige mich auch mehr mit den Fragen von Leben und Tod. Wer bin ich eigentlich? Was ist jetzt noch meine Aufgabe? Zum Beispiel möchte ich eine ganz gute Großmutter sein. Ich möchte für meine Kinder da sein, wenn die Kummer haben. Also ein Stückchen weiser werden – weiser in Anführungsstrichen – und liebevoller werden und mehr Mitgefühl haben.«

Als wir drei Tage nach meinem Besuch noch einmal telefonieren, sagt Elisabeth, ich hätte ja wohl gemerkt, dass in ihrer Ehe mehr auszuhandeln sei als getrennte Spaziergänge. »Mein Gott, wie hätten wir uns früher bei solchen Gesprächen gefetzt!« Nach meinem Abschied hätten sie und Wolfram sich gegenseitig auf die Schultern geklopft. Von einer Altersweisheit, versichert sie mir, seien sie dennoch weit entfernt. Ihren Plan, ein gemeinsames Testament zu machen, schieben sie seit Jahren vor sich her.

Die Schuldenfalle

Wohl dem, der etwas zu vererben hat. Bei Heiner* und Marianne Kossnik* sind es nur Schulden. Dass sie im Alter von der Sozialhilfe, heute »Hartz IV« genannt, würden leben müssen, davor hatte Marianne eigentlich immer Angst habt. »Aber was soll ich sagen: So schlimm, wie ich's mir vorgestellt habe, ist es nicht!«

Wir sitzen in einem Café. Das Schönste an dieser 72-Jährigen ist ihr Lächeln. Es ist Ausdruck einer Lebensfreude, die bei ihr unverwüstlich zu sein scheint. Natürlich habe auch sie graue Tage, manchmal mehr als andere Menschen, vermutet sie. Latte Macchiato lehnt sie ab und bestellt stattdessen eine einfache Tasse Kaffee. Sie will nicht spendiert bekommen, was sie sich selbst nicht leisten könnte. »Auf den Selbstwert achten« heißt ihr wichtigster Grundsatz des Älterwerdens. Nun, da die Armut dazugekommen ist, hält sie umso konsequenter daran fest. Man sieht ihrer Kleidung das ältere Datum an, aber sie ist von guter Qualität. An dem Erscheinungsbild einer gepflegten Dame hat sich nichts geändert. Dazu gehört die Handtasche einer Edelmarke, der sie ein silbernes Brillenetui entnimmt.

Wenn man genau hinschaut, stören nur ihre Schuhe das makellose Bild. Um die Spuren des Alterns zu vertuschen, reichen sorgfältiges Putzen und Wienern nicht mehr aus. »Genau wie bei mir!« Sie lacht mit einer tiefen, durch viele, viele Zigaretten aufgerauten Stimme. »Aber es ist doch zum Glück so: Viele ältere Frauen haben schmerzempfindliche Füße und tragen lieber alte statt neue Schuhe. Das fällt also nicht weiter auf.« Nur ihre Zigaretten will sie in einer öffentlichen Umgebung nicht sichtbar auf den Tisch legen. »Die sind nämlich selbst gedreht und schmecken so scheußlich, dass ich schon auf sechs Stück pro Tag reduziert habe.« Dass sie eigentlich mit dem Rauchen aufhören müsste, weiß sie schon seit 30 Jahren, aber es gelingt ihr einfach nicht.

Eine schöne Begegnung im Park

Das erste Mal sind wir uns an einem Märztag in einem Park in Stuttgart begegnet. Das ältere Paar war mir aufgefallen, weil sie ununterbrochen redeten und viel lachten, wie es sonst nur Schüler oder Studenten tun. Dennoch waren sie wach für ihre Umgebung, denn sie blieben unter einem hohen, unbelaubten Baum stehen, weil sie einen Specht hämmern hörten. Ich stellte mich zu ihnen. Wo genau war der Vogel? Es gelang uns Frauen nicht, ihn zu entdecken, aber Mariannes lebhafter, hochgewachsener Mann beschrieb mit Engelsgeduld das Aussehen der einzelnen Äste, an denen unsere Blicke entlang wandern sollten, bis seine Frau und ich entzückt aus einem Mund riefen:

»Da ist er ja!« Damals dachte ich, dass man nur selten auf Menschen trifft, die so gut Orientierung geben können. Der Mann gestikulierte stark und fuhr sich dabei mit der Hand übers Gesicht. Das war, wie ich später herausfand, der Grund dafür, dass ihm oft die Haare zu Berge standen.

Ich konnte die beiden auf Anhieb gut leiden. Es stellte sich heraus, dass die Frau eine gute Bekannte meiner Freundin war, bei der ich wohnte, wenn ich in Stuttgart beruflich zu tun hatte. Dank dieser Verbindung trafen wir uns gelegentlich wieder. Ein Jahr nach unserem Kennenlernen durch einen Specht ergab es sich, dass meine Freundin Marianne Kossnik im Krankenhaus besuchen wollte, und ich ging mit. Sie war die letzten Stufen einer U-Bahntreppe hinuntergefallen, aber dank ihrer Gelenkigkeit hatte sie sich nur eine Gehirnerschütterung und ein paar Schrammen zugezogen. Dennoch war das Erlebnis ein Schock für sie gewesen. Gespräche am Krankenbett, zumal unter Frauen, führen häufig zu einer neuen Stufe der Vertrautheit. So war es auch mit Marianne, die offenbarte, sie und ihr Mann seien in Wahrheit bettelarm; sie lebten seit zwei Jahren von Sozialhilfe.

Als ich sie sechs Monate später um ein Gespräch bat, lehnte Heiner Kossnik ab. »Geh du mal hin«, sagte er zu seiner Frau. »Du wirst das schon machen. Ich rede nun mal nicht gern über meine Niederlagen.«

Umstellungen auf schlechte Lebenssituationen, so verrät mir Marianne nach unserer Begrüßung im Café, sei sie durchaus gewohnt gewesen. Mal verdiente ihr Mann das große Geld, mal ging der Kaufmann pleite, ein ständiges Auf und Ab. Mal bewohnten sie ein Haus mit Swimmingpool, mal reichte das Geld gerade mal für eine Zweizimmerwohnung. Das beengte Zusammenleben der fünfköpfigen Familie dauerte so lange, bis Heiner wieder mit einer neuen Geschäftsidee Fuß gefasst hatte. Damit allerdings ist nun nicht mehr zu rechnen. Der Kaufmann hat alle Möglichkeiten ausgereizt. Sein Charme und seine Begeisterungsfähigkeit, womit er früher jeden Bankfachmann auf seine Seite ziehen konnte, zünden nicht mehr. Seine Lage hat sich unter den Kreditinstituten herumgesprochen. Niemand leiht ihm mehr Geld.

Verarmt – aber auch erleichtert

»Das ist das Gute heute, dass endlich Ruhe ist«, kommentiert Marianne ihre finanzielle Situation. »Jetzt ändert sich nichts mehr, das heißt, ich muss auch keine Angst mehr vor der nächsten Katastrophe haben.«

Marianne und Heiner kommt zu Gute, dass sie sich seit ihrer Kindheit mit Notzeiten auskennen. Beide stammen sie aus Flüchtlingsfamilien, die jeweils nach längeren Aufenthalten in Lagern schließlich in Schwaben eine Heimat fanden. Aus dieser Zeit haben sich Fähigkeiten und Abneigungen erhalten. Nie, aber auch nie, wären Marianne und Heiner auf die Idee gekommen, im Urlaub zu zelten, auch früher nicht, mit kleinen Kindern, als die Familie knapp bei Kasse war. Eine provisorische Schlafstätte, womöglich noch direkt auf dem Boden – allein die Vorstellung ist ihnen zutiefst zuwider. Sie brauchen ein anständiges Bett mit sauberen Bezügen und Laken, am liebsten alles in Weiß.

An andere Begebenheiten, die nicht mit dem Lagerleben zusammenhängen, erinnert Marianne sich gern. Zum Beispiel, wie der abgetragene Wintermantel vom Vater gewendet wurde und sich unter den erfahrenen Händen einer Dorfschneiderin in einen – fast – neuen und »todschicken« Damenmantel verwandelte. Entsprechendes handwerkliches Geschick besitzt Marianne nicht, aber die guten Ideen für sparsames Haushalten sind ihr Zeit ihres Lebens nicht ausgegangen. Seit dreißig Jahren wohnen die Kossniks in Stuttgart. Hier sind auch ihre drei Kinder noch zur Schule gegangen, die heute, jeweils mit der eigenen Familie, in drei verschiedenen Ländern leben. Marianne hat auf ihre Art erfolgreich dafür gekämpft, dass sie, alt und verarmt, wie sie waren, nicht auch noch verpflanzt wurden.

Ein Sieg auf dem Sozialamt

Wie nicht anders zu erwarten, bestand der Sachbearbeiter des Sozialamtes zunächst auf einem Umzug in eine billigere Wohnung in einem anderen Stadtteil. Doch Marianne blieb ruhig, argumentierte sachlich. Schließlich kam es zu einem nachdenklichen Gespräch zwischen einer älteren Frau und einem jungen Mann – mit dem Ergebnis, dass die Kossniks ihre teure Wohnung behalten durften. Vor den Nachbarn halten sie ihre finanzielle Situation geheim. Vor ihren Kindern ging das nicht. Zwei von ihnen, die im Ausland leben, zeigen sich seitdem großzügig. Sie schicken den Eltern gelegentlich Flugtickets, denn »als Großeltern«, so sagte ihr Sohn einmal, »habt ihr einen Mordsruf.«

Er schenkte seiner Mutter eine Jahreskarte für die Stuttgarter Museen. In fast allen Häusern wird Marianne Kossnik inzwischen als Dauergast erkannt und mit Namen begrüßt. Eine der Töchter finanziert ihrer Mutter das Fitnesstudio. Die Kleidergröße 38 ist durch Anstrengung erworben.

Als ich davon erfuhr, wurde ich neugierig. Ich kannte keine Frau über 70, die regelmäßig auf dem Laufband trainierte. Das seien täglich 65 Minuten, behauptete Marianne. Mein ungläubiges Staunen wurde mit einer Einladung quittiert: Ich könne sie ja mal dort besuchen. Im Fitnesstudio staunte ich noch mehr. Marianne war auf dem Laufband tatsächlich fit wie ein alter Turnschuh. »Während ich laufe«, verriet sie, »mache ich normalerweise Gedächtnistraining. Ohne wäre es ja wahnsinnig langweilig. Also sage ich mir die Städte mit A auf, und mit B die Berge oder die Politiker, und so weiter, und da ist eine Stunde schnell vorbei.«

Irgendwann fiel ihr das Reden schwer, und weil sie nicht unhöflich sein wollte gegenüber ihrem Besuch, der neben ihrem Gerät stand, brach sie ihr Training ausnahmsweise nach zehn Minuten ab. Nach dem Laufband ging sie zum »Bodenturnen« über, ein Begriff noch aus ihrer Schulzeit. Damit beugte sie gezielt Altersbeschwerden vor. Sie begann mit unauffälligen Übungen gegen Blasenschwäche und steigerte sich dann in einer Weise, dass es sich gelohnt hätte, eine Videokamera einzusetzen. Zum Beispiel: sich hinsetzen und dann mühelos ein durchgedrücktes Bein in die Höhe recken, bis der Fuß über den Kopf reicht. Locker könnte sie in einem Senioren-Zirkus auftreten. Aber auch in ihrem Fitness-Studio erntet Marianne Kossnik anhaltend Beifall. Sie gilt als Vorbild, vor allem bei jüngeren Frauen. Die 27-jährige Jackie, die ich darauf ansprach, geriet ins Schwärmen: Mit 70 Jahren noch so schlank, so hübsch und vital. Diese unglaubliche Beweglichkeit! Dieses schöne Lächeln! Wen interessieren da schon die Falten – so sieht man eben aus, wenn man sein Leben nicht in einer Vitrine verbracht hat …

Die Jungen schätzen ihren Rat

Üblicherweise wird man, wenn man älter wird, für die Jüngeren zunehmend unsichtbar. Das hebt nicht gerade den Selbstwert. Wenn zudem die Kinder und die Enkel weit entfernt wohnen, ist der Kontakt zu den nachrückenden Generationen häufig beklagenswert dünn. Nicht so bei Marianne. Darüber sprachen wir anschließend in der kleinen Cafeteria neben dem Gerätesaal, und ich erfuhr: Sie wird nicht nur von den jungen Frauen bewundert, sondern auch um Rat gefragt, vor allem bei Problemen mit dem Partner oder mit den Eltern.

Ich glaube, dass sie vor dem Hintergrund ihrer Lebenserfahrung eine gute Ratgeberin ist, vor allem auch deshalb, weil sie mit ihren eigenen Problemen ehrlich umgeht. Zwei ihrer Kinder halten zu ihr, aber da ist noch eine weitere Tochter, und die verhält sich völlig anders. Seit sie von ihrem Vater am Telefon erfuhr, dass er pleite und in der Konsequenz Hartz-IV-Empfänger sei, hat die Vierzigjährige den Kontakt zu ihren Eltern abgebrochen. Marianne kann über die Hintergründe nur Vermutungen anstellen. »Vielleicht haben sie und mein Schwiegersohn gedacht, mein Mann würde sie anpumpen, aber das würde der nie tun.«

Genau genommen ist Heiner gar nicht ihr Mann, sondern ihr geschiedener Mann, und das seit über 30 Jahren. »Wir haben früher eine schreckliche Ehe geführt«, bekennt sie freimütig. »Wir haben uns gegenseitig viel angetan. Keiner hat dem anderen die Wahrheit gesagt, es gab Seitensprünge und andere Betrügereien. Mein Mann war in seinem Beruf fast ständig auf Reisen, und kam er dann mal nach Hause, waren wir wie Katz und Maus. Es gab auch Gewalttätigkeit. Es war eine Hassliebe, anders kann ich das nicht sehen.« Da hätten sich natürlich auch ihre Kinder nicht gut entwickeln können. Probleme an allen Fronten. Nein, sie sei keine gute Mutter gewesen, und Heiner kein guter Vater. »Wissen Sie, was das wirklich Anrührende bei Kindern ist? Dass sie verzeihen können – wenn sie klein sind, aber auch später als Erwachsene. Zwei unserer Kinder haben uns verziehen. Die Dritte kann es nicht. Sie hat sich einfach noch nicht von uns erholt.«

Während ihrer Ehe, sagt Marianne, sei sie fast durchgängig Hausfrau gewesen. Zeit hätte sie eigentlich genug gehabt, um ihre drei

Kinder ohne den Beistand ihres Mannes aufzuziehen, aber es habe ihr an Kraft und Entschlossenheit gefehlt. Schließlich sei sie tablettenabhängig geworden und habe Jahre lang nur noch vor dem Fernseher gehockt und gemeint, es sollten sie alle in Ruhe lassen. Von ihrem Mann kamen Vorhaltungen und Schläge. Was soll sie dazu noch sagen? Nur so viel: Sie selbst stammt aus Familienverhältnissen, die durch den Krieg extrem belastet waren, ihr Mann ebenfalls. Da entwickelt man keine innere Kraft oder Vertrauen ins Leben. Zudem, fährt sie fort, sei Heiner als Kind und Jugendlicher fast ausschließlich durch Prügel erzogen worden.

Wie ein Zusammenbruch eine Ehe rettete

Nach einem Totalzusammenbruch, nach einem Medikamentenentzug – zu einem Zeitpunkt, als die Kinder gerade erwachsen waren – und nach vielen Gesprächen in Selbsthilfegruppen zog Marianne Kossnik einen Schlussstrich. Sie ließ sich scheiden und wechselte in eine andere Stadt. Achtzehn Monate später holte ihr Mann sie zurück. Denn das Unerwartete war geschehen: Auch er hatte innerlich eine Wende erlebt.

Marianne und Heiner haben keinerlei Rechungen mehr offen. Nur an einem hält sie eisern fest, an der Scheidung. »Damals dachte ich, das ist die Garantie, dass er sich mir gegenüber anständig benimmt, denn ich hätte ja jeder Zeit wieder gehen können«, erklärt sie. »Aber später trat das in den Hintergrund, und es ging darum, dass ich mich nicht mehr über seine geschäftlichen Abenteuer aufregen wollte. Ich dachte, solange ich geschieden bin, sollen mir seine Schulden doch egal sein.«

Ganz so war es natürlich nicht. Mit zunehmendem Alter schwanden die Aussichten, ihr eigenes Geld zu verdienen. Ohne Berufsausbildung hätte sie putzen gehen müssen. »Das hätte ich zur Not auch getan. Aber wenn du über 60 bist, wenn die Arthrose fortschreitet und die Gelenke schmerzen, dann überlegst du dir das dreimal.« Fazit: Ob geschieden oder nicht, sie blieb finanziell von ihm abhängig. Sinnlos, ihn zu bitten, seine riskanten Unternehmungen einzustellen. So ist Heiners Naturell nicht. Für ihn gilt Alles oder Nichts.

»Mein Mann ist ein nun mal Chaot in geschäftlichen Dingen«, beschreibt ihn seine Frau. »Ich habe ihn nie eine Buchhaltung machen sehen. Wenn ihm Rechnungen ins Haus schneiten, die machte er erst gar nicht auf und wunderte sich dann, wenn er Zahlungsbefehle kriegte. Früher war ich diejenige, die sich ständig mit dem Gerichtsvollzieher rumgeschlagen hat. Und eines Tages habe ich meinem Heiner gesagt: Du machst deinen Mist alleine! Ich habe meine Finanzen in Ordnung. Bitte sieh zu, wie du das mit dem Gerichtsvollzieher hinkriegst. Der kommt mir nicht mehr in die Wohnung. Den schicke ich sofort in dein Büro!«

Kurz darauf wurde der Gerichtsvollzieher durch eine junge Gerichtsvollzieherin ersetzt, und offenbar konnte sie Heiner Kossniks Charme nicht allzu viel entgegensetzen. »Die beiden waren im besten Einvernehmen«, erinnert sich Marianne. »Wenn er Geld hatte, kriegte sie was, und wenn er keines hatte, kriegte sie eben nichts und ging dann auch wieder.«

Dennoch, die ungeöffneten Umschläge auf Heiners Schreibtisch blieben für Marianne eine große Beunruhigung. »Freitags putzte ich immer sein Büro, das war ja nebenan. Und dann konnte ich mich nicht bremsen. Ich habe die Briefe aufgemacht und die ganzen unbezahlten Rechnungen gesehen. Danach war ich jedes Mal am Boden zerstört und es ging mir wahnsinnig schlecht. Und eines Tages habe ich mir überlegt, ich nehme meine Lesebrille nicht mehr mit, wenn ich bei ihm putze. Das hat funktioniert! Ab diesem Zeitpunkt, ohne Brille, ging es mir wunderbar in seinem Büro.«

Nun, das alles liegt hinter ihr. Eines Tages meldete sich das Finanzamt und forderte eine gewaltige Steuernachzahlung, was den 77-jährigen Kaufmann Heiner Kossnik ein für alle Mal aus dem Rennen schoss. Vorbei ist vorbei. Auf meine Frage, ob sie denn nicht zutiefst enttäuscht von ihrem Mann sei und ob sie ihm das finanzielle Desaster nicht täglich vorwerfe, sagt Marianne mit ihrem schönsten Lächeln: »Mitgefangen, mitgehangen. Ich wusste doch, wie er ist.« Ob ich es glauben wolle oder nicht, heute sei die Stimmung zwischen ihnen sogar noch besser als vorher. »Wir halten einfach zusammen!« Ihr Heiner sei gelegentlich deprimiert, versuche aber immer wieder, sich aus dem Loch herauszuziehen. Er sorge dafür, dass er immer etwas zu tun habe, zum Beispiel mit dem Recherchieren bestimmter wirtschaftlicher Zusammenhänge und dem Schreiben kleinerer und größerer Beiträge für irgendwelche Fachpublikationen.

Hoffnungslose Erziehungsversuche

Heiner musste sein Büro aufgeben, er arbeitet nun in der gemeinsamen Wohnung, was bedeutet, er und Marianne sind räumlich enger zusammengerückt. Das stellte vor allem seine Frau vor längst überwunden geglaubte Herausforderungen. »Er ist grauenhaft unordentlich, überall fliegen seine Sachen herum, und entsprechend räume ich hinter ihm her.«

Sie ist keine moderne Frau. Sie weiß lange genug, dass ihr Heiner ein »Macho« ist, der mit Hausarbeit nichts im Sinn hat. Vor allem aber weiß sie, dass sie ihn nicht ändern kann, und jetzt als alten Mann erst recht nicht. »Es wäre mir natürlich am liebsten gewesen, wenn ich ihn so hätte formen können, wie ich ihn gern gehabt hätte«, bekennt sie lachend. Als die Kinder aus dem Haus waren, als sie ihre große Krise hinter sich hatten und endlich Frieden eingekehrt war, hatte er sie einmal liebenswürdig darauf hingewiesen: »Ich verstehe ja, dass du nun, weil du die Kinder nicht mehr um dich hast, jemanden brauchst, den du erziehen kannst, weil du das so lange gewohnt warst – aber bei mir wird das nicht funktionieren.«

Marianne wurde in der Kindheit ein preußischer Ordnungssinn antrainiert. Der äußerst sich bei ihr als Reflex. So etwas wird man nicht mehr los. Nichts ist schwieriger, als Reflexe zu kontrollieren. Aber genau dazu musste Marianne sich erziehen, damit sie nicht immer wieder ihr altes Beziehungsmuster praktizierte, was da lautete: Ich, Marianne, weiß, was für dich, Heiner, und für unser Zusammenleben gut ist.

Hundertprozentig schafft sie es auch heute noch nicht, auf Besserwisserei zu verzichten. Es gelingt ihr, wie sie vermutet, in neun von zehn Fällen, und das reicht. Mehr erwartet auch Heiner nicht von ihr. »Aber wenn ich mal wieder übertreibe, dann zieht mein Mann mich auf und nennt mich ›seine Gouvernante‹.« Marianne weiß: Jedes Mal, wenn sich ihre Lebenssituation verändert, wenn sie keinen sicheren Boden mehr unter den Füßen spürt, dann kann sie ihre Ordnungsreflexe kaum noch steuern. Als Heiner einen Teil ihrer Wohnung zum Arbeitsraum deklarierte, dessen Grenzen jemand wie er ständig überschreitet, brannten bei Marianne kurzzeitig wieder die Sicherungen durch. Von einem souveränen Umgang mit den Macken ihres Mannes konnte keine Rede mehr sein. »Ich hab immer gleich geschimpft und wollte ihn erziehen«, erzählt sie, »aber seit ich das wieder aufgegeben habe, räumt er sogar manchmal seinen Teller weg. Gestern Abend hat er den ganzen Tisch abgeräumt! Wenn er so etwas macht, lobe ich ihn über den grünen Klee und das Komische ist« – ein herzhaftes Lachen unterbricht sie –, »das kann er kaum aushalten.«

Über Geld streiten sie sich sonderbarer Weise überhaupt nicht. Sie haben keine Probleme, sich über die Prioritäten ihrer Ausgaben zu verständigen. Bücher und CDs und DVDs werden nicht mehr gekauft, sondern in der Stadtbibliothek ausgeliehen. Früher hatte Heiner Kossnik drei Tageszeitungen abonniert, heute klickt er deren Online-Seiten an, wenn er seinen Hunger auf Weltwissen stillen will. Aber keine Frage, die sozialen Einschränkungen sind oft bitter. Mariannes Gesicht verdunkelt sich. »Eine Freundin von mir«, sagt sie, »lag mit Krebs in Tübingen im Krankenhaus und ich konnte sie nicht besuchen. Ich hab einfach nicht das Fahrgeld …«

Heißhunger auf Schokolade

Am Ende unseres Gesprächs schaue ich noch einmal auf meine Notizen und entdecke hinter einigen Stichworten ein Fragezeichen. Ist es wirklich immer Besserwisserei, wenn sie ihren Mann drängen will, zu tun, was für ihn gut ist? Kann es nicht auch Fürsorge sein?

Marianne lächelt wieder. »Also, wenn Sie in mein Alter kommen, dann haben Sie hoffentlich gelernt, das zu unterscheiden. Wenn nicht, führen Sie eine Ehe, in der es nur noch um Rechthaben geht.«

Natürlich wäre es für ihren Mann besser, Sport zu treiben und endlich abzunehmen. Er esse nicht nur zu viel, sondern auch die falschen, die viel zu fettigen Sachen. »Aber das weiß er selbst, er ist ja nicht blöd, sondern nur undiszipliniert in dieser Hinsicht.« Marianne hat auch hier das Fazit aus einer langen, konfliktreichen Erfahrung gezogen. Sie kann sich selbst nicht mehr leiden, wenn sie ihm gegenüber als Frau Kontrolletti auftritt und ihm vorrechnet: »Jetzt hast du schon wieder die ganze Leberwurst aufgegessen. Das waren 150 Gramm!« Oder: »Eine Tafel Schokolade auf einmal, muss das sein!?« Irgendwann, im Gespräch mit einer Freundin, kam Marianne der Gedanke, dass ihrer Nörgelei und Rechthaberei etwas ganz anderes zu Grunde liegen könnte: ihre eigene Panik. »Also, wenn ich zu mir ganz ehrlich bin, dann muss ich mir eingestehen: Ich habe Angst, dass Heiner vor mir stirbt, ich habe Angst, dass er ein Pflegefall wird, ich habe Angst vor dem, was passieren könnte ... Und genau das habe ich meinem Mann dann auch gesagt: Ich habe Angst, dass du vor mir stirbst, ich habe Angst, dass du ein Pflegefall wirst, ich habe Angst vor dem, was passieren könnte ...«

Seitdem ist es so, als hätte Marianne Kossnik innerlich einen Schalter umgelegt. Sie kann ihren Heiner bezüglich seiner Essgewohnheiten in Ruhe lassen, und mit der Zeit hat auch er ein bisschen mehr Vernunft angenommen, zumal er Völlerei nicht mehr gut verträgt.

Inzwischen gibt es ein neues Ritual, von dem beide profitieren. Marianne, die Finanzjongleurin und Überlebenskünstlerin, zaubert jeden Sonntag ein Festessen, und zwar immer so reichlich, dass stets etwas übrig bleibt. Heiner soll essen, bis er nicht mehr kann! Manchmal leidet er deshalb in der Nacht und noch am nächsten Tag, aber auch das gehört bekanntlich zu einem gelungenen Fest.

»Ja, vieles regelt sich von selbst«, sagt Marianne zufrieden und steckt ihr silbernes Brillenetui wieder ein. Doch ich möchte noch einen letzten Punkt ansprechen: Wenn sie mit ihrem Mann über ihre Angst geredet hat, dann werden sie doch auch über das Sterben gesprochen haben. Ich erinnere sie an die Geschichte von Philemon und Baucis, an das berühmte greise Liebespaar des Altertums. Zeus hatte den beiden Alten versprochen, ihren allergrößten Wunsch zu erfüllen, und so hatten sie den Gott gebeten: Weil wir so lange in Eintracht miteinander gelebt haben, so lasset uns beide in einer Stunde dahinsterben.

Marianne seufzt: »Meine Güte, wer wünscht sich das nicht. Aber Zeus kann nicht überall sein.« Dann überlegt sie. Schließlich gibt sie sich innerlich einen Ruck und erzählt von einer früher nie gekannten Innigkeit. Kürzlich habe ihr Mann sie mit einem Lied geweckt. »Love and Marriage«, habe er gesungen und gesagt: »Meine Liebste, wir sollten heiraten. Wenn du wüsstest, wie süß du im Schlaf aussiehst. Gelächelt hast du. Na, hoffentlich hast du von deinem Mann geträumt.«

Wer in einer schönen Partnerschaft alt wird, wünscht sich in der Regel, als erster zu gehen, in der Hoffnung, dann fiele der Abschied leichter. Marianne aber hofft das Gegenteil. Warum? Weil ihr Mann sich ohne sie nicht mehr im Leben zurechtfinden würde. »Und das sagt er auch immer. Darum wünsche ich mir, dass ich ihn überlebe.« Daran, fügt sie leise hinzu, könne ich erkennen, wie sehr sie ihren Mann liebt.

»Wehe, du stirbst vor mir!«

Das dritte Paar, das ich vorstellen möchte, hat ebenfalls an Originalität viel zu bieten. Sie ist 90 Jahre alt und spricht häufig vom Sterben. Dann hört ihr Mann Sätze wie: »Wehe, du stirbst vor mir! Dann hat sich das Ganze hier überhaupt nicht gelohnt …« Mit »das Ganze hier« umschreibt sie die Folgen eines Entschlusses, der vor zehn Jahren fiel und in ihrem Freundeskreis umgehend als Sensation weitergereicht wurde: Annedore und Friedrich ziehen zusammen! Damit hatte niemand mehr gerechnet, denn Annedore* und Friedrich Brandt*, seit über vierzig Jahren verheiratet, hatten noch nie zusammengelebt. Er arbeitete noch bis Ende Siebzig als selbstständiger Architekt in Hamburg. Sie lebte in einer Kleinstadt in der Nähe von Frankfurt und bekam noch bis ins hohe Alter Aufträge für Übersetzungen aus dem Französischen, eine Sprache, die sie seit ihrem Studium, als sie einige Semester in Paris verbrachte, stets gepflegt hatte.

Das kinderlose Paar war mit einer Wochenendehe bestens zurechtgekommen, solange es sich wirklich nur um zwei oder drei Tage handelte. Mit jedem Tag, den Friedrich länger in der Wohnung seiner Frau blieb, verdüsterte sich die Stimmungslage. Der am stärksten umkämpfte Raum war das Bad mit der Toilette.

Man versteht also, warum ihre Freunde so maßlos überrascht auf die Nachricht des Zusammenziehens reagierten. Die Ankündigung stimmte allerdings nur zur Hälfte. Richtig war: Sie würden künftig eine gemeinsame Adresse haben. Aber richtig war auch: Sie würden in zwei Wohnungen leben, getrennt durch einen Hausflur.

Als ich sie besuche, diskutieren Annedore und Friedrich Brandt gerade darüber, ob sie in diesem Jahr nach Indien in einen Ashram reisen sollten oder ob es ihnen zu anstrengend werden würde. Dann verabschiedet sich der Hausherr; er zieht es vor – wie bereits Heiner Kossnik –, unserem gemeinsamen Nachdenken über »Nähe und Distanz im Alter« fern zu bleiben. Und so kann er auch nicht richtig stellen, was seine Frau bereitwillig erzählt: »Früher, wenn ich auf die Toilette wollte, saß er drauf und hat die Zeitung gelesen, also ich bin wahnsinnig geworden, oder er musste sich gerade duschen, wenn ich reinwollte. Also, die zwei Badezimmer heute, das ist eine herrliche Sache. Ich habe meine eigene Toilette. Er hat seine eigenen Räumlichkeiten. Das an und für sich ist schon den ganzen Umzug wert.« Und damit ich sie nicht für eine Person halte, die ihren Mann möglichst wenig um sich haben will, fügt sie lachend hinzu: »Wir sind äußerst befreundet, aber nachts hat jeder seine Ruhe! Ein gemeinsames Schlafzimmer? Bloß das nicht! Einer schnarcht und ein anderer knirscht mit den Zähnen, so ist das doch im Alter, oder?«

Gut, wenn jemand in der Nähe ist

Als Friedrich sein Büro in Hamburg aufgelöst hatte, stellte sich die Frage: Was nun? Er bekam zwar immer noch gelegentlich kleinere Aufträge – wobei ihm versichert wurde, es gäbe außer ihm keinen Spezialisten weit und breit, der das Problem lösen könne –, aber es war abzusehen, wann auch diese Quelle versiegen würde, und so machte es auch keinen Sinn mehr, seine Tage weiter in Hamburg zu verbringen. Es war gewiss nicht das erste Mal, dass sie über ein Zusammenrücken nachdachten. Gesundheitliche Gründe hätten schließlich den Ausschlag geben, sagt Annedore Brandt. Man werde ja nun nicht jünger, da ist es gut, jemanden in der Nähe zu haben, wenn etwas passiert ... »Ich hab das Telefon am Bett und er hat das Telefon am Bett, und wenn was ist, brauch ich bloß auf einen Knopf zu drücken, und dann schellt es bei ihm. Darauf kann ich mich verlassen.« Ganz offensichtlich ist es Annedore und Friedrich Brandt gelungen, sich noch im hohen Alter zu arrangieren. Sie beschreibt einen Alltag, von dem beide profitieren. »Wir bekommen Besuch von unseren Freunden, einmal bei mir, einmal bei ihm. Je nachdem, wie es am besten passt. Abends gucken wir zusammen fern. Und wenn er einen Krimi sieht, dann sage ich: Hör zu, ich gehe ins Bett, vergiss nicht, die Tür zuzumachen. Ich bin nämlich jetzt ein paar Mal aufgewacht, weil die Wohnungstür offen stand ...«

Manchmal wird sie gefragt, warum sie denn keinen Durchbruch gemacht hätten zwischen den beiden Wand an Wand liegenden Wohnungen? Dann sagt Annedore: Ein Durchbuch, lieber Himmel, der habe ihr gerade noch gefehlt! Es sei doch kein Problem, mal eben im Nachthemd durch den Hausflur zu ihm rüberzulaufen.

Menschen, die eine oder zwei Generationen jünger sind, bringen für das Wohnmodell von Ehepaar Brandt wenig Verständnis auf. Bei den Ruheständlern aber kann Annedore Brandt mit viel Zustimmung rechnen, in den meisten Fällen allerdings unter vier Augen, beim Kuchenschneiden in der Küche zum Beispiel. »Neulich sagte eine Frau zu mir: Ganz ehrlich, das ist *die* Lösung eines Altersproblems!« Was bedeutet: Für Annedore könnte die Situation nicht besser sein. Man sei zusammen und man sei nicht zusammen, sagt sie. Morgens werde zusammen gefrühstückt, und abends werde zusammen gegessen.

Die gemeinsamen Mahlzeiten allerdings sind weniger harmonisch, als man angesichts der bisherigen Informationen über das Ehepaar Brandt annehmen könnte. Hier zeigt sich, wie grundverschieden sie sind. Annedore brauchte schon immer klare, bürgerliche Regeln. Ein Alltag ohne einen schön gedeckten Tisch wäre auch in ihrem früheren Junggesellenleben undenkbar gewesen. Und Friedrich? Die alte Dame richtig sich im Sessel auf, bevor sie antwortet: »Was ihn an mir nervt, das ist die Tatsache, dass ich gern einen anständig gedeckten Tisch hab, wo die Messer nicht mit der Schneide nach außen liegen, und dass nicht gelesen wird beim Essen. Man kann es auch anders sagen: dass gegessen wird, wie normale zivilisierte Leute es tun! Das ist ihm aber vollkommen wurscht. Solange er einen Platz hat, wo er sitzen kann, solange er was zu essen hat – das kann auch aus dem Papier sein, das spielt keine Rolle – ist er zufrieden. Das macht mich wahnsinnig!«

Wenn die Abschiede sich häufen

Annedore hat eine astrologische Erklärung dafür, warum sie und ihr Mann so unterschiedlich sind. Sie seien auf den Tag 180 Grad auseinander, auf die Stunde genau, erläutert sie. Sie selbst sei um kurz vor zehn, und er kurz nach zehn auf die Welt gekommen, genau entgegengesetzt. »Ich bin Löwe, und er ist ein Wassermann. Aber zusammen sind wir gut! Der gemeinsame Weg, der ist bei uns da.«

Für die 90-Jährige stehen schon seit Jahren die Zeichen auf Abschied. Alle gleichaltrigen Freunde sind tot. Immer öfter hört man Annedore sagen: »Die Sachen hier sind überflüssig. Die brauche ich jetzt nicht mehr.« Das meiste Geschirr hat sie schon verschenkt, auch ihre Abendkleider. Das Praktische, das Überschaubare im Alltag hat heute Vorrang. Oder, wie sie es ausdrücken würde: Das Leben einfacher machen. Möglicherweise würde ja auch der Umzug in ein Altenheim ihr Leben einfacher machen. Aber davon will sie nichts wissen. »Es ist noch zu früh«, pflegt sie derartige Vorschläge zurückzuweisen. Schließlich sei sie, auch wenn es ihr schwer falle, immer noch in der Lage, sich und ihren Mann selbst zu versorgen.

Kapitel 2
Allein zurückbleiben

»Man kann sich viel ersparen, wenn man die Wahrheit akzeptiert«

Alte Männer, junge Frauen

Verwitwete Männer gehen weit öfter und vor allem schneller neue Partnerschaften ein als verwitwete Frauen. Meistens heiraten die Männer Frauen, die ein oder zwei Jahrzehnte jünger sind. Dass eine 70-jährige Witwe sich mit einem 50-jährigen Mann zusammentut, geschieht so gut wie nie. Mag sein, hier liefert das biologische Programm die Gründe. Mag auch sein, es fehlt den Frauen noch an Selbstbewusstsein für einen vergleichbaren Lebensentwurf. Vielleicht wird sich das ändern, wenn einmal erst die neuen »Alpha-Mädchen« den Ruhestand erreicht haben, jene junge Generation, die heute dabei ist, die Männer zu überholen.

In der Regel haben sich alleinstehende ältere Frauen äußerlich besser gehalten als alleinstehende ältere Männer. Vielleicht brauchen Männer die Partnerin an ihrer Seite, die ihnen nahelegt, Gesichtscreme aufzutragen und sich sorgfältig zu kleiden. Doch wie dem auch sei: Dass Witwer häufig ohne großen Zeitverlust in einer neuen Partnerschaft landen, zählt zu den gesellschaftlichen Ungerechtigkeiten, die Frauen nicht ignorieren können. Das muss natürlich irgendwie kompensiert werden. Aber wie? Vielleicht durch ein bisschen Schadenfreude? Erklärt sich so der Erfolg von Filmen und Büchern, in denen alte Männer mit jungen Ehefrauen Schiffbruch erleiden? Zum Beispiel Marina Lewyckas Roman *Kurze Geschichte des Traktors auf Ukrainisch*[4]. Er spielt im englischen Migrantenmilieu. Die Protagonisten stammen aus der Ukraine. Wie die blondgefärbte, dickbusige Valentina ihren fast 50 Jahre älteren Ehemann finanziell auspresst und demütigt, hat man selten so drastisch beschrieben gesehen. Valentinas Schimpfkanonaden, die auf den 80-Jährigen einprasseln, sind von atemberaubender Vulgarität. »Du nichtsnutz Schrumpelhirn und Schrumpelschwanz, Esel. Du eingetrocknet alter Ziegenbockmist!«[5]

Es gelingt der Romanautorin meisterhaft, eine anfängliche Burleske über das Uraltthema »Alter Mann macht sich wegen einer jungen Frau zum Trottel« in eine Familientragödie zu verwandeln und deren Hintergründe aufzudecken. Nach und nach enthüllen sich die Spuren unaufgearbeiteter Traumata aus der europäischen Gewaltgeschichte des 20. Jahrhunderts.

Von dem Erfolg, der Marina Lewycka mit ihrem ersten Roman gelang, können die meisten Schriftsteller nur träumen. Dreißig Bücher hat Gregor Klausen* geschrieben, keines landete auf der Bestsellerliste. Dennoch zieht er eine gute Bilanz, wenn es um sein Berufsleben geht. Stets hat er mit dem, was er am liebsten tat – dem Schreiben –, genug Geld verdienen können, um ein behagliches, abgesichertes Leben zu führen. Von seinem Schreibtisch aus blickt er auf einen mecklenburgischen See, an dessen Ufer er ein Haus gekauft hat.

Der Traum vom Haus am See

Er war in einem Dorf in Bayern am Starnberger See aufgewachsen, hatte später, während er in München lebte, stets von einem Haus am Wasser geträumt und doch gewusst: Er würde sich in Anbetracht der Immobilienpreise ein Grundstück am heimatlichen Seeufer nie leisten können. Nun hat er sich am Plauener See seinen Wunsch erfüllt. Dorthin zog er, als ihm die Großstadt zu laut und zu schmutzig geworden war und er eine 25 Jahre jüngere ostdeutsche Frau an seiner Seite hatte, die unbedingt auf dem Lande leben wollte. Es ist seine dritte längere Partnerschaft.

Ich besuche Gregor Klausen an einem schönen Frühlingstag. Wir können in seinem Garten am Seeufer sitzen. Eine Schwanenfamilie mit vier Jungen zieht vorbei. Gregor ist 75 Jahre alt und mit Recht stolz darauf, dass er sich gut gehalten hat, trotz Bauchansatz. Noch immer sieht man ihn gelegentlich auf dem Tennisplatz. Er fährt auch Ski, kein Langlauf im Tal, sondern alpin. Im vergangenen Winterurlaub konnte seine Frau ihn zu einem Schutzhelm überreden. Mit Händen und Füßen hatte er sich dagegen gesträubt. Das hat sich geändert. Inzwischen steigt er nicht einmal mehr ohne Helm aufs Fahrrad. »Es hat mich große Überwindung gekostet, denn Sie wissen doch«, erklärt er mir augenzwinkernd, »alte Männer sind eitel!« Er stopft seine Pfeife. Vor mir sitzt ein ruhiger Mann, der gern nachdenkt, bevor er einen wichtigen Gedanken äußert. Zu Beispiel diesen: Wenn man in die Jahre komme, müsse man unglaublich auf die äußere Erscheinung achten. Eine etwas schief sitzende Brille oder eine vom Wind leicht zerzauste Frisur können bereits den falschen Eindruck erwecken – gerade bei Jüngeren. »Das ist bei ihnen wie ein Reflex. Junge Menschen sind im Grunde konservativ, besonders hier im Osten. Ein älterer Mann, der nicht hundertprozentig proper aussieht oder in einem Detail dem widerspricht, wie alte Menschen herumlaufen sollten, gilt schnell als sonderbar; man denkt, er sei nicht mehr ganz bei Trost. Das habe ich mehr als einmal zu spüren bekommen.«

Das ist der Grund, warum Gregor Klausen stets seinen Fahrradhelm abnimmt, bevor er ein Geschäft oder einen Biergarten betritt. »In den Augen von jungem Personal ist man als älterer Mann mit Helm nicht jung geblieben, sondern merkwürdig – ja, fast verdächtig.« Er scheut jene Blicke, die austarieren, ob er überhaupt noch ernst zu nehmen sei. Er hasst es, wenn die junge Bedienung ihm plötzlich ins Ohr brüllt, weil sie es bei ihrem Opa so gewohnt ist. Mag sein, räumt er ein, dass er da etwas empfindlich sei. Aber es sei nun mal keine reine Freude, alt zu werden, und er werde alles tun, um diesen dann endgültig letzten Lebensabschnitt so lange wie möglich von sich fern zu halten. Darum lasse er auch sein Haar färben, nicht etwa blond – er sei ja schließlich nicht blöd, so etwas würde sofort erkannt –, sondern graublond. Dafür fahre er eigens zu einem Promifriseur nach Berlin.

In Gregors Klausens Romanen werden die Frauen immer jünger. In den Anfängen seiner Schriftstellerei faszinierten ihn Protagonistinnen, die älter waren als er: Frauen um die 40. Heute befasst er sich in seinen Romanen mit Frauen zwischen 20 und 30 Jahren – die jünger sind als seine Tochter aus erster Ehe. Wenn er über Sexualität schreibt, geht er mehr in die Einzelheiten als früher. »So ist das mit uns alternden Künstlern: Wir haben zur Jugend einen besonderen Draht«, gibt er selbstironisch zu. »Denken Sie nur an Philip Roth oder an Goethe.«

Von seiner ersten Frau ließ er sich scheiden, nachdem er sich in Henny* verliebt hatte, die später seine zweite Frau wurde, obwohl sie nie heirateten. Sie war damals Anfang 40 – zehn Jahre jünger als er. Die Beziehung zu der engagierten Anwältin war von Anhang an schwierig. Er nennt Henny heute noch seine »große Liebe« und gleichzeitig das »große Fragezeichen meines Lebens«. Sie war ein Mensch, der wenig von sich preisgab – der Typ »geheimnisvolle Frau«. »Das fand ich in den ersten Jahren enorm attraktiv«, sagt Gregor Klausen. »Es hat mich auch als Schriftsteller inspiriert.«

Er beschreibt Henny als tüchtig, sportlich und außerordentlich klug. Nie zuvor und nie später habe er mit einer Frau so scharfsinnige Gespräche geführt. Häufig seien es regelrechte Gefechte gewesen, die sich über ein ganzes Wochenende hinziehen konnten. Inhaltlich ging es dabei um alles, was diese Welt bewegte, vorausgesetzt, es handelte sich um Themen, die es bis in die *taz* oder in den *Fokus* geschafft hatten. Das war die Lektüre, die von einer Juristin mit eigener Kanzlei und vier Angestellten gerade noch bewältigt wurde. Zu einem Buch reichte ihre Zeit nie, mit Ausnahme der Manuskripte von Gregor. Sie war seine unerbittlichste Kritikerin. Sie erkannte, wenn ein Plot unglaubwürdig war, wenn eine Person etwas tat, was ihrem Charakter widersprach, wenn eine Jahreszahl nicht stimmte und eine Automarke falsch geschrieben war. Ohne Frage, seine Manuskripte gewannen an Qualität, was auch seiner Lektorin im Verlag die Arbeit erleichterte.

Geht der Ehemann fremd?

Leider war es so, dass Henny ihre Beziehungserfahrungen, die sie mit Gregor machte, und solche, die sie in seinen Büchern beschrieben fand, nicht gut auseinanderhalten konnte. Schilderte er einen Mann, der fremdging, stellte das automatisch auch seine eheliche Treue in Frage. Weil die Wirtschaftsanwältin oft lange in den Abend hinein in ihrer Kanzlei blieb und darüber hinaus viel auf Reisen war, wurde sie ihren Verdacht, dass er sie betrog, nie ganz los.

»Und ich tat es«, gibt Gregor mir gegenüber unumwunden zu. »Ja, ich hatte etwas übrig für Seitensprünge. Henny war nicht sonderlich romantisch im Bett. Das hat mir gefehlt. Aber ich war vorsichtig. Nie ohne Kondom. Nie hat Henny davon erfahren.«

Mit Ende 50 erkrankte seine Frau an Magenkrebs, zwei Jahre später war sie tot. Bis zum Schluss hatte sie geleugnet, was unweigerlich und unübersehbar auf sie zukam. Sie magerte ab bis auf die Knochen und schob es auf das schlechte Essen im Krankenhaus. Sie beschimpfte die Ärzte, weil sie sich dauernd erbrach. Nur aus Kostengründen, behauptete sie, würden ihr die Medikamente vorenthalten, die ihre Gesundheit wiederherstellen könnten. Es war ein elendes, qualvolles Sterben, das sich über Monate hinzog.

Heute glaubt Gregor Klausen, dass Bombenkrieg und Hunger ihr als Kleinkind einen Überlebenswillen eingebrannt hatten, der zur alleinigen Richtschnur ihrer Aufmerksamkeit und ihres Handelns wurde – je älter sie war, desto stärker. Das Nachdenken über ihre Kriegskindheit hatte sie stets abgewehrt, und das blieb so bis zu ihrem Tod. Zeigte sie sich in ihrer juristischen Arbeit nüchtern und lösungsorientiert, war ihre Fähigkeit, Beziehungen und Gefühle realistisch wahrzunehmen, enorm beeinträchtigt. Getrieben von einem übersteigerten Sicherheitsbedürfnis wollte sie alles kontrollieren, und zwar zu 100 Prozent. Nichts überließ sie dem Zufall. Je älter sie wurde, desto mehr drillte sie ihren Körper. Sie duldete einfach keine Schwäche. Nur weil Gregor vehement seinen Freiraum verteidigte, unter anderem dadurch, dass er sie nicht heiratete, erlangte Henny nicht auch noch die Herrschaft über ihn. Sie vermied jeden Gedanken an ihre eigene Endlichkeit. Was sich ihrer Kontrolle entzog, wurde schlichtweg ignoriert oder schöngeredet. Damit hatte sie zunehmend schlechte Karten, weil sie den Kampf gegen das Älterwerden nicht gewinnen konnte. Es fehlte ihr die Reife, einzuwilligen in das, was sich nicht ändern ließ. »So konnte sie nicht Abschied nehmen und in Frieden sterben«, sagt Gregor.

Für ihn war dies die grausamste Zeit seines Lebens. Nicht nur, weil es um den Verlust seiner geliebten Frau ging, sondern weil er sie schon vorher verlor. »Es war wohl nicht nur die Krankheit, die ihren Charakter so stark veränderte«, formuliert er vorsichtig. »Das Schlimmste war, dass sie die Wahrheit nicht ertragen konnte. Darum wurde jeder, der ihre Leugnungsstrategien nicht mittrug, aufs Übelste beleidigt und verdächtigt.« Weder kam ihr der Gedanke, ein Testament zu machen, noch ihre Kanzlei per Vertrag einem Nachfolger zu übergeben. Sie hinterließ nur Chaos und vier ratlose Angestellte. Weil sie keine nahen Verwandten hatte, erbte der Staat ihr Vermögen.

Nach ihrem Tod machte Gregor eine Entdeckung. Sie hatte ein zweites Bankkonto und eine zusätzliche Lebensversicherung besessen. Demnach war sie ziemlich wohlhabend gewesen, ganz anders, als sie sich ihm dargestellt hatte. Obwohl sie ihr eigenes Geld verdiente, hatte er allein alle gemeinsamen Ausgaben bestritten. Sie wäre hoch verschuldet, hatte sie ihm gesagt. Als Gregor den Grund hatte wissen wollen, war sie wütend geworden: »Was früher war, geht dich nichts an!« Er hatte ihr sogar mit 70000 Mark eine Lebensversicherung finanziert. Von einer zweiten Lebensversicherung war nie die Rede gewesen. Die wurde nach Hennys Tod an einen Mann ausgezahlt, dessen Namen Gregor nie gehört hatte und der ihm, als er darum bat, jede Auskunft verweigerte.

Nun, da Henny tot war, fragte sich Gregor, wer eigentlich die Person gewesen war, die er so schmerzlich vermisste. Wie war es möglich, dass ein Mensch so wenige Spuren hinterließ? Warum war er so blind gewesen? Warum hatte er, wenn er schon so viel Geld in ihr gemeinsames Leben investierte, nicht wenigstens einen Einblick in ihre Finanzen durchgesetzt? Warum war ihm das friedliche Zusammenleben so viel wichtiger gewesen als die Wahrheit? Und vor allem: Hatte sie ihn je geliebt? »Und du?«, fragte ihn sein bester Freund. »Hast du sie geliebt? Oder war es so, dass sie dich faszinierte, weil sie sich dir immer wieder entzog?« Gregor weiß darauf bis heute keine Antwort. Ein halbes Jahr nach Hennys Tod lernte er beim Skilaufen seine jetzige Frau kennen, eine Grundschullehrerin. Sie tat ihm auf Anhieb gut, weil sie in allem das Gegenteil von Henny war – offen wie ein Buch, zärtlich und nachgiebig, eher dem Praktischen als dem Intellektuellen zugewandt.

Gregors dritte Frau will bei unserem Gespräch nicht dabei sein. Sie findet, seine Beziehung zu Henny gehe sie nichts an, und sie sei auch nicht bereit, über ihre Ehe mit einem 25 Jahre älteren Mann Auskunft zu geben. »Daran ist doch nichts Besonderes«, ist ihr Kommentar, bevor sie ins Haus geht. Gegen Abend kommt sie wieder in den Garten und bringt ihm eine Jacke. Sie wolle nicht, dass er sich erkälte, sagt sie, denn jemanden wie Gregor Klausen müsse man pflegen, damit man noch lange etwas von ihm habe. Dann tätschelt sie ihm den Hinterkopf und geht wieder.

Es herrscht eine Weile Schweigen. Der Schriftsteller zieht an seiner

Pfeife. »Sagen Sie es mir«, bringt er schließlich hervor: »Ist die Jacke Ausdruck ihrer Fürsorge – oder hält sie mich bereits für einen alten Trottel, der nicht merkt, wann eine Erkältung droht?«

Zum Abschied ein Gedicht

Über alte Menschen gibt es bekanntlich viele Vorurteile. Eines davon lautet: »Schrecklich, sie erzählen nur von ihren Krankheiten.« Wer genauer hinschaut, weiß, es handelt sich hier um eine einseitige Wahrnehmung. Sie entsteht deshalb, weil man sich einer detaillierten Schilderung von Altersbeschwerden schlecht entziehen kann – es sei denn, man verlässt den Raum –, während das Schweigen über gesundheitliche Probleme nicht weiter auffällt und daher auch nicht als positives Gegengewicht registriert werden kann. Fest steht: Krankheitsbeschreibungen, genüsslich ausgemalt, womöglich noch bei einem Geburtstagskaffee, bringen, wenn überhaupt, nur den Erzählern einen Gewinn und solchen Menschen, die es glücklich macht, vom Unglück anderer zu hören. Allen anderen, Jungen wie Alten, verdirbt es die Stimmung. Eduard Starke* hätte dem voll zugestimmt.

30 Jahre überlebte er mit einem kranken Herzen. Oft stand es auf des Messers Schneide und er musste in die Klinik. Danach erholte er sich wieder, aber gut war sein körperlicher Zustand nie. Dennoch machte der Künstler und Beamte – er war Maler, Zeichner und Studienrat – aus seiner Krankheit kein großes Thema, auch sein Sterben hätte es – wäre es allein nach ihm gegangen – nicht sein müssen. Zwei Tage vor seinem Tod, als sein Gewicht dem eines Kindes entsprach und er sich vor Schwäche nicht mehr selbst im Bett aufrichten konnte, rief er die in der Küche versammelten Familienmitglieder und Freunde zu sich ins Schlafzimmer und las ihnen mit seiner unverändert klaren Stimme ein Gedicht von Gottfried Benn vor:

Was schlimm ist

Wenn man kein Englisch kann,
von einem guten englischen Kriminalroman zu hören,
der nicht ins Deutsche übersetzt ist.

Bei Hitze ein Bier sehn,
das man nicht bezahlen kann.

Einen neuen Gedanken haben,
den man nicht in einen Hölderlinvers einwickeln kann,
wie es die Professoren tun.

Nachts auf Reisen Wellen schlagen hören
und sich sagen, daß sie das immer tun.

Sehr schlimm: eingeladen sein,
wenn zu Hause die Räume stiller,
der Café besser
und keine Unterhaltung nötig ist.

Am schlimmsten:
nicht im Sommer sterben,
wenn alles hell ist
und die Erde für Spaten leicht.[6]

Auch für Katharina Starke*, seit über einem Jahr Witwe, ist Krankheit kein Dauerthema, obwohl sie tagtäglich gegen das Fortschreiten einer Parkinsonschen Schüttellähmung ankämpft. Sie findet es verlogen, würde man mit Freunden nicht auch über seine körperlichen Beschwerden reden, aber, sagt sie, wenn das der einzige Inhalt von Telefonaten und Begegnungen sei, dann laufe etwas schief. Zu Beginn unseres Gesprächs überrascht mich die promovierte Historikerin mit der These, dass *alle* Lebensphasen anstrengend seien. Ihre Gedanken möchte ich hier gern wörtlich wiedergeben.

Warum das Leben anstrengend ist

»Die Anstrengung – ich rede bewusst nicht von Stress – ist ohne Zweifel im Alter notwendig, um einigermaßen zu bewältigen, was zu bewältigen ist. Allerdings sind diese Anforderungen nicht größer als in anderen Lebensabschnitten.

Bei zusätzliche Belastungen wie Krankheit, Pflegebedürftigkeit von Familienmitgliedern, Trennungen, psychischen Beschwerden, Drogen, Alkohol, Sucht – also, bei diesen zusätzlichen Bürden kommen Menschen an die Grenze dessen, was sie tragen können. Dies passiert aber in allen Lebensabschnitten, das ist keineswegs das Besondere des Alters.

Das Kleinkindalter ist außergewöhnlich anstrengend – so viel lernen wir ja nie mehr in einer so kurzen Zeitspanne. Die Schulzeit ist außerordentlich belastend – enttäuschend, langweilig, überfordernd, unterfordernd – ganz schwierig für Kinder. Und dann die Pubertät! Ganz schrecklich für diesen jungen Menschen, aber auch für dessen Umgebung, die gelegentlich allen Mut verliert und sich fragt, ob aus diesem Menschen jemals noch etwas wird.

Die Berufswahl ist eine besonders schwierige Zeit, und die Gattenwahl ist ebenso schwierig wie prägend. Das nimmt einen mit. Das sind doch keine glücklichen Jahre, wenn man sich immerzu die Fragen stellt: Wie will ich eigentlich leben? Es folgen die strapaziösen Jahre des sich im Beruf Zurechtfindens, die Familiengründung, das Aushalten und Gestalten von Beziehungen. Auch diese Zeit übersteht man nur, wenn man sich außerordentlich diszipliniert anstrengt. Mit Mitte dreißig stellte ich fest: Ich habe ja gar nicht gewusst, dass man so fleißig sein muss im Leben!

Dann sind da die Jahrzehnte im Beruf, der Zeitdruck, die Enttäuschungen, die man natürlich verbergen muss. Ab 50 hat man diese Routine im Beruf, aber darüber hinaus ist es auch nicht einfach, wenn der erste Zahn ausfällt und man eine Brille braucht und einem die Bauarbeiter nicht mehr nachpfeifen. Es ist nicht einfach, sondern ebenfalls sehr anstrengend, weil man die restliche aktive Lebenszeit planen muss. Dann tritt, individuell verschieden, das Alter ein, und da ist man auf genau diese vorher erprobten Fähigkeiten angewiesen: Man benötigt Disziplin, man muss fleißig sein, weil man zu allem länger braucht, man muss planvoll mit Zeit, Kraft und den Beziehungen zu anderen Menschen umgehen. Der Aufwand unterscheidet sich nicht vom dem in anderen Lebensphasen. Aber es geht nicht mehr um Aufbau und Ausbau, sondern zunehmend um Abschiede. Man muss Positionen aufgeben – ich selber hatte viele Ämter und Ehrenämter – und es geht darum, im richtigen Augenblick aufzuhören.

Aber der Leistungsgedanke verlässt einen nicht. Ich denke heute in halben Tagen. Ich nehme mir für jeden halben Tag etwas vor. Ich nehme mir so viel vor, wie ich leisten kann. Tapfer muss man sicher sein im Alter, aber das muss man auch, wenn man Kinder kriegt. Tapferkeit ist auch nichts Altersspezifisches.

Also: Wenn nicht noch zusätzliche Belastungen dazukommen – das war ja meine Einführung –, dann, würde ich sagen, entspricht das Alter in dem, was es uns abverlangt, den ganzen anderen Lebensabschnitten und deshalb sollte man nicht so ein Theater darum machen.«

Bravo!

Katharina Starke nimmt meinen Beifall mit einem kleinen Lächeln entgegen. Auffällig sind ihren breiten Wangenknochen und die wachen Augen, darüber dichte schwarze Brauen im Kontrast zum weißen Haar. Natürlich ist auch das Zittern ihrer Hände nicht zu übersehen, aber es nimmt deutlich ab, je intensiver wir in unser Gespräch eintauchen.

Sie bewohnt ein altes Reihenhaus mit kleinen, gemütlich eingerichteten Zimmern, wo ihre Kinder aufwuchsen, wo sie drei Jahre lang ihre demenzkranke Mutter pflegte und wo der Alltag 30 Jahre lang davon bestimmt war, dass ihr Mann an einer schweren Herzkrankheit litt. Auf Grund ihrer familiären Belastung schaffte es die Hochschuldozentin Katharina Starke nicht, ihre Habilitationsschrift zu beenden. Zu einer Professur kam es nicht mehr.

Die Witwe lebt in einer Privatgalerie – denn die Wände hängen voller Bilder ihres Mannes und anderer Maler. Gemeinsam hatten sie zeitgenössische Kunst gesammelt. Doch eines ihrer Lieblingsbilder stammt noch aus dem 19. Jahrhundert. Das Gemälde zeigt ein junges Mädchen mit schwarzen Haaren, hübsch und erkennbar selbstbewusst.

Man fragte nicht: »Wie geht es dir?«

»Es ist das Porträt meiner Großmutter«, erklärt Katharina Starke. Lebhaft spricht die 77-Jährige über die Besuche, die sie als junges Mädchen ihrer Großmutter abstattete. Diese lebte in einem sogenannten Damenstift für alt gewordene Musiklehrerinnen. Sie verfügte über viel Selbstdisziplin; nie klagte sie über das Alter. »Und nie hätten wir gewagt, Großmutter zu fragen: ›Wie geht es dir?‹ Damit wäre man ihr zu nahe getreten.« Einmal allerdings hatte die Großmutter sie überrascht: Sie demonstrierte der Enkeltochter, dass sie immer noch ihren Fuß ins Waschbecken setzen konnte. So viel Intimität löste bei dem jungen Mädchen Verwirrung aus.

Mag sein, dass ihre eigene Selbstdisziplin ein Erbe dieser Großmutter ist. Ohne ein solches Gerüst könnte Katharina Starke nicht mehr selbstständig in ihrem Haus leben. Sie hat oft starke Schmerzen. Ihre Hände zittern so stark, dass sie nur mit Mühe ein Glas zum Mund führen kann. Die Kommunikation zwischen Gehirn und verschiedenen Körperteilen ist beeinträchtigt. Fortwährend muss sie sich selbst Befehle geben, damit geschieht, was früher automatisch ablief. Stumm sagt sie zu ihrer Hand: Nimm das Glas zum Mund. Leg die Serviette auf den Tisch. Morgens nach dem Aufstehen braucht sie zwei Stunden, um sich für den Tag zurechtzumachen. Während dieser Zeit will sie keinen Menschen um sich haben. Es schmerzt sie, dass es ihr unmöglich geworden ist, für ein paar Tage ein Enkelkind bei sich aufzunehmen. Sie kann zwar noch Essen zubereiten, aber die Rundumversorgung gelingt ihr nicht mehr.

Es sei zunächst darum gegangen, die Krankheit zu akzeptieren, sagt sie. Irgendwann habe sie sich eingestehen können: Das ist nun mein Begleiter bis zum Tod.

»Ich weiß Bescheid«, fährt sie fort. »Eine Verwandte von mir ist daran gestorben. Sehr schlimm. Ich habe meine Ärztin gefragt, ob sie glaube, dass ich diesen bitteren Weg, den die Krankheit vorzeichnet, bis zum Ende gehen müsse. Und sie hat geantwortet: ›Das kommt darauf an, wie lange Sie noch leben.‹«

Aber andere hätten es auch nicht leicht, stellt sie fest, als vor ihrem Fenster eine alte Bekannte sich langsam, auf eine Gehhilfe gestützt, vorwärts bewegt. Sie kennen sich noch aus der Zeit, als beide junge Frauen waren. Und heute sind sie eben alt. Mehr ist dazu eigentlich nicht zu sagen. Wenn sie zufällig Menschen wiedersieht, zu denen jahrelang kein Kontakt bestand, hört sie manchmal den Satz: »Womit haben Sie das verdient?« Das verblüfft sie stets aufs Neue. »Krankheit als eine Strafe Gottes für unsere Sünden! Da sieht man mal, was noch so alles in unserem Stammhirn steckt!«

Für Katharina bedeutet ihre Erkrankung und die damit einhergehenden Einschränkungen eine täglich wiederkehrende Aufgabe, die sie mit Disziplin, Geduld und Kreativität angeht. »Wissen Sie, was ich tue, damit ich die Füße vom Boden hebe und nicht schlurfe?« Sie erhebt sich vom Stuhl. »Ich singe innerlich ein Marschlied.« Dann geht sie akkurat vor mir her, während sie zu meinem besseren Verständnis laut singt: »Wenn die Sol-da-ten durch die Stadt marschie-ren … Naja, solche Lieder kennt man, wenn man 1930 geboren ist.« Ich stapfe im Gleichschritt hinter ihr, das Tablett mit dem Teegeschirr in der Hand. Lachend erreichen wir die Küche. Zum Glück ist es im Haus eng. Überall bieten sich Wände oder Möbelstücke an, wenn sie sich abstützen muss.

Sie musste lernen, »Bitte« zu sagen

Sie kann noch Autofahren, allerdings nicht mehr ohne Begleitung, denn nach dem Aussteigen ist sie hilflos. Sie brauche einen kräftigen Menschen an ihrer Seite, wenn sie längere Strecken gehen müsse. Allein einkaufen – das sei nicht mehr möglich. Sie habe im Laufe dieser fortschreitenden Krankheit gelernt, »Bitte« zu sagen, und das sei ihr schwer gefallen im Unterschied zu »Danke«, was ihr immer schon leicht über die Lippen gekommen sei. Hier musste sie lernen, sich zu bremsen. »Eine Freundin hat mir eingeschärft: Einmal Danke sagen reicht. Daraufhin ich: Mir ist das aber nicht genug. Da hat sie gesagt: Na gut, dann eben zweimal. Auf keinen Fall dreimal Danke sagen!«

Wenige Stunden vor unserem Treffen hatte sie sich zweimal bei ihrem Sohn bedankt, der kurz vorbeischaute, weil sie mit ihrem Computer nicht zurechtkam. Sie kann bestätigen, dass in einer rasant sich verändernden Welt nicht mehr die Weisheit der Alten abgerufen wird, sondern das Wissen der Kinder. Gleichwohl rufen auch die Jüngeren etwas ab. Das merken ältere Menschen immer dann, wenn die Kinder und Kindeskinder nicht nur kommen, um zu helfen oder die Hand aufzuhalten, sondern wenn sie etwas suchen, was anderswo nicht zu haben ist.

»Alte Leute«, sagt der Theologe Fulbert Steffensky, »kommen von weit her, haben viel gesehen und erfahren. Sie sind vielleicht nicht weiser geworden mit ihren Erfahrungen, aber sie haben sie gemacht und standgehalten. Sie geben das Gefühl von langer beständiger Zeit, von Kontinuität und Dauerhaftigkeit.«[7] Eben diese Kontinuität sei es, sagt Steffensky, die Geborgenheit vermittelt.

Alte Menschen sind vor allem dann für viele Jüngere attraktiv, wenn sie offen zeigen, was sie begrüßen und was sie ablehnen, egal, ob sie mit den Inhalten auf Beifall stoßen oder nicht. Auch Katharina macht im Gespräch deutlich, was sie freut und was sie ärgert. Es freut sie, dass sie offenbar zu den älteren Menschen gehört, die gern besucht werden. »Das ist eine gute Sache, wenn man am Telefon gefragt wird: Wann darf ich dich besuchen?« Kürzlich habe sie ihrer achtjährigen Enkeltochter die Frage gestellt, was sie sich zum Geburtstag wünsche. Antwort: »Bei dir zu Mittag essen.« Die Mutter und der Bruder wollten gern mitkommen, aber das Mädchen bestand darauf, es wolle allein mit der Oma essen.

Ärger zeigt Katharina Starke, wenn sie von einem größeren Neubaukomplex erfährt, bei dem auf eine rollstuhlgerechte Ausstattung verzichtet wurde. Sie begreift nicht, warum das immer noch nicht Standard ist. »Man weiß doch, wie teuer es ist, im Nachhinein einen Aufzug einzubauen oder die Türen zu verbreitern!« Sie sagt, in solchen Momenten, wenn sie sich aufrege, wenn also heftige Emotionen im Spiel seien, dann verstärke sich das Zittern ihrer Hände. Mir selbst ist das noch gar nicht aufgefallen, sondern etwas ganz anderes: Wenn ihr Temperament zum Vorschein kommt, dann verjüngt sich ihr Gesicht unter dem Pony um 15 Jahre.

Noch immer ist ihr Haus im hessischen Gießen der Mittelpunkt einer großen Familie. Hier treffen sich die drei Kinder mit ihren Ehepartnern. Hierher kommen die fünf Enkel; teilweise bringen auch sie schon ihre Freunde mit. Man wohnt nicht allzu weit voneinander entfernt. Ein stabiler, über Jahrzehnte gewachsener Freundeskreis sorgt für Wärme, Anregung und Austausch – eine Nährlösung, die Familien gut gedeihen lässt und sie stark genug macht, um schwere Probleme zu lösen und selbst an Katastrophen nicht zu zerbrechen.

»Eine ganz besonders glückliche Ehe …«

Katharina Starke wurde im Ruhrgebiet geboren. Sie hatte liebevolle Eltern, die der Reformpädagogik anhingen, ihrem einzigen Kind viel Wärme gaben und es mit guten geistigen Grundlagen ausstatteten.

Mutter und Vater seien ein glückliche Ehepaar gewesen, sagt sie, wie übrigens auch die Eltern ihres Mannes. »Mein Mann und ich sind es auch gewesen.« Dennoch habe sie protestiert, als ihr Mann kurz vor seinem Tod beim Entwerfen der Traueranzeige niederschrieb: »Nach einer ganz besonders glücklichen Ehe …«

»Hör mal Eduard, ein solcher Satz, der käme für mich nie in Frage!«

»Mag sein. Aber könnten wir nicht trotzdem …«

»Nein. Die Traueranzeige ist meine Sache und nicht deine!«

Darüber konnten sie sich mühelos verständigen, darüber konnten sie beide lachen. Das gemeinsame Lachen gehörte zur den Grundfesten ihrer Beziehung. »Gut ist, wenn beide einen ähnlichen Sinn für das Absurde des Lebens haben«, erläutert sie. »Wenn man zum Beispiel als Lektüre Kafka sehr schätzt und den für einen Humoristen hält, dann hat man eine gute Basis.« In ihrem Erfassen von Situationskomik seien sie völlig gleich gewesen. Die Erinnerung führt sie zurück, als sie einmal das Haus voller Gäste hatten. Sie waren alle zum Klassentag nach Gießen gekommen. Eduard ging es, wie sich bei der Ankunft der Gäste herausstellte, bedrohlich schlecht. Zur gleichen Zeit lag im Obergeschoss Katharinas demente Mutter im Sterben. »Ich sagte zu Eduard: Denkst du das, was ich auch denke? ›Klar‹, sagte er, ›wir denken doch beide an eine Doppeltodesanzeige.‹«

So muss man sich den Humor von Menschen vorstellen, für die der Tod über Jahrzehnte ein ständiger Begleiter war. »Immer, wenn ich heimkam«, erzählt Katharina, »dachte ich beim Betreten des Hauses: Hoffentlich lebt Eduard noch.« Über fünfzig Jahre dauerte ihre Ehe. Sie kannten kein Tabu, was das Thema Tod betraf. Der Herzpatient, der mit fünfzig Jahren in den vorzeitigen Ruhestand gegangen war, hatte sich auf ein gnädiges Sterben eingestellt. Er hatte gedacht, er werde eines Tages während eines kleinen Spaziergangs tot umfallen. Mit Krebs hatte er nicht gerechnet.

Was den Künstler am Leben hielt

»Nach der Diagnose hat er sich zunächst angestrengt, weiterzuleben, um noch die Steuererklärung zu machen«, erinnert sich seine Frau. Es erwies sich als großes Geschenk, dass eine befreundete Kunsthistorikerin eine Monographie über sein künstlerisches Werk begonnen hatte. Nun tat sie alles, um ihre Arbeit noch zu Eduard Starkes Lebzeiten zu einem Ende zu bringen. Immer wieder besuchte sie den Maler. Am Krankenbett suchten sie und Katharina zusammen mit Eduard die Werke aus, die in dem geplanten Buch veröffentlicht werden sollten. Das Besondere seiner nicht gegenständlichen Kunst – vor allem Radierungen, Zeichnungen und Collagen – zeigt sich in den überwiegend kleinen Formaten von manchmal nur 15 mal 15 Zentimetern und in der filigranen Ausführung. Verglichen damit ist ein Spinnennetz ein grobes Gebilde. Das Gesamtbild ergibt sich aus Tausenden von winzigen kurzen Strichen – ging es ihm doch darum, mit dem Allerkleinsten die größtmögliche Wirkung zu erzeugen. Gesetzmäßigkeiten ergaben aus der zuvor festgelegten Strichlänge und dem Neigungswinkel. Störungen bei der Arbeit – durch den Künstler selbst oder von außen – wurden in den Bildern festgehalten: Auf diese Weise kam Bewegung in die starre Formation, es entstanden Wirbel, ähnlich wie bei magnetischen Feldern.

In einer Tagebuchnotiz von Eduard Starke, 1983, ist nachzulesen: »Gesetzt ist ein meine Fähigkeiten übersteigendes Ziel (z.B. vollkommene Kontinuität, einheitliches Grau, gleichmäßiger Strichabstand oder dergleichen). Bei jedem Strich, jeder Zeile ist dieses Ziel der Vollkommenheit im Auge zu behalten und ihm nachzueifern. Erreicht eine Zeichnung dieses Ziel, dann ist sie wohl nicht gelungen, denn sie soll eine *Entwicklung* zeigen von unvollkommener zu sich steigernder Annäherung an das Ziel, muss jedoch hinter ihm zurückbleiben – wie das menschliche Leben hinter dem Ziel der Vollkommenheit.«

Bei jedem Besuch der Kunsthistorikerin stand ein anderes Bild im Fokus. Warum gerade dieser Neigungswinkel der Striche, welche Farben, welche Tinten? Nicht immer ließen sich ihre Fragen auf der Stelle beantworten. Aber beim nächsten Wiedersehen hielt der Maler die Lösung bereit.

»Wir haben uns immerzu um die Kunst bewegt und nicht um den Krebs und das Sterben«, erzählt Katharina Starke. »Das Ende kam näher, und wir haben natürlich darüber gesprochen, aber der Mittelpunkt war das Werk. Es ging um die Fragen, die für die Arbeit an der Monografie gestellt wurden, kluge Fragen, die sehr genaue Antworten verlangten. Nachts machte er häufig Licht, weil er eine Formulierung gefunden hatte, die er dann aufschrieb. Die Kunsthistorikerin besuchte ihn 50 Mal, bis sich ihre Fragen erschöpft hatten. Dann starb er.«

Kann es bessere Bedingungen für einen Künstler geben, um sein Leben abzuschließen?

Die gemeinsamen fünf Jahrzehnte von Eduard und Katharina Starke begannen mit Kunst und sie endeten damit. Nachdem sie an der Universität zum ersten Mal miteinander geredet hatten, lud er sie immer wieder in Museen und Galerien ein. Die Studentin war zunächst unentschlossen, und um ihm nicht allzu viel Hoffnung zu machen, nahm sie nur jede dritte Einladung an. »Aber genau diese fehlgeschlagenen Einladungen«, erinnert sie sich als alte Frau, »die kriegte ich noch bis zuletzt vorgehalten: ›Darum haben wir nicht zusammen Ernst Ludwig Kirchner gesehen …‹«

Ein heiterer Patient

Es war ein eingeschränktes Leben, das die Eheleute führten, dennoch war es, wie die Witwe nachweist, ein gutes Leben. Katharina Starke kenne ich seit zwanzig Jahren. Schon bei unseren ersten Begegnungen war mir aufgefallen, dass sie nicht auf das schaute, was ihr das Schicksal vermeintlich vorenthielt, sondern auf das, was es ihr schenkte. Sie sah keinen Grund, sich bedauern zu lassen, nur weil ihr Mann ein schwaches Herz hatte und nicht am normalen Leben teilnehmen konnte. Eduard Starke war anders, als man sich gemeinhin Dauerpatienten vorstellt: Er war nicht grantig, nicht egoistisch, kein Haustyrann, keiner, der andere dafür büßen ließ, dass sie sich unbefangen bewegen konnten und er in seinem Haus festsaß. Nein, er war von allem das Gegenteil. Heiter, liebenswert und interessiert – so kannten ihn die Freunde der Familie. Katharina und ihre drei Kinder bekamen stets viel Besuch. Am liebsten saßen sie am großen Tisch in der Küche. Es kam vor, dass dann auch der zierliche Mann auftauchte und sich eine Stunde dazusetzte. Sein Humor, den ein feines Lächeln begleitete, war legendär. Meistens jedoch blieb der Hausherr unsichtbar. Dann arbeitete er an einem Bild, solange die Kraft reichte.

Sie hätten, wie man im Ruhrgebiet sagt, immer auf der Kippe gelebt, erzählt seine Frau. Sie konnten sich nichts vornehmen, sind nicht gereist, obwohl es für die beiden Kunstliebhaber viele interessante Ziele gegeben hätte. Sie sind nicht zusammen ins Konzert gegangen und nur äußerst selten zu Freunden. Wenn Eduard Starke bei den Eröffnungen seiner Ausstellungen persönlich anwesend sein konnte, war das die große Ausnahme.

»Für Außenstehende mag meine Ehe schwierig ausgesehen haben, weil ich gedient habe«, sagt Katharina nachdenklich, »aber das war bei diesem charmanten Mann überhaupt kein Problem. Und so war er bis zum letzten Wort.« Nein, sie habe auch seine letzten Lebensmonate nicht als allzu große Belastung empfunden, denn schließlich hätten sie ja 30 Jahre geübt. »Wir waren immer in der Nachbarschaft des Todes. Das haben wir uns nicht eingebildet, das war wirklich so.«

Noch etwas anderes habe sie eingeübt in den Jahren ihrer Ehe: Eigenständigkeit. Dies habe sie nicht erst als Witwe lernen müssen. »Die Krankheit und die Kunst haben ihn so stark beansprucht, dass ich alles alleine gemacht habe«. Insofern unterscheide sich ihr heutiges Leben nicht von dem, was sie schon immer geführt habe. Sie kennt Witwen, die sich seit dem Tod ihrer Männer wie amputiert fühlen. Bei ihr, sagt sie, sei das nicht so, denn sie seien – jeder für sich – vollständige Menschen gewesen. Sie nennt es ein großes Glück, dass sie beide so grundverschieden gewesen seien. Daher hätten sie es immer so reizvoll gefunden, mit dem anderen zu reden. Das habe sie mit keinem Freund und keiner Freundin besser gekonnt. »Dabei muss man wissen: Ich hatte, als ich jung war, eine wahnsinnige Angst vor einer langweiligen Ehe.«

Schließlich sagt Katharina Starke den Satz, der mir der Schlüssel zu ihrem gelungenen Leben zu sein scheint: »Man kann sich viel ersparen, wenn man die Wahrheit akzeptiert.« Sie spricht von der Zeit der Wahrheit – als die Diagnose Krebs feststand, als eine Operation offenbarte, wie weit die Krankheit fortgeschritten war, und als der Arzt riet: keine weitere Operationen, keine Chemotherapie. »Wir haben das ernst genommen«, sagt Katharina. Sie und ihr Mann suchten nicht länger nach Alternativen, die sie zweifellos im Angebot irgendeiner Klinik gefunden hätten. »Wir sind nicht zu einem Schamanen gegangen. Wir haben auch darauf verzichtet, ihn jedes Mal, wenn es ihm miserabel ging, ins Krankenhaus zu bringen.«

Geistige Klarheit bis zuletzt

Eduard Starke konnte zu Hause sterben. Er wollte keine Schmerzmittel nehmen, weil er damit etwas von seiner geistigen Klarheit einbüßt hätte. Er wollte genau wahrnehmen, was geschah. Opiate und noch stärkere Medikamente standen bereit, sie dienten der Beruhigung, falls sich seine Schmerzen ins Unerträgliche steigern sollten, doch davon blieb er verschont.

Heute kommt es Katharina wie ein Wunder vor, dass sie trotz ihrer Schüttellähmung die Kraft fand, ihn zu versorgen. Sie brauchten keine Pflegekräfte, es hielten sich keine Fremden im Haus auf. Die Tochter kam täglich und half, den Vater zu waschen. Unterstützt wurde die Familie von zwei Ärzten, von denen immer einer rund um die Uhr erreichbar war. In der Regel herrschte keine bedrückte Stimmung, im Gegenteil, Katharina hat diese Zeit in guter Erinnerung. »Viele Freunde kamen und sie kamen gern. Allerdings: Wer meinen Mann lange nicht gesehen hatte, den musste man auf seinen Anblick vorbereiten.« Die Freunde saßen in der Küche, und zwischendurch ging immer mal einer von ihnen nebenan ins Schlafzimmer, wo Eduard lag.

Das Einzigartige ihrer Beziehung fordert von Katharina nachträglich einen hohen Preis. Der Verlust schmerzt sehr, auch heute noch, ein Jahr nach dem Tod von Eduard Starke. Manchmal, sagt die Witwe, sei die Sehnsucht unerträglich. »Man denkt immer, er kommt gleich zur Tür rein …« An dieser Stelle unterbricht sie sich, weil ihr die Tränen kommen.

Schließlich stellt sie klar, sie habe keinerlei Vorstellungen vom Jenseits. »Dass er jetzt unserem Gespräch zuhört oder Ähnliches, solche Gedanken pflege ich nicht.« Eduard habe sich, sagt seine Frau, »in heiterer Gelassenheit« verabschiedet. Sein Gottvertrauen, aber auch sein makabrer Humor hätten ihn bis zum Schluss getragen – und sie selbst auch. »Das ist gewiss nicht jedermanns Sache«, räumt Katharina ein. »Ich finde, es sollte nicht vorbildlich sein, so mit dem Tod umzugehen. Doch für *uns* war es sehr hilfreich. Damit konnten wir uns distanzieren, damit hatte das Sterben nicht die völlige Herrschaft.«

Nachdem Eduard Starke das Gedicht von Gottfried Benn darüber, was wirklich schlimm ist, vorgetragen hatte, setzte er noch eins drauf – ein Gedicht von Robert Gernhardt …[8]

ACH

Ach, noch in der letzten Stunde
werde ich verbindlich sein.
Klopft der Tod an meine Türe,
rufe ich geschwind: Herein!

Woran soll es gehn? Ans Sterben?
Hab ich zwar noch nie gemacht,
doch wir werd'n das Kind schon schaukeln –
na, das wäre ja gelacht!

Interessant so eine Sanduhr!
Ja, die halt ich gern mal fest.
Ach – und das ist Ihre Sense?
Und die gibt mir dann den Rest?

Wohin soll ich mich jetzt wenden?
Links? Von Ihnen aus gesehn?
Ach, von mir aus! Bis zur Grube?
Und wie soll es weitergehn?

Ja, die Uhr ist abgelaufen.
Wollen Sie die jetzt zurück?
Gibt's die irgendwo zu kaufen?
So ein ausgefall'nes Stück

Findet man nicht alle Tage,
womit ich nur sagen will
– ach! Ich soll hier nichts mehr sagen?
Geht in Ordnung! Bin schon

Kapitel 3
Griesgrämig oder lebensfroh
Ohne Illusionen geht es nicht

Gute Laune als Geschäftsidee

Die Freude am eigenen Dasein scheint ein flüchtiges Gut zu sein, das, wenn wir Kindheit und Jugend hinter uns gelassen haben, nicht mehr ohne Weiteres zur Verfügung steht. Offenbar müssen wir uns darum bemühen. »Mehr Lebensfreude!« – damit werben sie alle: Ratgeber und Reisekonzerne, Wellness und Fitness, Alternativmedizin und Altenheime, Selbsthilfegruppen und Schönheitschirurgen. Gute Laune als Geschäftsidee.

Der Wunsch, etwas zu fördern, das eigentlich mühelos und kostenlos zu haben sein müsste, ist also unübersehbar. Dabei heißen die Voraussetzungen für Lebensfreude keineswegs Wohlstand und Sicherheit, was immer wieder sichtbar wird, wenn das Fernsehen Straßenszenen in afrikanischen Ländern zeigt. Armut und gute Laune schließen einander nicht aus. In Südamerika gehören Armut und Fiesta zusammen. Wer in Peru mit einem Überlandbus irgendwo liegen bleibt, weiß: Entweder läuft nach zwei Stunden der Motor wieder – oder es läuft eine Fiesta. Dann werden Vino und Reiseproviant geteilt, und sollte sich ausnahmsweise keine Gitarre an Bord befinden, dann wird die Musikanlage im Bus bis zum Anschlag hochgefahren. Nochmal: Armut allein macht in armen Ländern nicht unglücklich, im Unterschied zu Elend und Hoffnungslosigkeit.

Es ist schon erstaunlich, wie unterschiedlich das Bedürfnis nach Sicherheit bei Menschen und Völkern verteilt ist – ebenso die Kunst, sich zu freuen. Da treffen sich Moskauer Rentner selbst bei eisiger Kälte im Park, um zu scheppernder Kassettenmusik zu tanzen. Es gibt also kein genetisches Gesetz, das uns darauf festnagelt: Je älter, desto mürrischer. Langsamer ja, in gewissen Dingen vorsichtiger, auch bequemer – aber schlechte Laune muss nicht sein.

Vor einigen Jahren stand bei unserer Tochter ein Umzug an. Mein Mann und ich waren davon befreit, wir hatten nur die schöne Aufgabe, uns währenddessen um das Enkelkind zu kümmern. Die Dreijährige fand das Geschehen hochinteressant und wollte keine Minute davon versäumen. Wir blieben also in der Wohnung, die sich nach und nach leerte, und bei dieser Gelegenheit bekamen wir mit, wie drei junge Männer eine geschlagene Stunde brauchten, um einen Schrank durch drei Türöffnungen zu bugsieren. Das eigentlich Bemerkenswerte aber war, wie unbekümmert die Schrankschlepper während der ganzen Zeit Witze machten und lachten. Sie unterhielten sich bestens und hatten am Ende sogar noch Erfolg.

Das erzählte ich später am Telefon meinem Freund Horst Bauer*, und er stimmte mir zu, in unserem Alter wären wir bereits nach kurzer Zeit angesäuert. Er sagte: »Also ich hätte schon nach zehn Minuten die Säge genommen!« Horst und ich machten uns dann noch eine Weile Gedanken über das naheliegende Thema »Älterwerden«, und im Handumdrehen landeten wir bei unseren körperlichen Beschwerden, den kleinen Gebrechen, bei deren Aufzählung er nicht unerwähnt ließ, dass sie sich in Zukunft häufen würden ... Horst, verheiratet und kinderlos, sieht sich als Realist. Sein Blick auf sich und seine Umwelt ist ein schonungsloser. Und was die Ehrlichkeit seinen eigenen Macken gegenüber betrifft, da schlägt ihn so schnell keiner. Horst war immer schon ein Muffel, einer, der keine schlechte Nachricht unbeachtet ließ. Fast automatisch versuchte ich, seine Stimmung durch Hinweise auf Positives und kleine Scherze aufzuhellen – vermutlich, damit sie mich nicht ansteckte. Besser wäre es gewesen, ich hätte ihn so begrüßt: »Hallo Horst, ich hab dir was Schönes mitgebracht.« – »Was denn?« – »Eine schlechte Nachricht. Benzin wird teurer.«

Immer mit dem Schlimmsten rechnen

Stattdessen hielt ich mich an subtile Bekehrungsversuche. Wie sonst wäre zu erklären, dass ich ausgerechnet bei Horst anzudocken versuchte, als es um das Thema ging: Wie wird man älter und behält seine gute Laune? Das Ergebnis hätte ich mir eigentlich denken können. Horst stieg auf die Problematik gar nicht erst ein. Gute Laune war für ihn nicht erstrebenswert. Er sagte: »Ich meine, das Griesgrämig-Sein hat den großen Vorteil, dass sich ja eigentlich nur die anderen daran stören.«

Jemand wie Horst rechnete stets mit dem Schlimmsten. Er besaß eben die große Fähigkeit, die Löcher im Käse zu sehen und den Käse selbst zu ignorieren. Womit wir beim Thema Essen gelandet sind, das ganz gewiss nicht ausgespart bleiben darf, wenn es um Lebensfreude geht. Wir sind inzwischen umzingelt von drohenden Zeigefingern, die an unserer Lebenslust kratzen. Immer mehr gesunde Menschen empfinden sich über Nacht als Risikopatienten. Und fast immer geht es ums Essen. Dass Schokolade glücklicher macht als Gurke, weiß jedes Kind. Aber warum sagt es denn keiner mehr laut?

In einem Essay über das Älterwerden schrieb der Lyriker Charles Simic: »Je köstlicher etwas ist, desto schneller wird es einen umbringen. Das heutige amerikanische Ideal ist es, in blühender Gesundheit im Sarg zu liegen.« Dann kam er auf seinen alten Vater zu sprechen. Der hatte vor seinem Tod den Wunsch geäußert, dem Sohn einen »schlimmen Fehler« anzuvertrauen. Charles Simic war hochgradig alarmiert. Was würde ihm mit dem Geständnis enthüllt werden?

> »Daraufhin erzählte mein Vater, dass sein großer Fehler darin bestanden habe, im Alter von 70 Jahren dem Rat seines Arztes zu folgen, keine Würste und Salamis, keinen Speck, kein Spanferkel und keine anderen lebensnotwendigen Spezialitäten mehr zu essen. Und er, mein Vater, habe diesem Rat idiotischerweise Folge geleistet. Er fühlte sich einige Jahre lang erbärmlich schlecht. Wie schlecht, wollte ich wissen. Rastlos und deprimiert. Eines Tages besann er sich, fing wieder an, all das zu essen, was schlecht für ihn war, und fühlte sich um zweihundert Prozent besser. Nun bereute er nur noch die Jahre, die er durch Anordnung des Arztes vertan hatte.«[9]

Die fettreduzierte Küche ist ein Feind des Genießens. Diät und Gaumenfreuden schließen einander aus – egal was etliche Regalmeter Kochbücher zum Thema »Die gesunde Ernährung« zu bieten haben. Natürlich gibt es wunderbarste Vollwertgerichte genauso wie raffinierte Sommersalate, aber doch nicht immer! Was soll schön daran sein, mit einer Freundin essen zu gehen, die unbedingt ihre jugendliche Kleidergröße 38 bewahren will? Man kann sich schon denken, was dann folgt: Sie wird die Speisekarte nicht mit ihren Geschmacksnerven abgleichen, sondern die Gerichte darauf abklopfen, ob sie auch »leicht« und »fettreduziert« sind. Keine zehn Minuten später – danach kann man nämlich die Uhr stellen – kommt das Thema »Gesunde Ernährung« auf den Tisch und die scheinheilige Frage nach meinen Cholesterinwerten. Und dann: »Wie, die weißt du nicht!?«

Wie soll man darauf antworten? Man könnte den eigenen Hausarzt zitieren, Statistiken bemühen, die lange Liste der erfundenen Krankheiten aufzählen und auf maßlos aufgebauschte Risikofaktoren hinweisen. Man müsste deutlich sagen, dass die sogenannten Risikofaktoren der Medizin und den Pharmakonzernen gute Einkünfte sichern, indem sie dafür sorgen, dass sich auch gesunde Menschen krank fühlen oder doch zumindest bedroht.

Gesucht: hundertprozentige Sicherheit

Wenn es so leicht ist, mit erfundenen Krankheiten Geld zu machen, dann lässt das nur den einen logischen Schluss zu: Wir gehören der Spezies Angsthasen an. Als solche hoppeln wir von einer Untersuchung zur nächsten, und behaupten, wir wollten ja nur »Gewissheit«. Im Grunde geht es aber gar nicht um Gewissheit sondern um die absolute Sicherheit, um einhundert Prozent. Grundsätzlich wissen Patienten im Vergleich zu früher viel mehr über die einzelnen Schwachstellen, die das Leben bedrohen können – aber nicht müssen. Was viele Menschen nicht fertig bringen, ist das Gewichten der Prozentsätze. Wenn sie die Information bekommen: »Es besteht ein Risiko von zwei Prozent«, bleibt bei ihnen nur das Wort »Risiko« hängen. Das heißt, es dringt nicht in ihr Bewusstsein, dass die Gewinnchancen gewaltig sind, nämlich achtundneunzig zu zwei. Und weil lange Zeit die gute Nachricht schlichtweg übersehen wurde, wucherte die Handlungsmaxime, wonach selbst das klitzekleinste Risiko – Test sei Dank! – noch zu verringern sei.

Wir erinnern uns: Es gab mal eine Zeit, als noch niemand von der Kostenexplosion im Gesundheitswesen sprach. Damals traf man bei den Krankenkassen auf keinerlei Vorbehalte gegen Untersuchungen, deren einzige Wirkung darin bestand, das Sicherheitsgefühl der Patienten um drei Prozent zu steigern. Es waren die Goldenen Jahre, in denen sich ein Großteil der Bevölkerung an die Vorstellung gewöhnte, ein Leben ohne Restrisiko sei möglich. Illusionen dieser Art sind haltbar und zählen zu den Feinden der Lebensfreude.

Es wäre vielleicht nicht falsch, der Freundin, die lustlos in ihrem Salatteller pickt, ein Zitat des Predigers Salomo aus dem alten Testament ans Herz legen.

> »Da merkte ich, dass es nichts Besseres dabei gibt als fröhlich sein und sich gütlich tun in seinem Leben. Denn ein Mensch, der da isst und trinkt und hat guten Mut bei all seinen Mühen, das ist eine Gabe Gottes.«[10]

Darum geht es: Sich gütlich tun, sein Leben genießen. Dieses und noch vieles andere könnte man der Salatesserin entgegenhalten. Aber vermutlich würde sie mir erwidern, meine Argumentation sei Schwachsinn und unterstütze Menschen mit geringer Selbstdisziplin, die sich am Ende womöglich in der Welt der Fattys wiederfänden.

Wenn die Freude heimlich verschwindet

Solche Diskussionen lassen sich lange fortsetzen, aber wir steigen hier aus und werfen noch einmal den Blick auf Grundsätzliches. Die meisten Menschen haben die Vorstellung, dass die Lebensfreude plötzlich abhanden kommt, also dann, wenn etwas Schlimmes eintrifft: Unfall, Krankheit oder der Tod eines Angehörigen. Aber häufig geschieht etwas anderes. Die Lebensfreude schleicht sich ganz langsam davon, heimlich, ohne sich zu verabschieden, und das ist das eigentlich Gefährliche, besonders wenn Menschen älter werden. Die Lebenslust geht verloren, wenn sie nicht mehr gefüttert wird und auch, wenn an der falschen Stelle danach gesucht wird. Nur weil es zehnmal hintereinander so schön war in einem bestimmten Dorf in Südtirol, heißt das nicht, der Erholungswert werde sich auch beim elften Mal wieder einstellen. Pech für Menschen, die jedes Risiko scheuen und schon bei dem Gedanken an eine Veränderung in Panik ausbrechen.

Wer sich Zeit seines Lebens schon umbringen will, sollte vor allem eines tun: stets und überall auf Sicherheit bedacht sein. Kein Risiko eingehen. Am besten nicht auf die Straße gehen, sondern vor dem Fernseher sitzen bleiben und sich bestätigen lassen, dass die Lebensgefahr schon vor der eigenen Haustür beginnt. Sich bloß nicht bewegen! Lieber beim Vertrauten bleiben. Da weiß man, was man hat. Das Dumme ist nur, der Mensch selbst behält nicht, was er hat. Er verändert sich, er erleidet Verluste, die Haare, die Zähne. Nicht alles lässt sich ersetzen. Männer, die im fortgeschrittenen Alter nur Frauen unter Dreißig attraktiv finden, müssen sich etwas einfallen lassen – oder hoffen, dass ihnen nicht mehr allzu viel Zeit vergönnt ist auf dieser Erde. Schauen wir uns an, was Heinz Erhardt, der gern das Schicksalhafte unserer Existenz mit Reimen bedachte, zu unserem Thema beizutragen hatte.

»Die alten Zähne wurden schlecht
und man begann sie auszureißen,
die Neuen kamen grade recht,
um damit ins Gras zu beißen.«[11]

Tröstlich klingt das nicht. Wenden wir uns lieber den guten Seiten eines geruhsamen Lebensabends zu. Das Schöne am Alter sei, hört man immer wieder, dass man nichts mehr tun müsse, wozu man keine Lust habe. Das Alter gebe einem das Recht, Nein zu sagen, zum Beispiel, wenn die erwachsenen Kinder glauben, man stünde allzeit zum Enkelkinderhüten bereit, oder wenn gähnend langweilige Nachbarn zum Kaffeetrinken einladen. Aber was ist, wenn ein älterer Herr zu gar nichts mehr Lust hat? Wenn er nur noch übel gelaunt in der Ecke sitzt und grollt, weil die besten Jahre angeblich vorüber sind? Gar nichts. Dann sitzt er eben da und grollt vor sich hin, verbreitet schlechte Laune und verfolgt nur noch ein einziges Interesse: von allen, einschließlich der Ehefrau, in Ruhe gelassen zu werden.

Erst geht die Neugier, dann die Fähigkeit zu genießen, dann das Lachen. Und zuletzt gehen die Freunde, und selbst die eigenen Kinder lassen sich kaum noch blicken. »Bei Opa ist es sooo langweilig«, sagen die Enkel. Schöne Aussichten. Hoffen wir zu Opas Bestem, dass er bald ein Pflegefall wird und dann ausschließlich von weiblichem Personal betreut wird, das unter dreißig ist.

Nein, das wünschen wir ihm natürlich nicht, wir sind nicht gehässig. Wir wünschen Griesgram, er möge ein wenig von dem kopieren, was ihn als Jugendlichen bei Laune hielt. Vielleicht dies: unvernünftig sein. Eine Nacht aufbleiben, bis es wieder hell wird. Vor den Mädels angeben. Heimlichkeiten. Dankbar sein, weil man lebt. Das Festhalten an Träumen. Langweilige Leute provozieren. Musik hören. Den eigenen Kummer zulassen. Dick-und-Doof-Filme gucken. Auf Sternschnuppen warten.

»Lasst mich alle in Ruhe!«

Halt! Keine Ratschläge! Auch keine gut gemeinten Vorschläge. Sie sind der Schnupfen unseres Zusammenlebens. Sie fliegen einen an, man kann sich nicht gegen sie wehren. Eigenwillige Charaktere wie Horst Bauer haben mich gelehrt, dass Ratschläge rein gar nichts Gutes bewirken, höchstens dass Gegenteil. Menschen bedeuteten für ihn dann ein Problem, wenn sie ständig bemüht waren, seine Gemütslage mit Optimierungstipps aufzuhellen. Gut erzogen wie er war, ließ er sich nicht anmerken, wie sehr ihm derartige Manipulationsversuche auf die Nerven gingen. Vielleicht wäre es ihm besser gegangen, hätte er, wie Mülltonnenbewohner Rumpel aus der Sesamstraße brüllen können: »Jetzt lasst mich gefälligst alle in Ruhe!«

Wenn Griesgram Rumpel die Nase voll hat, verschwindet er wieder in seinem Refugium und schließt den Deckel. Unser Freund Horst machte es ähnlich, als ihm der Ruhestand endlich die Erlaubnis dazu gab. Heute lebt er in seinem Wochenend-Haus. Es steht in einer ländlichen Region, wo die Bevölkerung stur und wortkarg ist. Hier grüßen sich die Dorfbewohner knapp, fast wortlos; hier wünscht man sich nicht ständig »einen schönen Tag auch«. Heute erst begreife ich, wie sehr Horst Bauer die Zwangskontakte in seinem Beruf zusetzten. Er war Sachbearbeiter in einer großen Behörde gewesen. Jemand mit seiner Veranlagung wäre wohl besser Maler oder Schafhirte geworden.

In seinem Dorf bedrängt ihn niemand mit einem sonnigen Lächeln. Niemand fordert ihn auf, so zu werden, wie es dem Klischee vom unternehmungslustigen, geselligen älteren Herrn entspricht. Auf dem Lande, in seinem Haus, wo er in aller Ruhe werkeln und reparieren und schweigen kann, ist er in seinem Element. Von Griesgrämigkeit keine Spur mehr. »Er ist guter Dinge«, berichtet seine Frau jedes Mal, nachdem sie ihn besucht hat. Seine Ehe hat als Wochenendbeziehung wieder einen neuen Schub bekommen. Als Einsiedler mit kleinen Pausen hat Horst Bauer sein Gleichgewicht gefunden.

So kann man es machen. Man kann aber – und das tun die meisten Menschen – die Balance des Älterwerdens auf andere Weise halten. Interessant sind in diesem Zusammenhang die Ergebnisse der Glücksforschung. Sie ist Teil der sogenannten »positiven Psychologie« und konzentriert sich nicht auf Probleme und Erkrankungen, sondern auf das Gegenteil: auf Gelungenes und Gesundes. Die Glücksforschung versucht unter anderem herauszufinden, wie die Bedingungen für ein zufriedenes Leben aussehen. Und da sind die Antworten eindeutig: Ohne eine gewisse Schönmalerei geht es nicht. Des Menschen beste Freundin ist die Illusion. Sie unterstützt uns ein Leben lang. Man kann sich die Illusion als sanften Schutzengel vorstellen, der dafür sorgt, dass ältere Menschen sich in der Regel weit jünger fühlen, als es ihrem Geburtsdatum entspricht.

Der Kölner Psychoanalytiker Herman-Josef Berk bringt in diesem Zusammenhang das »Psychische Alter« ins Spiel.[12] Es entsteht in der Zeit, wenn erwachsene Menschen eine gewisse Sicherheit und Reife erworben haben. Berk beschreibt ein neues Lebensgefühl, das sich unerwartet – ohne jeden Übergang – einstellt. »Reiter kennen das: Plötzlich geht es. Man sitzt im Sattel und reitet. Das heißt, man weiß auf einmal: So geht das! Das psychische Alter bleibt also an dem Punkt stehen, an dem die Erkenntnis kommt: Jetzt sehe ich, wie das Leben läuft.«

Das ist der Hintergrund, warum sich Menschen innerlich so viel jünger fühlen als sie sind. Es gibt laut Hermann-Josef Berk einen kleinen Test, der fast immer funktioniert. »Wenn man Leute jenseits der 60 befragt: Sagen Sie mir ganz schnell: Wie alt sind Sie? Dann sagen die: 35!«

Bei Frühstartern mag das genannte Alter niedriger liegen. Der in England lebende und von der Königin in den Adelsstand erhobene Soziologe Ralf Dahrendorf, geboren 1929, sagte in einem Interview, er fühle sich innerlich nicht älter als 28. Das psychische Alter bleibt jedenfalls unabhängig vom biologischen Alter. Das heißt, diese Diskrepanz gilt bis ans Lebensende. Berk hat festgestellt: Gut gelaunt zu altern setzt die Haltung voraus, Fünfe gerade sein zu lassen, auch bezüglich der eigenen Lebensbilanz.

Der milde Blick auf die Lebensbilanz

Von Simone de Beauvoir – Schriftstellerin und Lebensgefährtin des französischen Philosophen Jean-Paul Sartre – stammt der Satz: »Die Wahrheit an sich hat keinen Wert.« Herman-Josef Berk stimmt dem zu und erläutert den zweiten wichtigen Aspekt dessen, was die positive Psychologie als notwendigen Selbstbetrug bezeichnet. Worum geht es? Um den milden Blick zurück, um die wohlwollende Bewertung. Die eigenen Kinder werden es vermutlich nicht gutheißen, aber daran muss man sich nicht stören. Selbst bei Lebenserinnerungen, die in rechtschaffenster Selbsterforschung niedergeschrieben wurden, bleiben Diskrepanzen, weil jedes Familienmitglied seine eigene Sicht auf die Dinge hat. Im Grunde gibt es nur Annäherungen.

Es geht also schlicht darum, die eigene Lebensleistung in ein gutes Licht zu stellen, vor allem, sich selbst als Herr seines Schicksals sehen und nicht als Opfer. Ohne eine gewisse Mythenbildung, sagt der Psychotherapeut Herman-Josef Berk, kann das nicht gelingen. »Wenn ein Mensch hingeht und seinen Lebensverlauf ganz kalt und objektiv beguckt, stellt er fest, wie wenig persönlichen Einfluss er eigentlich gehabt hat; wie angewiesen er auf alles Mögliche war: auf helfende Personen, auf Schutzengel, auf Zeitumstände und vieles mehr.«[13]

Die meisten Menschen sehen sich so nicht. Zwar bewerten auch sie, was sie zustande oder nicht zustande gebracht haben, aber – in Schonhaltung. Gut so, meint der Psychoanalytiker, denn ohne Mythenbildung werde man im Alter griesgrämig, und Griesgrämigkeit bedeute Dauerdepression. »Die etwas merkwürdige Seite in unserem Leben ist, dass wir ohne positiven Selbstbetrug nicht auskommen.«

Hin und wieder erscheinen Patienten jenseits der 60 in seiner Praxis und wollen eine Lebensbilanz machen. Das seien nicht die Griesgrämigen, erläutert Berk, sondern sie bemühten sich um eine positive Mythenbildung, um die letzten Jahre oder Jahrzehnte in Gelassenheit zu verbringen.

In diesem Zusammenhang plädiert er für einen gewissen Mut und ein Pfeifen auf Konventionen. »Man darf sich nicht den Klischees gegenüber dem Alter beugen«, betont der Psychologe, und er zählt auf, um welche Klischees es sich im Wesentlichen handelt: Ab einem bestimmten Alter haben die Leute keine Sexualität mehr. Ab einem bestimmten Alter ziehen sich die Leute nicht mehr modisch an. Ab einem bestimmten Alter wird man höflich und bescheiden. Alte schlafen nicht so viel und die Alten essen nicht so viel … »Das ist die fröhliche Idee der Jugend, das Alter möge ab einem gewissen Zeitpunkt doch gefälligst tot umfallen und das Vermögen rausrücken«, sagt Berk. »Diesen Klischees darf man sich unter keinen Umständen beugen, denn dann wird man krank, dann wird man griesgrämig.«

Fügen wir noch ein weiteres Klischee über ältere Menschen hinzu: Im Alter ist man nicht mehr produktiv. Da soll man die Enkel hüten und den erwachsenen Kindern mit Bausparverträgen unter die Arme greifen. Da soll man Rasen mähen, den Hund ausführen, Kreuzworträtsel lösen und fernsehen. Selbstverständlich sollen Rentner auch mal etwas Besonderes erleben. Gelegentlich sollen sie die Koffer packen und etwas von der Welt sehen. Wer wollte ihnen das nicht gönnen? Aber arbeiten, berufstätig bleiben, das ist gesellschaftlich und innerfamiliär nicht vorgesehen – es sei denn, es handelt sich um Politiker oder Künstler.

Ich rede nicht von Menschen wie Horst Bauer, die heilfroh sind, endlich von Berufsstress und regelmäßigen Arbeitszeiten befreit zu sein. Ich rede von einem 75-jährigen ehemaligen Lagerarbeiter aus meiner Nachbarschaft, der im Haus seines Sohnes wohnt. Er muss regelrecht darum betteln, im Garten arbeiten oder etwas im Haushalt reparieren zu dürfen. Er hatte einen leichten Schlaganfall, und die Schwiegertochter ist der Meinung, er müsse sich schonen. Aber fürsorglich klingt es nicht, wenn sie loszetert, sobald er an den Werkzeugkasten geht. Tatsächlich ist die Hausfrau reichlich zwanghaft und muss alles kontrollieren, was in ihrer Umgebung geschieht. Sie erträgt es nicht, wenn ein Nagel einen Zentimeter weiter nach rechts in die Wand geschlagen wird, als es ihrer Meinung nach sein sollte. Vor einiger Zeit bekam ich mit, wie sie dem Kneipenwirt an der Ecke untersagen wollte, dem Schwiegervater Alkohol auszuschenken. »Er trinkt zu viel«, behauptete sie. »Tut er nicht«, konterte der Kneipenwirt. »Aber ich, das kann ich dir sagen, würde mich jeden Tag besaufen, wenn ich in deinem Haus immer nur still in der Ecke sitzen und überhaupt nichts tun dürfte!«

Nie wieder eine Gaststätte!

Auf Ansichten wie die der Schwiegertochter würde man bei den Nattlers nur mit Kopfschütteln reagieren. Ganz am Rande der westfälischen Kleinstadt Billerbeck sind sie zu Hause. Bernhard Nattler, gelernter Schmied, und seine Frau Helene, beide über 70 Jahre alt, leben in einer Bauernschaft und arbeiten noch heute so gut es eben geht. Ihr Leben war nie leicht. Zu tun gab es immer reichlich in der Schmiede, in der Landwirtschaft und in der Gaststätte nebenan. Sie trägt den Namen »Zum eisernen Hammer«. Helene Nattler schenkt dort Bier aus. Das tat sie schon, als sie jung war. »Ich war in Stellung, wie man das damals nannte, einmal im Haushalt, einmal in einer Wirtschaft.« Die Arbeit in der Gaststätte fand sie furchtbar. Sie schwor sich: Nie wirst du das später machen! Dann lernte sie ihren Mann Bernhard kennen und der brachte eine Wirtschaft und eine Schmiede mit in die Ehe. Es kam also alles anders und die Bedingungen waren hart: »Morgens früh aufstehen und abends spät ins Bett gehen. Unsere Kinder, wir hatten vier, die mussten abends betreut werden. Dann musste mein Mann sich umziehen, wenn er aus der Schmiede kam, und in die Wirtschaft rein, und ich musste die Kinder versorgen.« Früher herrschte mehrmals im Jahr Hochbetrieb. Schützenvereine und Jagdgesellschaften wurden hier mit Essen und Getränken versorgt. Gefeiert wurde in einem großen Zelt.

Seit die Nattlers nicht mehr die Jüngsten sind, haben sie ihr Arbeitspensum erheblich verringert. Im Gasthof werden nur noch Getränke ausgeschenkt. Die Landwirtschaft ist verpachtet. Die wichtigsten Gebäude und der Garten sind ihnen geblieben.

»20 Sauen hatte ich immer«, erzählt der Ehemann. »Wie's nicht mehr ging, da hab ich den Vorhammer genommen und hab die Wände rausgekloppt und hab Pferdeställe davon gemacht. Die hab ich verpachtet.«

Eigentlich wollte Helene Nattler Gärtnerin werden, aber das ließen ihre Eltern nicht zu. Erst in den vergangenen Jahren ging ihr Wunsch in Erfüllung. Wann immer Jahreszeit und Wetter es erlauben, arbeitet sie mehrere Stunden täglich in den Beeten. Man merkt es ihr an – ausdauernd und gelenkig, wie sie ist. Über ihren Lieblingsort sagt sie:

»Im Garten denkt man an nichts anderes mehr, nur daran, dass es wachsen soll. Ja, und was von der Ernte übrig ist, wird verschenkt. Da freuen sich die Leute drüber, und man selbst ist stolz, dass man das noch schafft.«

Doch die Hauptperson der Geschichte, die hier erzählt werden soll, ist ihr Mann. Bernhard Nattler ist in meinen Augen ein Held. Ich finde keinen besseren Begriff. Nattler verkörpert einen Typus, der uns aus vielen Spielfilmen vertraut ist: Ein Mann geht seinen Weg, er räumt die größten Hindernisse beiseite, er tut, was getan werden muss.

Ich habe einige Heldinnen und Helden bei meinen Recherchen über das Alter kennengelernt. Ich weiß, sie würden eine solche Bezeichnung für sich ablehnen. Sie sind es nicht gewöhnt, im Mittelpunkt zu stehen, und verlangen auch nicht danach. Sie finden es völlig normal, wie sie sich verhalten. Das ist doch nichts Besonderes, sagen sie, und das sagt auch Bernhard Nattler. Von ihm muss man wissen: Er saß im Rollstuhl, als er seinen Schweinestall niederriss. Seit 1997 ist der Westfale beinamputiert. Außerdem hatte er eine schwere Krebserkrankung, und er ist Dialyse-Patient. Dreimal pro Woche muss er deshalb ins Krankenhaus an die künstliche Niere. Er hatte bereits einen Schlaganfall, und es wurde ihm ein Herzschrittmacher eingesetzt. Dennoch arbeitet er weiter, und seine Lebensfreude hat er auch nicht eingebüßt.

Man kann es kaum glauben: Er sitzt in seinem »Rolli«, von dem er geradezu liebevoll spricht, als handele es sich um ein Haustier, und dabei strahlt er über das ganze Gesicht. Er sieht auch nicht krank aus, obwohl er drei Wochen vor meinem Besuch noch in der Klinik lag und es so aussah, als ginge es mit ihm zu Ende. Um 18 Uhr läuteten die Kirchenglocken, und Bernhard Nattler sagte zu seiner Frau und seiner Tochter: »Das ist Petrus, jetzt kommt er mich holen ...« Aber die standen an beiden Seiten seines Bettes und ließen ihn nicht gehen. Seine Frau erzählt: »Da haben wir gesagt: Papa, du musst jetzt stark sein, wir sind auch stark, und du musst kämpfen, dass du da wieder durchkommst.«

Aufgeben kommt nicht in Frage. Das scheint in dieser Familie nicht vorgesehen zu sein. Nach drei Tagen war Bernhard Nattler wieder auf dem Weg nach oben. »Ich bin keinen Tag länger im Bett gewesen, wie es nur eben nötig war.« Am zehnten Tag wusch und rasierte er sich selber. Er stieg ohne Hilfe in den Rollstuhl und fuhr durchs Krankenhaus.

Das Stehaufmännchen

Hier kennt er sich aus. Er ist schon so oft Patient gewesen. »Da ist ja unser Stehaufmännchen!«, begrüßen ihn die Ärzte. Man könnte die Geschichte der Familie Nattler aus Westfalen auch ganz anders erzählen. Man könnte sagen, das sind Menschen, die sind vom Pech verfolgt. Eine Beinamputation reichte nicht. Da fehlte noch ein zweites Drama. Während Frau und Tochter ihn unmittelbar nach der Operation in der Klinik besuchten, klingelte das Telefon. Nachbarn riefen an: »Bei euch brennt's!«

Eineinhalb Tage war die Feuerwehr im Einsatz. Die Ursache der Katastrophe wurde nie ermittelt. Aber seitdem gibt es bei den Nattlers eine neue Zeitrechnung: die Zeit vor und die Zeit nach dem Großbrand. Ruß und Nässe waren für Wohnhaus, Gaststätte und Schmiede verheerend. »Wir haben einfach kein Zuhause mehr gehabt«, bringt Tochter Bernadette das Verhängnis auf den Punkt. Monatelang waren sie mit Aufräumen und Wiederaufbauen beschäftigt. Sobald Bernhard Nattler von der Amputation genesen war und seinen Rolli beherrschte, beteiligte er sich.

In diesem Sommer regnete es jeden zweiten Tag, und die Folien konnten das Wasser nicht aufhalten. »Mama war ständig in Gummistiefeln, und dann saß sie da und heulte: Ich komme nicht aus den Gummistiefeln raus, meine Beine sind geschwollen«, erzählt die Tochter, eine tatkräftige Person, die gleich zwei Kindergärten leitet. »Dann musste man mal eine Runde miteinander heulen, weil man das sonst auch nicht aushalten kann. So war das, aber es hat sich immer wieder irgendwie zum Guten gedreht.« Davon ausgehend, dass alles im Leben seinen Sinn hat, sucht Bernadette bis heute eine Antwort auf die Frage, wofür das Unglück gut gewesen sein sollte, denn der Zusammenhalt in der Familie war schon vorher außerordentlich gewesen. Es hätte keiner Feuerprobe mehr bedurft. Ihre Mutter dagegen stellt dem Schicksal keine Fragen. »Es musste eben alles so kommen, und da kann man nicht verzweifeln. Man hat es hinnehmen müssen wie es ist, und dann ist es wieder gut geworden. Der Herrgott hat immer mitgeholfen.«

Befragt nach ihren Kraftquellen nennt Helene Nattler an erster Stelle den Schulterschluss und das gemeinsame Durchstehen in der Familie. Auf dem zweiten Platz steht das Gottvertrauen, auf dem dritten die große Hilfsbereitschaft der Nachbarn, wie sie nach dem Großbrand ein weiteres Mal unter Beweis gestellt wurde. Bernhard Nattler sagt deutlich, seine Kraft komme größtenteils aus der Freude an seiner Arbeit. Keines seiner Kinder bedrängt ihn: »Vater, hör endlich auf damit.« Die Schmiede wurde nach dem Brand wieder aufgebaut. Heute macht Nattler dort Reparaturen.

Die Vielseitigkeit eines Schmiedes

Die Aufträge bekommt er von Menschen seiner Umgebung. Wenn ein Gerät oder eine neue Maschine kaputtgegangen ist, denken sie nicht sofort an einen Neukauf, sondern: »Frag ich doch erstmal den Bernhard, ob ihm etwas einfällt.« Und Bernhard fällt eigentlich immer etwas ein. Das verdankt er seiner Vielseitigkeit als Schmied. »Früher war ein Schmied jemand, der musste alles machen: vom Wagenbau bis zum Hufbeschlag«, erklärt er. »Ich habe auch sämtliche Gitter gemacht, eigentlich alles, was mit Kunstschmiede und Eisen zu tun hat.«

Schließlich sagt er: »Kommen Sie mal mit«, und fährt im Rollstuhl nach nebenan in seine ausgedehnte Werkstatt. Seine Tochter und ich folgen ihm. Bernadette zeigt auf riesige Kisten im Werkzeugraum. Sie hätten unter Wasser gestanden, erzählt sie, und der Inhalt sei völlig verrostet gewesen. »Vater hatte zwischendurch ja auch noch einen Schlaganfall und konnte die Finger nicht mehr richtig bewegen. Da hat er den ganzen Winter lang die Schrauben mit Karamba eingeschmiert und sie ineinander gedreht, so dass er keine Ergotherapie brauchte, damit die Hände wieder funktionierten.«

Zum Glück ist die Versicherung für die Brandschäden aufgekommen. Das bestätigt Nattler in seiner Sicht auf sein Leben. Im Grunde hält er sich für einen Glückspilz und nicht für einen Pechvogel. Den Kamin der Schmiede hat er nach dem Brand nicht wiederhergestellt, das hätte sich nicht gelohnt. Stattdessen gibt es jetzt ein Gasfeuer. Er macht mir vor, wie problemlos es für ihn ist, im Rollstuhl mit Hammer und Amboss zu arbeiten. »Die Maschinen habe ich mir alle behindertengerecht gemacht, ob es die Bohrmaschine ist, der Schweißapparat, die Stanze oder die Elektrosäge.« Zur Demonstration wirft er nacheinander die Maschinen an. Sie machen einen Höllenlärm. Auch schmutzig ist es hier, wie es sich für eine Schmiede gehört.

Noch ein weiteres Mal wird es laut. Nattler nimmt seinen Aufzug in Betrieb. Den hat er selbst gebaut. Es handelt sich um eine simple Konstruktion mit einer Ladefläche, wie man sie üblicherweise nutzt, um Lasten zu befördern. Hauptsächlich aber braucht Nattler den Aufzug, um im Rollstuhl das Obergeschoss zu erreichen. Wir betreten sein Lager von schätzungsweise 200 Quadratmetern, und hier befindet sich, was sich über Jahrzehnte angesammelt hat: Stahlbleche, Draht, Schnüre, Schalbretter, Zaunbretter, Dachsparren, Dachpappe – auch Maschinenteile, die vielleicht noch einmal verwertet werden können, und vieles mehr. Alles an seinem Platz, behauptet Nattler, er müsse nicht lange suchen. Gleich zwei Werkbänke stehen ihm zur Verfügung. Wir befinden uns an seinem Lieblingsort. Hier versinkt er in seiner Arbeit, stundenlang. »Hier hab keine Schmerzen, ich hab gar nix. Ich denke nur an das, was ich gerade tue, und dann geht die Zeit vorbei, das glaubt man gar nicht ...« Etwas Schöneres, versichert er, gebe es für ihn nicht. 50 Jahre habe er immer Freude an seiner Arbeit gehabt, das sei bis heute so. »Da kann man gar nicht mehr ohne sein.«

»Kontemplation durch Arbeit«

Die Wissenschaft hat einen Namen für das, was den Westfalen täglich mit Lebensfreude stärkt – und was vermutlich auch Horst Bauer, der ausgeglichenen Einsiedler, beim Handwerken und Schweigen erfährt. Es wurde dafür den Begriff »Flow« erfunden. Man könnte es auch »Kontemplation durch Arbeit« nennen. Es ist ein Zustand, der durch leidenschaftliches Gärtnern, durch Malen, Handarbeiten und auch durch geistiges Arbeiten hervorgerufen werden kann.

»Flow« ist in den vergangenen Jahren vielfach untersucht und mit sperrigen Vokabeln beschrieben worden. Tatsächlich bedeutet »Flow« nichts anderes als dies: in der Arbeit aufgehen wie ein Kind, das in sein Spielen vertieft ist und dabei weder sich selbst noch seine Umgebung wahrnimmt.

Nur am Wochenende lässt Nattler die Reparaturen ruhen. Da hilft er seiner Frau in der Gaststätte. Schließlich müsse auch mal Pause sein, meinen Ehefrau und Tochter. Ein Mann könne nicht immer allein sein. Er brauche auch mal Menschen um sich. Finanziell lohnt sich das Ganze nicht. Es kommen nur noch wenige Gäste in die Wirtschaft von Helene und Bernhard Nattler. Aber an mehr Kundschaft sind sie auch nicht interessiert. Ihre materiellen Ansprüche sind bescheiden. Der Gewinn liegt in den Kontakten, in den Gesprächen, in den Neuigkeiten – auch in Aufträgen. »Sag mal Bernard, meinst du, du kriegst meine Flex wieder hin?«

Erst nachts gegen 1 Uhr legt der Hausherr sich ins Bett und morgens um sechs ist er wieder wach. Nattler braucht morgens Zeit, um den Beinstumpf zu versorgen. Das macht er vor dem Frühstück. Danach arbeitet er in der Schmiede oder im Hof. Aber dreimal in der Woche wird daraus nichts, weil ein Taxi kommt und ihn zur Dialyse bringt. Am folgenden Morgen sitzt er dann wieder an der Werkbank und überlegt, wie er einem kaputten Rasenmäher Leben einhauchen kann.

Kapitel 4
Altersdemenz I
Was es heißt, mit dem Wind zu reden

Ein Greis wehrt sich

Fangen wir mit der guten Nachricht an: Das Ausmaß der Pflegebedürftigkeit alter Menschen wird überschätzt. Erst in der Gruppe der über 85-Jährigen ist sie deutlich sichtbar, denn dort betrifft sie ungefähr ein Viertel der Frauen und Männer. 70 von 100 Hochbetagten sind in der Lage, allein ihren Alltag zu meistern. Die Altersforscherin Ursula Lehr gibt zu bedenken: »Bei Hochschätzungen im Hinblick auf den Anteil der Pflegebedürftigen von morgen, wo ja weit mehr über 85-Jährige in unserer Gesellschaft leben werden, sollte man vorsichtig sein: Schon die Älteren von heute sind in einem höheren Alter viel gesünder und kompetenter, als es unsere Eltern und Großeltern im gleichen Alter waren – sofern sie dieses überhaupt erreicht hatten –, und dieser Trend wird sich fortsetzen.«[14]

Fügen wir eine zweite gute Nachricht hinzu: Nicht jeder alte Mensch, dem die Umwelt bescheinigt, er könne den Realitäten des Alltags nicht mehr richtig folgen, ist der Fürsorge eben dieser Umwelt hilflos ausgeliefert. Der greise Dimiter z.B. weiß sich zu wehren. Er, der in einem Bergdorf in Bulgarien lebt, will sein eigenes Häuschen nicht verlassen. Seine Kinder bezeichnen es als Ruine. Es geht um alltägliche kleine Wortgefechte zwischen einem uralten Mann und seinen Kindern, die selbst schon alt sind, zumindest älter als 70 Jahre.

> »Meine Kinder kommen herbei und wiederholen immer ein und dasselbe. ›Was ist, Vater, immer bist du starrköpfig und sitzt alleine, sieh, wie weit es mit dir gekommen ist, du redest schon mit dem Wind.‹
>
> ›Warum sollte ich denn nicht‹, sage ich. ›Ich rede über alte Dinge mit ihm, er kennt sie.‹
>
> ›Du musst Menschen um dich haben!‹, sagen sie.
>
> ›Aber mein Haus und meine Seele sind voller Menschen.‹

›Was für Menschen?‹, sagen sie. ›Bist du schon verrückt geworden?‹

›Wieso was für Menschen?‹, sage ich. ›Die Mutter meldet sich aus den Schränken, mein Vater kommt vom Dachboden, meine Alte lärmt im Kanonenofen, und der Himmel scheint durchs Fenster … Mich besuchen so viele Stimmen und wärmen mir die Seele. Seid ihr taub oder ohne Verstand geboren?‹«[15]

Das Zitat stammt aus einem schmalen Band mit dem Titel *Die vom Himmel Vergessenen*. Die bulgarische Lyrikerin Ekaterina Tomowa hat Gespräche mit Dimiter und anderen Hundertjährigen geführt. Dimiter mag nicht in den Neubau nebenan einziehen, wo ein Zimmer mit Waschbecken und fließendem Wasser auf ihn wartet. Vermutlich läuft er ungepflegt herum und tut Dinge, die nur er allein noch begreift. Vielleicht nimmt er im Winter seine Geiß mit ins Haus und bindet sie am Bettpfosten fest. Verständlich jedenfalls, dass seine Kinder ihn für geistig verwirrt halten und sich Sorgen machen. Überraschend ist nur, dass der alte Dimiter den Ball zurückspielt, indem er den Verstand seiner Kinder anzweifelt. Warum verstehen sie nicht, dass ihm die Toten näher sind als die Lebenden? Im Grunde will er mit dem Alltag seiner Töchter und Söhne überhaupt nichts mehr zu tun haben.

Die Aussagen von Dimiter vermitteln Einblicke in eine unsichtbare Welt. Wahrscheinlich fällt der Zugang zu ihr einer Dichterin leichter als Familienangehörigen oder Menschen aus Helferberufen. Hätte der alte Dimiter so unbefangen zu einem Arzt, einer Pflegerin sprechen können? Gewiss nicht. Man hätte ihn unterbrochen, ihn korrigiert, ihn auf seine Defizite hingewiesen – dies alles nicht in böser Absicht, sondern aus Fürsorge. Was soll man auch sonst tun, wenn man sich für einen alten Wirrkopf verantwortlich fühlt, der nicht tut, was für ihn gut ist? Wenn Vater nicht begreift, was für ihn gefährlich werden könnte, muss man ihn dann nicht vor sich selbst schützen? Notfalls mit Gewalt?

Mit Dimiter erleben wir einen Greis in optimalen Alltagsbedingungen, was auch in bulgarischen Bergdörfern eine Ausnahme sein dürfte. Er hat noch Einfluss auf seine Lebensgestaltung – obwohl er unverständliches Zeug spricht und meint, seine Frau säße im Kanonenofen. Ich drücke ihm die Daumen: Hoffentlich bleibt alles so wie es ist. Hoffentlich bleiben seine Kinder gesund und bewahren sich ihre Kraft und

Geduld, um den Vater zu versorgen – und in Ruhe zu lassen. Hoffentlich muss Dimiter am Ende nicht doch noch in ein Pflegeheim. Denn hier wäre er nicht mehr ein kauziger, eigenwilliger Alter, sondern ein verwirrter Mensch, den die neue Umgebung noch zusätzlich konfus macht und dem ständig gesagt wird, was er zu tun oder zu lassen hat.

Es gibt in Deutschland etwa eine Millionen Menschen mit einer mittelschweren bis schweren Demenz. Verwirrtheit im hohen Alter gilt, je nach Ausprägung, als natürlicher Zustand oder als Krankheit. Je älter Menschen werden, je länger ein Leben dauert, desto größer ist die Wahrscheinlichkeit, dement zu werden. Zurzeit sind es etwa 15 Prozent der über 85-Jährigen und 34 Prozent der über 90-Jährigen.

Die Hintergründe, die zu Demenz führen, sind noch wenig erforscht. Aber jeder aufmerksame Heimleiter ahnt, dass eine große Zahl der Kranken an den Folgen des Zweiten Weltkrieges leidet. Wir wissen nicht, wie viele Alte mit Verwirrung reagieren, wenn eine Flut von Erinnerungen unverarbeiteter Gewalterfahrungen oder persönlicher Schuld sie heimsucht. Wir wissen nicht, wie oft Heimbewohnerinnen, die ohne Bezug zur Realität sind und ständig unter innerer Unruhe leiden, glauben, ihren Vergewaltigern entfliehen zu müssen.

Warum alte Männer schreien

Wir wissen nicht, wie viele alte Männer deshalb losschreien, weil sie bestimmte Erinnerungen an den Russlandfeldzug nicht mehr auf Abstand halten können. Noch keine zwanzig Jahre alt, waren sie Teil einer unersättlichen Todesmaschine. Der Krieg raubte ihnen ihre Jugend, nicht selten ihre Gesundheit – womöglich auch ihr Vertrauen in sich selbst, sofern sie Zeugen oder Täter von Massakern und anderen Verbrechen wurden. All diese Schrecken konnten während eines aktiven Lebens weitgehend ausgeblendet werden. Doch im Alter wird es immer schwerer zu verdrängen. Der Altersforscher und Psychoanalytiker Hartmut Radebold plädiert daher für das »zeitgeschichtliche Denken« in den Lehrplänen der Altenpflege und der Gerontopsychiatrie.[16] Wer alte Menschen betreut, kann sich in vielen Fällen die Arbeit erleichtern, wenn er mögliche Kriegsfolgen und wiederbelebte Traumata mitbedenkt. Es handelt sich um professionelles Handwerkszeug – besonders wichtig für die vielen Migranten, die in diesen Bereichen arbeiten.

Gereiztheit und Aggressivität gibt es in der Pflege auf beiden Seiten. Alte Menschen schimpfen und beleidigen, und sie glauben sich im Recht, vor allem dann, wenn sie sich als Gefangene behandelt fühlen und nicht als Hausgäste. Will man sie aus ihrem Sitz hochziehen, machen sie sich bewusst schwer. Oder sie kippen den vollen Teller vom Tisch. Kurz: Sie machen alles, was man von widerspenstigen Kleinkindern kennt, vom Brüllen bis zum Einnässen. Dazu Beschuldigungen der Art: »Sie haben mich beklaut!«

Die modellhaft gute Altenpflegerin kann darauf mit großer Gelassenheit reagieren. In ihrer Ausbildung hat sie gelernt, es nicht persönlich zu nehmen. Aber Modellhaftes ist in der Altenpflege genauso selten wie in anderen Berufen. Dazu kommt, dass in Heimen häufig mehr als die Hälfte der Mitarbeitenden nicht ausgebildete Hilfskräfte sind, die in Krisensituationen eher spontan reagieren – eben so, wie sie es in ihren Familien gewohnt sind: gut zuredend, beschwichtigend oder autoritär, bestrafend. Meistens wird die Grenze zur Gewalt aus Gedankenlosigkeit überschritten, manchmal will man auch bewusst strafen.

In der stationären wie in der häuslichen Altenpflege arbeiten keine Engel, und das erwartet auch niemand. Man muss auch mal heimzahlen dürfen, wenn man geärgert wird. Was geschieht und wie es geschieht, macht eine Liste deutlich, die vom Kuratorium Deutsche Altenhilfe veröffentlicht wurde. Angehende Mitarbeiter in der Altenpflege wurden gefragt: Welche Bestrafungen von Heimbewohnern haben Sie in Pflegeheimen beobachtet? Hier sind die Antworten:

- ausschimpfen,
- den Bewohnern etwas anziehen, das sie nicht möchten,
- ein Klaps auf die Hände,
- Bettgitter,
- Nachtisch verweigern,
- Streichhölzer wegnehmen,
- kein Spaziergang,
- schnell und grob pflegen,
- in die Ecke setzen,
- festschnallen,
- zwischen sehr verwirrte Bewohner setzen,
- auf der Toilette sitzen lassen,
- nicht auf Klingeln reagieren,

- vor anderen lächerlich machen,
- mit kaltem Wasser waschen,
- ruhigstellende Medikamente geben.

Was davon ist gewalttätig und was ist nur ein bisschen gemein? Die weit wichtigere Frage allerdings lautet: Was davon wird gerechtfertigt, nur weil das Personal überlastest ist? Bettgitter und Fixieren zählen zu den freiheitsentziehenden Maßnahmen. Auf diese Form von Gewalt wird man in der Pflege zum Schutz von Heimbewohnern nie ganz verzichten können. Umso wichtiger, dass ein Gericht in jedem Einzelfall darüber entscheidet. Ein Missbrauch kann nur durch eine wirksame Kontrolle der Heime in Grenzen gehalten werden.

Ein gesellschaftliches Tabuthema

Weil Menschen in Zukunft noch älter werden als heute, wird die Zahl der Altersverwirrten weiter zunehmen. In welchem Ausmaß, das wissen wir nicht. Wie gehen wir heute als Gesellschaft mit ihnen um? Die deprimierende Antwort lautet: Wir schauen nicht hin. Die Medien kümmern sich lieber um die »fitten jungen Alten«. Reportagen über Demenzkranke und die Not ihrer Angehörigen werden im Fernsehen in der Regel nach 23 Uhr gezeigt. Es handelt sich also um ein gesellschaftliches Tabuthema. Kein Wunder, dass die fünfzig-, sechzig- und siebzigjährigen Kinder, die für demente Eltern verantwortlich sind, sich im Stich gelassen fühlen. Wenn man nur in Andeutungen vom Zustand des hochbetagten verwirrten Vaters und den Problemen mit dem Heim berichtet, dann tun man das nicht aus Rücksicht, sondern vor dem Hintergrund der Erfahrung, dass niemand Details hören will.

Der Tod selbst, würdiges Sterben, aktive Sterbehilfe ja oder nein, das sind Themen, die heutzutage selbst bei einem geselligen Beisammensein angeschnitten werden dürfen. Anders die Aufforderung: Stellen Sie sich doch mal vor, wie Sie gewindelt und völlig hilflos in einem Gitterbett liegen – wie Sie von irgendwelchen Händen gewaschen, gewickelt und gefüttert werden. Wie man aus Ihnen einen Gegenstand macht, dem man keine Aufmerksamkeit zu schenken braucht …

Hier haben wir ihn, den todsichereren Stimmungskiller! Dabei hätte man das Ganze noch steigern können. Stellen Sie sich auch diese Situation vor: Weil Sie ständig gereizt waren und den ganzen Betrieb durcheinandergebracht haben, hat man Sie mit Medikamenten ruhig gestellt. Seitdem sind Sie unsicher auf den Beinen, und weil man nicht will, dass Sie stürzen, hat man Ihnen verboten, auf die Toilette zu gehen. Sie bekamen ein Bettgitter, und tagsüber hat man Sie am Stuhl fixiert. So hat man Sie zur Inkontinenz erzogen. Weil aber das Personal keine Zeit hat, die Windeln zu wechseln, hat man Ihnen einen Blasenkatheter gelegt …

Als gut versorgt galt früher ein Heimbewohner, wenn er still, satt und sauber war. Heute muss gute Pflege umfassender sein. Kann sie das, wenn in den Heimen Fachkräfte fehlen und die Fluktuation hoch ist, weil das Pflegepersonal chronisch überlastet und empörend unterbezahlt ist? Wird sich grundsätzlich etwas verbessern, weil die Pflegeversicherung nun endlich höhere Sätze bei Demenzkranken zahlt, während sie in der Vergangenheit nur die Kosten für die körperliche Pflege übernahm? Verwirrte Menschen brauchen zugewandte Aufmerksamkeit. Der Blick in die Augen ist genauso wichtig wie der Blick auf das wund gelegene offene Bein.

Kaum jemand, der in der einen oder anderen Weise mit dem Thema Pflege zu tun hat, ist ein Unmensch. Die Unmenschlichkeit entsteht, weil zu wenige Menschen sich trauen, genau hinzugucken. So entsteht strukturelle Gewalt. Natürlich gibt es auch gute Heime. Daneben gibt es die Heime, die sich für gut halten. Der Trick liegt im Relativieren: Wir sind gut – gemessen an den miserablen Bedingungen. Dasselbe gilt für eine Mutter, die meint, ihren Kindern ihr Letztes zu geben: Sie ist viel zu erschöpft, um eine gute Mutter sein zu können.

Dem Bonner Altersforscher Rolf Dieter Hirsch sind Heimleiter verdächtig, die sagen, dass seine Mitarbeiter ihr Letztes geben und auch noch stolz darauf sind. »Ich halte die Aussage für sehr gefährlich, weil es dann heißt, wenn sie das Beste, das Letzte geben, dann kann man ja nichts bessern. Und was man nicht verbessern kann, braucht nicht verändert zu werden«, erklärt Hirsch. Die eigentliche Katastrophe sei, dass so ein Heimleiter auch noch Beifall von seinen Mitarbeitern bekomme. »Die sagen: Endlich hilft uns einer. Dieser hilft damit aber überhaupt nicht, ganz im Gegenteil, er fördert eine massive Verschlechterung der Situation in den Institutionen.«[17]

Wenn Angehörige nicht mehr weiterwissen

Der Gerontospsychiater Hirsch ist Mitbegründer der Bonner Initiative »Handeln statt Misshandeln«. Sie hat bereits vor zehn Jahren einen Notruf eingerichtet, der Vorbild für andere Städte wurde. Es geht um das Thema »Gewalt im Alter«, um Hilfe für Senioren, um Beratung in kritischen Pflegesituationen – sowohl in Heimen wie in Familien. Die meisten Anrufe beziehen sich jedoch nicht auf Probleme in Heimen, sondern in der häuslichen Pflege, denn sechs von zehn Demenzkranken werden zu Hause betreut. Viele Angehörige fühlten sich schlichtweg überfordert.

Als der Berliner Herbert Boskamp* nicht mehr weiterwusste, sprang er eines Tages über seinen Schatten und wählte die Nummer des Notrufs. Seine 83-jährige Mutter litt an Altersdemenz. Später zeigte sich, dass sie schon lange depressiv war und unkontrolliert Medikamente nahm, was sie aber ihrem Sohn lange Zeit verheimlichen konnte.

»Ich konnte sie einfach nicht mehr erreichen«, erzählt Herbert Boskamp. Er ist Mitte 60 und Metallarbeiter im vorzeitigen Ruhestand. Körperlich wirkt er immer noch kräftig und stabil, obwohl er eine Zigarette nach der anderen raucht. Er trägt einen grauen Wollpullover mit Flecken auf der Brust, was mich dazu bringt, ihn für einen alleinstehenden Mann zu halten. Tatsächlich leitet er unser Gespräch damit ein, seine Frau habe ihn verlassen, weil sie nicht länger mit seiner Mutter unter einem Dach habe leben wollen. Denn er habe sich nicht dazu entschließen können, die alte Frau in einem Heim unterzubringen. Als einziges Kind, und dann noch als Sohn einer Kriegswitwe, habe er stets eine besondere Verantwortung übernommen. »Andere haben leicht reden«, sagt er mit einem Anflug von Trotz, »aber so etwas gehört zu den Dingen, die einen ein Leben lang bestimmen.« Margot Boskamp*, deren Mann in Russland vermisst war, hatte nie wieder ein Interesse an einer Partnerschaft gezeigt. Sie weigerte sich auch, ihn für tot erklären zu lassen. Lieber verzichtete sie auf die Rente. Die Sekretärin fand einen guten Posten, der sich zur Lebensstellung entwickelte. Für ihren Chef, einen Spediteur, war sie nach kurzer Zeit schon unentbehrlich und so blieb es. Jeder im Betrieb lobte ihre Umsicht und ihren Einsatz.

Dank der vielen Überstunden verdiente sie bald so gut, dass sie in den Fünfzigerjahren mit ihrem Sohn in ein eigenes Haus ziehen konnte. Dort blieb Herbert wohnen, bis er mit 25 Jahren eine eigene Familie gründete. Er hat zwei Kinder und drei Enkel, die alle im Ausland leben.

Das Ehepaar Boskamp führte ein überschaubares, gut durchorganisiertes Leben – bis zu dem Tag, als ihnen völlig überraschend die Wohnung gekündigt wurde. Ihr Vermieter hatte Eigenbedarf angemeldet. Da schlug Herbert seiner Frau vor, mit ihm in das Haus seiner Mutter zu ziehen. Margot Boskamp hatte Probleme mit dem Rücken und den Knien; ohne Stock konnte sie nicht mehr gehen, und die Behinderungen nahmen erkennbar zu. Für Herbert war klar, dass man sie, die so viel für ihn getan hatte, mit ihren Altersbeschwerden nicht allein lassen durfte. Er fragte sich, wie es wohl wäre, wieder in das Haus zu ziehen, wo er sich als Jugendlicher ein Fotolabor eingerichtet hatte und wo, wenn er von der Fabrik heimgekommen war, stets ein gekühltes Bier auf ihn wartete. Er und seine Mutter seien damals ein ziemlich gutes Team gewesen, fand er, und warum sollte sich daran etwas geändert haben? Zugegeben, zweimal im Jahr bekam sie aus heiterem Himmel einen »Koller«, wie er ihre ungerechten Ausbrüche nannte. Winzige Anlässe konnten ausreichen, um sie in Wut zu bringen – zum Beispiel, als die vierjährige Enkeltochter ihr zur Begrüßung nicht die Hand geben wollte.

Als die Höflichkeit zusammenbrach

»Da konnte Mutter regelrecht ausflippen.« Sie schrie herum, dass sie in ihrem Leben immer nur draufzahle und dass sie für niemanden wichtig sei, auch nicht für ihren Sohn. Zehn Minuten später brach sie in Tränen aus, entschuldigte sich mit Migräne und zog sich für die nächsten 24 Stunden in ihr Zimmer zurück.

Für Herbert war es jedes Mal eine neue Kränkung, denn er hing sehr an seiner Mutter und hielt sich für einen guten, fürsorglichen Sohn. Doch er beruhigte sich damit, dass es ja in der Tat nicht häufiger als zweimal im Jahr zu den grässlichen Ausbrüchen kam. Gemessen an den Problemen, die er bei anderen Gleichaltrigen in der Beziehung zu ihren Eltern beobachtete, durfte er sich nicht beklagen. Im

Grunde ihres Wesens war sie, wie er es gern nannte, ein »vornehmer Mensch«: höflich, diskret, anpassungsfähig.

Seine Frau, die ihre Schwiegermutter zwar nicht liebte, aber respektierte, willigte in den Umzugsplan ein. Allerdings bestand sie auf einem Umbau, damit sie und ihr Mann im Haus eine abgeschlossene Wohnung hätten. So ganz gelang das nicht. Es gab keinen separaten Eingang und auch das Treppenhaus mussten sie sich teilen. Sie wohnten auf zwei Etagen, die Mutter unten, Sohn und Schwiegertochter oben.

Es kamen unvorhergesehene Schwierigkeiten. Das Haus erwies sich als wenig schalldicht. Gleichzeitig hörte Margot Boskamp immer schlechter und drehte den Fernseher, der den ganzen Tag lief, immer lauter. Es kam deshalb zu einer Unterredung und die alte Frau versprach, künftig einen Kopfhörer zu benutzen. Daran hielt sie sich, oder sie vergaß es – und sie vergaß es zunehmend, wie auch anderes, zum Beispiel Termine beim Friseur oder beim Arzt.

»Rückschauend muss ich sagen, dass sie wahrscheinlich bei vielen Sachen überfordert war. Das hat sie aber nie zugegeben«, erzählt ihr Sohn. »Nach außen war sie immer noch die Frau mit der großen Übersicht, die alles hinkriegt.«

Es wurde immer schwieriger, sich mit ihr zu verständigen. Wenn ihre Schwiegertochter sie auf den lauten Fernseher hinwies, reagierte Margot Boskamp mit einer abfälligen Geste: Ach, die schon wieder … Oder sie wurde laut. Die Stimmung im Haus war gereizt. Auch die Spannungen zwischen Herbert und seiner Frau nahmen zu. Sie warf ihm vor, seine Mutter automatisch in Schutz zu nehmen. Er warf ihr vor, kein Verständnis für ältere Menschen zu haben. Es gelang ihnen nicht mehr, sich auf eine gemeinsame Sicht zu einigen. Seine Frau sagte: »Ein Jahr mache ich das noch mit, und wenn sich nichts bessert, ziehen wir wieder aus.« Aber es wurde nichts besser, sondern schlechter. Es war, als sei ihr gemeinsames Leben vergiftet. Als das Ultimatum nach zwölf Monaten abgelaufen war, weigerte sich Herbert, seine Mutter im Stich zu lassen. Da verkündete seine Frau, notfalls werde sie alleine ausziehen. Ihr Mann war tief enttäuscht. Er warf ihr Egoismus vor. Er verstand auch nicht, wieso seine Kinder in Telefonaten und E-Mails nicht ihm den Rücken stärkten, sondern seiner Frau. Die Folge war, dass Herberts Frau zur Familie ihrer Tochter nach Kanada übersiedelte.

Maßloser Medikamentenkonsum

Nun, da Margot ihren Sohn allein für sich hatte, wuchsen ihre Forderungen. Praktisch von einem Tag auf den anderen – so jedenfalls kam es Herbert vor – wollte die alte Mutter ihn ständig um sich haben, was ihm, dem Facharbeiter im vollen beruflichen Einsatz, natürlich nicht möglich war. Herbert musste ständig helfen. Angeblich war sie nicht mehr in der Lage, die Waschmaschine zu bedienen. Kurz darauf kam sie nicht mehr mit der Kaffeemaschine zurecht. Die Situation spitzte sich zu. Seine Mutter weigerte sich zu essen, solange Herbert nicht neben ihr stand. Aber das war nur der Anfang. Später schluckte sie unmäßig Medikamente: Beruhigungspillen, Abführmittel, auch codeinhaltigen Hustensaft.

Sie telefonierte ihrem Sohn am Arbeitsplatz hinterher, an manchen Tagen mehrfach pro Stunde. Dennoch konnte er nicht erkennen, dass sie schwer erkrankt war. Für ihn sah es so aus, als sei ihr Selbstdisziplin nicht mehr wichtig, ja, als hätte sie einfach keine Lust mehr, ihre Ausbrüche unter Kontrolle zu halten. Vermutlich, so dachte er, gehörte sie zu den Menschen, die sich mit den üblichen Altersbeschwerden nicht abfinden konnten – und dafür ihre Umgebung büßen ließen.

Vielleicht hätte er früher erkannt, wie weit die Demenz bei seiner Mutter fortgeschritten war, wenn ihn andere Leute darauf angesprochen hätten. Aber seine Mutter pflegte keine engen Kontakte mehr. Sie hatte sich von Verwandten und Freunden zurückgezogen. Bei Menschen, mit denen sie nur sporadisch zu tun hatte, benahm sie sich unauffällig. In der Apotheke zum Beispiel, wo man sie seit Jahrzehnten kannte, gelang ihr immer noch ein tadelloses Auftreten. Man glaubte alles, was sie sagte, so dass man ihr sogar ohne Rezept verschreibungspflichtige Medikamente aushändigte. Offenbar konnte sie, wenn es ihr wichtig war, die Fassade aufrechterhalten. Eines Tages entdeckte ihr Sohn ein großes Sortiment an Schmerz- und Schlafmitteln, und als er sie damit konfrontierte, schrie sie ihn an, es müsse schließlich erlaubt sein, sich umzubringen.

In ihren vier Wänden war sie beleidigend und vulgär. Die langjährige Putzhilfe kündigte. Ihr Sohn fand auch keinen Ersatz mehr. Grundsätzlich hielt es niemand mehr länger als ein oder zwei Tage bei ihr aus – außer Herbert, der häufig selbst nicht mehr wusste, wo ihm der Kopf stand. Am meisten erschütterte ihn ihre Verwahrlosung. »Ihre Wohnung sah aus wie ein Schweinestall! Sie fand den Weg zur Toilette nicht mehr. Ich kam mit dem Putzen einfach nicht mehr nach.«

Immer häufiger sprach sie davon, sich das Leben zu nehmen. Gutes Zureden half nicht im Geringsten. Herbert sah sich gezwungen, zu tun, was er hasste: handgreiflich werden. Es ging bei dem Kampf um ihre Tablettensammlung. Der Sohn warf die Medikamente in die Toilette und drückte die Spülung. Margot Boskamp drohte, sich vor den Zug zu werfen. Daraufhin brachte Herbert an allen Fenstern eine Spezialverriegelung an und schloss die alte Frau ein, wenn er das Haus verließ.

»Das Schwierige ist ja, man muss die eigene Mutter wie ein Kind behandeln«, erläutert er. »Völlig verdreht ist das, und daran musste ich mich erstmal gewöhnen. Ganz ehrlich, auf der Arbeit hatte ich keine ruhige Minute mehr. Ich dachte, sie lässt die Herdplatte an oder denkt sich sonst was aus. Sie hatte ja alle vergrault, die mich beim Beaufsichtigen ablösen sollten.«

Herbert war Ende fünfzig, er hatte seine Ehefrau verloren, bei der Arbeit machte er immer häufiger Fehler. Zwischendurch fuhr er heim, um nach der Mutter zu sehen. Sie wollte morgens nicht mehr aufstehen, und er scheuchte sie immer wieder hoch. Herbert Boskamp spürte deutlich, dass er am Ende seiner Kraft war. »Ich hätte sie manchmal schlagen können, wirklich«, gibt er zu. »Im letzten Moment konnte ich mich zum Glück noch zurückhalten. Man ist ja so mit den Nerven fertig. Man weiß keinen Ausweg. Ich dachte, wenn es so weitergeht, dann werfe *ich* mich vor den Zug! Man ist unter einem Druck, den man nicht mehr aushält. Egal, was man denkt und tut, es gibt keine Lösung.«

»Bring mich nie in ein Heim!«

Ein Heim kam nicht in Frage. Erstens hätte man sie nur mit Gewalt dorthin bringen können, und zweitens – und das war das Ausschlaggebende – hatte er ihr früher mehr als einmal fest versprochen, sie nie, nie, nie in einem Heim abzugeben. Doch dann kam der Tag, als ihm klar wurde: Entweder sie oder ich. »Eines Tages wusste ich es, so sicher, wie ich wusste, dass Abends die Sonne untergeht: Entweder sie geht vor die Hunde oder ich.« Am Abend desselben Tages kam überraschend ein Anruf seiner Tochter. Sie war gerade auf dem Flughafen Berlin-Schönefeld gelandet und wollte dringend mit ihrem Vater »über Oma« reden. Als er begriff, dass sie bei ihm übernachten wollte, entfuhr ihm ein Satz von großer Ehrlichkeit: »Das geht nicht. Du kannst dir nicht vorstellen, wie es hier stinkt!« Es war der Anfang seiner Befreiung.

Alles Weitere ist schnell erzählt. Seine Tochter stieg im Hotel ab. Am nächsten Tag suchten sie gemeinsam eine Ärztin auf. Dann wandten sie sich an den Notruf für Probleme in der Pflege. Plötzlich war der Begriff »Demenz« für Herbert kein Tabu mehr. Während er Berge von Informationen in sich aufnahm, spürte er wachsende Erleichterung. Endlich besaß er eine Erklärung für das Drama, das seine Mutter und ihn in die größte Verzweiflung getrieben hatte.

Margot Boskamp kam als Patientin in die gerontopsychiatrische Abteilung einer Klinik. Danach wurde sie in einem Altenpflegeheim untergebracht. Alles geschah gegen ihren Willen. Sie bekam hochdosierte erregungshemmende Medikamente, ihr Gang wurde noch unsicherer. Der Sohn registrierte entsetzt den rapiden körperlichen Abbau innerhalb weniger Wochen. Jede Behandlung, die Besserung bringen sollte, wurde von der alten Frau boykottiert. Es quälte ihn der Gedanke, dass er schuld an allem war – dass er seiner Mutter nichts Schlimmeres hätte antun können. Wenn er sie besuchte, fragte sie: »Wann holst du mich hier raus?« Danach schaute sie ihn nicht mehr an. Beide schwiegen, bis er sich wieder von ihr verabschiedete. Fünf Monate später starb sie an den Folgen einer Lungenentzündung.

»Alles wird gut«, lautet ein primitives Versprechen, das die Werbung in die Welt gesetzt hat. Bei Herbert Boskamp hat sich seit dem Tod seiner Mutter vor zwei Jahren nur wenig Gutes eingestellt. Zwar läge der Gedanke nahe, erläutert er mir, nun, da er Rentner sei, ebenfalls zur Tochter nach Kanada zu ziehen, aber bis heute hätten er und seine Frau sich nicht wieder versöhnt. Er könne ihr einfach nicht verzeihen, dass sie ihn damals im Stich gelassen habe.

Die Frage seiner Mutter »Wann holst du mich hier raus?« verfolgt ihn bis heute. Er weiß nicht, wie er sich richtig hätte verhalten sollen. Gab es überhaupt eine Lösung? Vor allem bedrücken ihn Gedanken der Art, wie grenzenlos die Einsamkeit in ihren letzten Jahren gewesen sein muss. Hätte er als Sohn *mehr* Liebe gezeigt, wenn er seine

Mutter nicht am Freitod gehindert hätte? Wäre es für sie nicht doch das Beste gewesen, wenn sie die Pillen, die sie für den Fall des Falles gehortet hatte, geschluckt hätte? Die Statistiken geben keine Auskunft darüber, wie viele alte Menschen sich umbringen, weil sie ihre zunehmende geistige Verwirrtheit spüren und durchaus eine Ahnung davon haben, was auf sie und ihre Angehörigen zukommen wird.

Zu wenig Vertrauen

Herbert und seine Mutter hingen aneinander, aber das gegenseitige Vertrauen war zu schwach, um sich über das, was im Alter immer schwieriger wurde, zu verständigen. Der Sohn hat die Anzeichen des geistigen Verfalls lange Zeit nicht erkannt. Er wusste nichts über Altersdemenz. Gerade bei nächsten Angehörigen geschieht es häufig, dass sie sich sehr leicht und vor allem sehr lange täuschen lassen. Sie reagieren nach einem eingefahrenen Beziehungsmuster. Sie halten unvernünftiges und aggressives Verhalten eines Familienmitglieds für Charakterschwäche, fühlen sich missachtet und schlecht behandelt. So landen sie unweigerlich in einen zermürbenden Kampf. Für die Tochter der Schauspielerin Marlene Dietrich war es selbst dann, als sie eine Biographie über ihre verstorbene Mutter schrieb, nicht möglich, die Greisin als alkoholkrank und dement zu sehen. Wenn Maria Riva von Marlene Dietrich erzählt, tut sie es im Tonfall der gekränkten Tochter.

> »Ich besuchte sie oft, aber in ihren Tagebüchern stand: ›Maria sehe ich nie.‹ Ich trug jedes Mal ein: ›Maria hier.‹ Doch wenn ich das nächste Mal kam, hatte sie die Notiz ausgestrichen. Wir hatten so unsere kleinen Spielchen!«[18]

Wenn die Eltern immer die Eltern bleiben und Kinder emotional immer Kinder geblieben sind, dann gibt es für die Töchter oder Söhne im Erwachsenenalter kaum Spielraum, um ihren schwach gewordenen und verwirrten Eltern wirklich helfen zu können.

Ich habe eine Freundin, die 90 Jahre alt ist. Manchmal fragt sie mich: »Bin ich schon gaga?« Auch sie hat Angst, den Verstand zu verlieren. Was passiert dann? Wem bin ich dann ausgeliefert? Ich glaube, bei den meisten Menschen ist diese spezielle Angst weitaus größer als die Angst vor sinnlosen lebensverlängernden Maßnahmen, wenn eigentlich die Zeit des Sterbens akzeptiert werden müsste.

Möchte jemand, der sich die geistigen und sozialen Folgen der Demenz schonungslos vor Augen führt, überhaupt noch alt werden? Man wünscht sich ja im Alter etwas ganz anderes, wovon der betagte Dichter Hermann Hesse schwärmte: sich kontemplativ zurücklehnen und die gesammelten Bilder eines erfüllten Lebens genießen. Oder man will sich, wie ein alter Indianer, einfach zum Sterben hinlegen. Aber selbst das darf man heute nicht mehr, zumindest dann, wenn man organisch noch gesund ist. Da scheuchen sie einen gnadenlos aus dem Bett, damit man sich nicht wund liegt. Aufstehen! Weiterleben!

Alles wäre halb so schlimm, wenn man wüsste: Man darf in aller Ruhe verrückt werden. Aber wo kann man das? Ich glaube, einen solchen Ort würde ich leicht erkennen. Er sähe einem Kindergarten ähnlicher als einer sterilen Krankenstation. Wir Alten wären dort eine gut betreute Kleingruppe. Es gäbe dort einen Sänger, der Lust hätte, mit uns verwirrten Kindsköpfen zu singen. Es gäbe eine Poetin, die Freude an unseren kuriosen Wortfindungen hätte. Bei besonderen Anlässen käme uns ein junger Historiker besuchen und er würde fragen: »Erinnern Sie sich an den Tag, als John F. Kennedy ermordet wurde? Oder an den ersten Menschen auf dem Mond?« Da würde sich unser Pflegepersonal aber wundern, was wir noch so alles aus unserem Gedächtnis rausholen können.

Manchmal würde ich in meinem Alterskindergarten eine Höhle bauen, damit keiner sehen kann, was ich da drin tue. Und man würde mit mir einen Ausflug zum Meer meiner Kindheit machen. Am Strand würde ich sitzen – mit wirren weißen Haaren meinetwegen –, würde den sonnenwarmen Sand auf meiner Haut spüren und vielleicht mit dem Wind reden.

Als ich einer gleichaltrigen Freundin meine Vision erzählte, lachte sie mich erst aus, und dann schaute sie mich besorgt an. Sie meinte, ich würde die gesellschaftliche Wirklichkeit völlig wegblenden. Auf mich müsse man aufpassen, damit nichts Schlimmeres passiere. Sie befürchtete wohl, meine intensive Beschäftigung mit dem Thema Demenz hätte ansteckend gewirkt, und ich würde nun selbst anfangen zu spinnen. Dabei habe ich nur einen Traum. Und träumen darf man doch, oder?

Kapitel 5
Altersdemenz II
Der Tag, an dem Mutter ihr Gebiss wegwarf

Eine Frau, die viel vergaß

Im Alter rückt die Kindheit wieder näher. Erinnerungen tauchen auf, die über Jahrzehnte in einem Kellergeschoß des Gedächtnisses lagerten. Die Herausforderungen eines aktiven Lebens hatten für sie keinen Platz. Erst im Ruhestand zeigt sich bei vielen Menschen das Bedürfnis, ausführlich über ihre Kindheit zu reden. Bei Bernardine Decker* war das nicht so. Offenbar hielt sie die Erinnerungen an Kindheit und Jugend in einer Art innerem Tresor verschlossen, womöglich hatte sie sogar vergessen, wo sie nach dem Schlüssel hätte suchen müssen. »Mama hat viel vergessen. Das war eine ihrer Strategien, um im Leben zurechtzukommen«, sagt Maria Geliam*. »Vor bestimmten Dingen hat sie die Augen verschlossen. Man kann also sagen: Ihre Alterskrankheit passte zu ihr.« Nachdenklich schaut die Tochter auf das Foto, das zwei Jahre vor dem Tod ihrer Mutter aufgenommen wurde: eine alte Frau, lachend, ohne Gebiss – eine Demenzkranke. Bei unserem Gespräch geht es vor allem um die letzten drei Jahre vor ihrem Tod. »Es war eine Phase in ihrem Leben, in der sie auch glücklich war«, formuliert ihre Tochter vorsichtig. »Natürlich sind das nur Vermutungen. Meine Mutter konnte ja keine Auskunft mehr geben.« Sie als Tochter könne nur beschreiben, was sie wahrgenommen habe oder was sie von anderen Menschen hörte, die ihre alte Mutter betreuten.

Maria Geliam ist eine kleine, lebhafte Frau mit Pferdeschwanz, etwa Mitte 50. Bei unserer ersten Begegnung kommt sie mir in ihrem Garten entgegen gelaufen. Sie trägt eine weite Bluse und Shorts, und anstelle einer Begrüßung ruft sie mir zu, ich möge ihr helfen, eine ihrer Katzen ins Haus zu scheuchen. Maria und ihr Mann, ein kinderloses Ehepaar, haben im Laufe der Jahre fünf heimatlose Katzen bei sich aufgenommen. Die meisten gehen respektvoll miteinander um, indem sie Abstand halten. Aber Kater Max ist anders. Er hat einen Konkurrenten, den er hasst und fürchtet: Konrad. Der ist erst seit kurzem sein Hausgenosse, und Max verfolgt ihn gnadenlos. Man darf die beiden nicht aufeinandertreffen lassen – sonst fallen sie übereinander her.

Unser Rettungsversuch macht uns eine Weile atemlos, aber er gelingt. Konrad hat die feindselige Attacke von Max ohne Schaden überstanden und sich im Schlafzimmer verkrochen. Maria Geliam und ich sitzen im Obergeschoß bei weit geöffneten Fenstern und genießen den Blick über die Dächer der tiefer gelegenen Häuser hinweg in eine grüne Hügellandschaft. Ein milder Frühlingstag geht zu Ende. Amsellieder mischen sich mit dem Motorgeräusch eines Rasenmähers. Nachbarn rufen ihre Kinder zum Abendessen herein.

Keine Offenheit in der Familie

Maria Geliam ist Pharmazeutin und arbeitete früher in der Forschung eines Arzneimittelherstellers. Vor zehn Jahren wechselte sie in das Labor einer Universität, weil dort, wie sie sich ausdrückt, die Neugier unter den Kollegen größer und die gegenseitige Konkurrenz geringer ist. Zurzeit leitet sie ein Projekt mit einem fünfköpfigen Team. Auch privat hätten sie einen guten Kontakt, erzählt die Forscherin. Sie habe schon immer gern in Gruppen gearbeitet, seit ihrer Studienzeit, aus der bis heute noch viele Freundschaften erhalten sind. »In einer guten Gruppe herrscht Offenheit«, sagt sie. »Da haben die Arbeitsbeziehungen etwas Familiäres.«

In ihrer eigenen Familie, räumt Maria ein, habe es diese Offenheit allerdings nicht gegeben. Ihre Mutter sei stets ein verschlossener Mensch gewesen. Schwer einzuschätzen, was Bernardine Decker wirklich fühlte und dachte. Sie hinterließ keine Briefe und keine Tagebuchaufzeichnungen. Es tauchte auch keine alte Freundin auf, der es ein Bedürfnis gewesen wäre, der Tochter Unbekanntes aus dem Leben oder Innenleben der Verstorbenen preiszugeben. Und so bleibt sie bei der Beschreibung ihrer Mutter auf eigenes Beobachten und Deuten angewiesen, weshalb ihre Sätze häufig mit »Ich glaube …« anfangen. Zum Beispiel: »Ich glaube, dass sie gern verheiratet war.«

Wie viel weiß man über die eigene Mutter, wenn man so gut wie nichts über deren Kindheit weiß? Tochter Maria geht davon aus, dass Bernardine, 1922 geboren, ein eher unglückliches Kind gewesen sei, dem es an Wärme und Fürsorge fehlte. Sie stammte aus einer Bauernfamilie. Die Eltern besaßen einen kleinen Hof, auf dem die Kinder früh schwere Arbeit übernehmen mussten. Der Sohn besuchte die höhere Schule und machte dort Abitur. Für die beiden Töchter war eine Ausbildung nicht vorgesehen. Bernardine ging vormittags in die Volksschule und schuftete den Rest des Tages in der Landwirtschaft. So viel weiß ihre Tochter: »Sie gehörte nicht zu den Menschen, die gern körperlich arbeiteten.« Es war für Bernardine eine Befreiung, als sie einen Mann aus dem Nachbardorf heiratete, der sie ordentlich versorgte und stolz auf sie war. In seinem Heimatort zog sie ihre beiden Kinder auf, Maria* und Christian*. Hier wohnte sie bis zu ihrem Lebensende.

»Für mich war sie keine gute Mutter«, stellt Maria nüchtern fest. Die ganze Aufmerksamkeit habe ihrem Sohn gegolten, der als Kind sehr krank gewesen sei. Die Geborgenheit einer Ehe habe Bernardine durchaus zu schätzen gewusst, aber sie sei wohl ungern Hausfrau und Mutter gewesen. »Nein«, bekräftigt Maria nach einer kleinen Pause, »ihr Traum vom Leben war das nicht.« Aber besaß ihre Mutter überhaupt je den Traum von einem eigenen Beruf? Maria Geliam schüttelt den Kopf. Nach kurzem Nachdenken allerdings fällt ihr ein, vielleicht könne man es nicht einen Traum nennen, aber doch einen Wunsch von einem anderen Alltag: Ihre Mutter habe leidenschaftlich gern gebügelt. Immer, wenn sie zu Besuch gekommen sei, habe sie sich auf die Bügelwäsche gestürzt, und oft habe sie geäußert, es müsse schön sein, beruflich mit frischer Wäsche zu tun zu haben.

Maria Geliam gibt freimütig zu, sie sei alles andere als eine gute Hausfrau. »Meine Mutter war früher mir gegenüber sehr kritisch. Immer hatte sie etwas an mir anzusetzen. Ich war ihr zu schlampig und zu impulsiv.« Das Verhältnis zwischen ihr und ihrer Mutter war lange Jahre nicht gut gewesen. Als sie noch studierte, in den Siebzigern, wurde im Kreise ihrer Freundinnen viel über die schwierigen Beziehungen zwischen Töchtern und Müttern gesprochen. Vorwürfe fielen reichlich, dennoch gelang es den jungen Frauen kaum, frei heraus wütend zu sein. Denn sie verstanden sich als Feministinnen und als solche hatten sie erkannt, wie viel ihren Müttern an Lebenschancen versagt geblieben war. Kein Wunder, hieß es entschuldigend, dass sie so frustriert seien. Kein Wunder, dass sie ihren Töchtern die Freiheit und Aufmüpfigkeit neideten. Kein Wunder, dass sie – bis auf wenige Ausnahmen – ihren Töchtern, die sich im Aufwind der Emanzipation befanden, die Solidarität verweigerten. Sie, die Mütter und Töchter, waren eben in völlig unterschiedlichen Epochen aufgewachsen.

Mutter und Tochter in getrennten Welten

Die Analyse stimmte, aber sie half nicht weiter. Rein rationale Überlegungen können Beziehungen nicht heilen. Unter einer dünnen Schicht von Verständnis lagen die verletzten Gefühle von Töchtern, die sich noch nicht von ihrem Elternhaus abgenabelt hatten. Zu diesem Zeitpunkt deutete auch für Maria nichts darauf hin, dass sie sich eines Tages mit ihrer Mutter versöhnen würde. Sie bewohnten getrennte Welten, und jede dachte entsetzt über die andere: Wie kann man nur so leben! Maria fragte sich: Wie hält die Mutter die dörfliche Enge aus? Warum ist sie nie neugierig auf das, was das Leben darüber hinaus zu bieten hat? Warum macht es ihr nichts aus, dass sich ihr Leben nur um Banales dreht?

Bernardine Decker wiederum empörte sich: Wie konnte Maria bloß mit T-Shirt und Nietenhosen beim 60. Geburtstag des Vaters erscheinen? Was für eine Egoistin! Unser Ruf als Familie ist ihr völlig egal. Ist das der Dank dafür, dass wir sie haben studieren lassen? Warum ist sie so selbstgerecht, so vorlaut? Auf diese Weise wird sie nie einen netten Mann finden ... Tatsächlich hatte Bernardine schon alle Hoffnung aufgegeben, als Maria den Mann kennenlernte, den sie später heiratete. Ihre Mutter, glaubt sie, habe ihn nicht wirklich geschätzt. Er habe wohl kaum ihren Kriterien von einem »passenden Mann« entsprochen, weil er nun mal bis heute zu wenig erfolgs- und karriereorientiert sei. Zur gleichen Zeit etwa, als ihr Mann in ihr Leben trat, stellte Maria zu ihrer eigenen Überraschung fest, wie wichtig ihr die Mutter wurde.

Mit 58 Jahren verlor Bernardine Decker ihren Mann. Die Witwe meldete sie sich in der Volkshochschule an und war fortan damit beschäftigt, sich zu bilden. Sie, die sich früher kaum auf geistige Inhalte konzentrieren konnte, lernte Englisch, und zwar so gut, dass Maria sie bei ihren Besuchen bei englischer Lektüre antraf. »Sie las tatsächlich Bücher in Englisch«, erzählt die Tochter mit Bewunderung. »Mir gelingt das nicht. So gut sind meine Sprachkenntnisse nicht.« Die Mutter wurde sogar zur regelmäßigen SPIEGEL-Leserin. Sie hatte das politische Magazin bei ihrem Sohn entdeckt und sich immer häufiger darin vertieft. Schließlich bat sie ihren Sohn, die Ausgaben, die er ausgelesen hatte, für sie aufzuheben; so könne sie nach jedem Besuch einen Stapel Hefte mit nach Hause nehmen.

Ohne Frage, Bernardines Interesse an der Welt jenseits ihres Dorfes war erwacht; über den geistigen Horizont ihrer Umwelt war sie hinausgewachsen. Als die Tochter noch in späten Jahren den Doktortitel erwarb, versicherte ihr die Mutter, wie stolz sie sei, dass sie aber darüber mit anderen Frauen nicht reden könne, denn: »Davon wollen sie nichts wissen. Da sind sie ja nur neidisch.«

Zwei Frauen unterwegs

Maria bereitete es Freude, ihre Mutter bei ihren intellektuellen Abenteuern zu unterstützen. So kam es, dass sie sich zu Ausflügen am Wochenende verabredeten. Sie besuchten besonders schöne oder kulturell interessante Orte, während Marias Ehemann, der für Unternehmungen dieser Art nicht zu haben war, daheim die Katzen hütete. Anfangs hatten Tochter und Mutter es nicht leicht miteinander. Immer wieder kam es zu Spannungen, besonders bei Autofahrten. Dann fragte sich Maria jedes Mal, warum sie sich so viel Stress antat, warum sie sich nicht lieber mit einer Freundin ein paar unbeschwerte Tage machte. Aber offenbar gab es zwischen ihr und Bernardine ein Band, das selbst dann noch hielt, als es enorm strapaziert wurde. Es blieb also dabei, dass Mutter und Tochter kleine Reise unternahmen. Als die Berliner Mauer gefallen war, erkundeten sie Ziele in Ostdeutschland, Neuland für beide.

In einer kleinen Stadt an der Ostsee kam es mitten auf der Straße zu einem lautstarken Streit. »Es war das reinste Klischee, wie in einem Fernsehfilm«, beschreibt Maria die Szene. »Es dauerte lange, und die Vorwürfe wurden immer heftiger. Ich rief: ›Mama, du hast mich nie geliebt!‹ Und sie rief: ›Wie kannst du das nur glauben! Ich habe dich immer geliebt …‹«

So sieht modellhaft Versöhnung aus, wie sie in Therapiesitzungen nahegelegt wird. Schwer vorstellbar, dass so etwas auch im richtigen

Leben funktionieren soll. »Und doch war es so«, bekräftigt Maria. »Ja, so einfach ging das!« Sie lacht, während sie sich noch einmal das Geschehen vergegenwärtigt: Eine Frau von Mitte 40 und eine Frau von Anfang 70 streiten sich laut und öffentlich, und liegen sich anschließend in den Armen. Es ist das Lachen über eine »melodramatische« Situation, das kurz darauf übergeht in ein Lachen der Erleichterung. »Ich bin so dankbar, dass wir es geschafft haben, uns zu versöhnen.« Nun kommen Maria die Tränen. Mit erstickter Stimme fügt sie hinzu: »Ja, wir haben das durchgezogen – Anfang der Neunziger, mitten auf der Straße!«

Als Gift und Frust sich aufgelöst hatten

Alles, was danach geschah, wäre nicht möglich gewesen ohne Versöhnung. Gift und Frust hatten sich verabschiedet, die Verständigung zwischen ihnen war leicht geworden. Maria sträubte sich nicht mehr gegen Bernardines Vorschläge, sondern wusste ihren Rat zu schätzen: Wie man Heizkörper putzt oder wo es für eine kurzfristige Geldanlage die höchsten Zinsen gab. Die Tochter wurde nicht einmal sauer, als sie von der Mutter gesagt bekam, ihr BH sitze schlecht, er drücke die Speckröllchen raus.

Charakterlich waren sie grundverschieden: die eine temperamentvoll, die andere verhalten; die eine gefühlsbetont, die andere rational; die eine unordentlich, die andere akkurat; die eine humorvoll, die andere humorlos. Maria liebt Kinder; Bernardine war für die Kinder ihres Sohnes Christian eine fürsorgliche, aber keine leidenschaftliche Großmutter. Ob sie je wahrnahm, wie sehr Maria unter ihrer Kinderlosigkeit litt?

Eines Tages erstanden sie im Ausverkauf den gleichen Blazer. »Dieses Schnäppchen hat uns so high gemacht, dass wir Händchen haltend aus dem Geschäft gegangen sind«, erinnert sich die Tochter. »Weder sie noch ich haben den Blazer je getragen, denn wir hatten bei der Anprobe völlig übersehen, wie schrecklich der Schnitt war.«

Alle drei bis vier Wochen setzte sich die Mutter in den Zug und fuhr 140 Kilometer, um ihrer Tochter im Haus und im Garten zu helfen. Maria holte sie vom Bahnhof ab. Zu Hause angekommen tranken sie Kaffee. Das gehörte zum gemeinsamen Ritual – und genauso gehörte dazu, dass Bernardine bei der zweiten Tasse unruhig wurde, dass sie aufstand und sich das Fensterleder nahm. »Nun aber los, Maria. Wir müssen etwas tun.« Während die Mutter die Fenster wienerte, arbeitete ihre Tochter im Garten. Gegen Abend dankte Maria ihrer Mutter für das blitzsaubere Haus und brachte sie zurück zum Bahnhof. »Das war unsere beste gemeinsame Zeit«, urteilt Maria rückblickend. Sie dauerte sieben Jahre.

Als ihr Mann gestorben war, hatte sich Bernardine Decker den »grünen Damen« angeschlossen und sehr von den neuen Kontakten im Rahmen des Krankenhausbesuchsdienstes profitiert. Mit Mitte 70 dann klagte sie gelegentlich, sie könne sich nicht mehr so gut konzentrieren. Schließlich gab sie die ehrenamtliche Tätigkeit auf. Der erste Verdacht, Mutters geistige Gesundheit könnte beeinträchtig sein, kam Maria, als sie nach einer Hochzeit bei Verwandten nach Hause fuhren. Die Mutter, damals 77 Jahre alt, hatte auffallend große Mühe, die passenden Worte zu finden. Maria sprach sie darauf an und schlug ihr vor, einen Neurologen aufzusuchen. Auch hier erwies sich, wie stabil und vertrauensvoll ihre Beziehung geworden war: Bernardine stimmte sofort zu. Wenn ihre Tochter, die auf Grund ihres Berufs so viel über Arzneimittel wusste, meinte, ein Facharzt könnte hilfreich sein, dann sah sie keinen Grund, sich dem zu verweigern.

Die neurologische Untersuchung ergab leichte dementielle Veränderungen. Aber was hieß das? Noch war unklar, ob man überhaupt von einer Krankheit reden konnte. Maria und ihr Bruder Christian verständigten sich darüber, sich keine unnötigen Gedanken über Zukünftiges zu machen. Noch immer war Bernardine in der Lage, selbstständig ihren Haushalt zu führen, ihre Freundinnen zu treffen, Bankgeschäfte zu erledigen oder die Bahn zu besteigen, um ihren Sohn oder ihre Tochter zu besuchen. Maria und Christian sahen darin den Beweis dafür, dass es keinen Grund gab, sich ernsthaft Sorgen zu machen.

Sie wollte immer zum Bahnhof ...

Erst spät begriffen sie, dass es gerade die Routinetätigkeiten waren, die Bernardine am längsten zur Verfügung standen. Der Bahnhof spielte dabei eine zentrale Rolle. Auch als die Krankheit ihr jede Orientierung genommen hatte, trieb das Routineprogramm sie weiter an. Oft lief sie fort. Sie wollte zum Bahnhof, den sie nicht mehr fand, sie wollte ihre Kinder besuchen …

»Demenz ist bekanntlich ein weiter Begriff, und in ihren Anfängen noch schwerer zu bestimmen als im späteren Stadium«, erläutert Maria Geliam. Heute glaubt sie, es habe sich um eine vaskuläre Demenz gehandelt, die von Durchblutungsstörungen im Gehirn ausgelöst wird, und nicht um Alzheimer. Andernfalls hätte ihre Mutter sich aggressiver verhalten müssen, als die Krankheit fortschritt. Zunächst litt sie unter Depressionen und Ängsten. Über einen Zeitraum von eineinhalb Jahren klagte sie zunehmend über das Nachlassen ihrer geistigen Kräfte. Sie wollte mit ihren Kindern rechtzeitig finanzielle Fragen durchsprechen und regeln, aber die sagten: »Mama, das hat doch noch Zeit.«

Dennoch war nicht zu übersehen, dass ihre Fähigkeiten nachließen und sie mehr Unterstützung im Alltag brauchte. Stundenweise kam nun eine Krankenschwester ins Haus. Sie machte mit Bernardine Decker Bewegungsübungen und half bei der Körperpflege, sofern die alte Frau es erlaubte. Verschlossen, wie sie war, ließ sie sich nicht gern von einer Fremden anfassen.

Rückblickend meint Maria Geliam, sie und ihr Bruder hätten Mutters Zustand immer besser gesehen als er war – eine Art Selbstbetrug. Es sei ja auch leicht gewesen, sich zu täuschen, indem man sich beruhigte: Es ist doch völlig normal, dass im Alter die Konzentrationsfähigkeit abnimmt. »Wenn ich sie besuchte, sagte ich: ›Mach dir keine Sorgen, mach dir keine Gedanken, es ist nichts.‹ Nächste Stufe: ›Mach dir keine Gedanken, es ist nicht so schlimm.‹ Und irgendwann: ›Mach dir keine Gedanken, wir passen auf dich auf.‹ Aber da war schon einige Zeit vergangen.«

Eines Tages kam ein Anruf aus der Klinik. Bernardine Decker war auf den Weg zur Bank hingefallen und hatte sich verletzt. Als Maria Geliam eintraf, erfuhr sie, die Patientin sei verwirrt. Sie laufe im Haus umher und finde nicht mehr allein zurück. Deshalb habe man ihr einen Zettel auf den Rücken geheftet: »Bitte auf Station 1 zurückbringen.«

Woran erkennt man, ob ein alter Mensch aus Erschöpfung verwirrt ist oder ob er dement ist? Äußere Merkmale gibt es nicht, nur Erfahrungswerte, die sich mit der Zeit zu einem Bild runden. Im Jahr 2002, als Maria ihre Mutter wie üblich vom Bahnhof abholte, sah sie Bernardine in einer Ecke stehen, klein und desorientiert, und die Tochter erkannte: Es geht nicht mehr. Mutter ist verloren wie ein Kind. Sie kann nicht mehr.

Was kann sie noch, was kann sie nicht mehr?

Nun stand für Maria die Diagnose fest. Demenz, eine fortschreitende Krankheit. Aber was wusste sie darüber hinaus? »Man weiß eben nicht, wie schwer die Krankheit ist, in welchem Stadium sie ist. Mutter war nicht durchgängig verwirrt. Ihre Verfassung schwankte. Man merkte nur, es wurde schlimmer.« Anfangs hatte Bernardine Wortfindungsprobleme, später redete sie oft konfus, irgendwann machten ihre Sätze überhaupt keinen Sinn mehr. »Und dennoch«, sagt die Tochter, »du weißt letztlich nicht, wie viel der andere noch versteht. Bis zum Schluss gab es diese Momente des Verstehens.«

Tochter und Mutter fuhren noch einmal gemeinsam in den Urlaub. »Dabei haben wir uns gegenseitig belauert«, beschreibt Maria die Situation. »Mama versuchte mir zu zeigen, was sie noch kann. Sie wollte den Eindruck von Normalität zu erwecken. Und ich versuchte herauszufinden: Was kann sie noch, was kann sie nicht mehr?« Maria beobachtete, wie ihre 80-jährige Mutter am Zimmer vorbeilief und dass sie den Frühstücksraum nicht mehr fand. Das war noch nicht gravierend. Dann aber geschah es, dass Bernardine sich mitten in der Nacht anzog und unbedingt fort wollte. Mit guten Worten war sie nicht mehr erreichbar. Es kam zu einem regelrechten Kampf, den Maria damit beendete, dass sie die Zimmertür von innen verschloss, den Schlüssel unter ihrem Kopfkissen deponierte und sich wieder schlafen legte.

Natürlich setzte die Pharmazeutin Hoffnungen in die medikamentöse Behandlung. Das erste Mittel löste Übelkeit und Schwindel aus; ihre Mutter vertrug es einfach nicht. Danach probierte sie noch eine ganze Reihe von Medikamenten aus, einschließlich Neuroleptika, aber keines brachte eine entscheidende Besserung. Die Nebenwirkungen führten zu schweren Gleichgewichtsstörungen. Bernardine konnte sich kaum noch auf den Beinen halten. Ihre Tochter erzählt:

»Einmal ist sie mir entgegengefallen, und da habe ich gesagt: Das bringt alles nichts. Wenn es so weitergeht, fällt sie aus dem Bett und bricht sich etwas, und dann muss sie aus diesem Grund ins Heim. Also Schluss damit. Keine Medikamente mehr – sondern Fürsorge!«

Maria und Christian machten einen Plan. Danach sollte ihre Mutter so lange wie möglich in ihrer vertrauten Umgebung wohnen bleiben. Zunächst sah es nicht so aus, als könne dies gelingen. Die fast einhellige Fachmeinung lautet: Ist die häusliche Pflege durch Angehörige nicht möglich, dann gibt es für Demenzkranke als eine einzige Alternative nur das Pflegeheim.

Der Engel namens Wanda

Die Lösung des Problems – oder besser: die Rettung – trug einen polnischen Namen, Wanda*. Folgt man Maria Geliams Schilderungen, muss diese Person Engelsqualitäten besessen haben, obwohl ihr Äußeres dem kaum entsprach. Wanda aus Krakau hatte strohblondes Haar, das am Scheitel dunkel nachwuchs. Sie kochte mit der Zigarette im Mundwinkel. Sie sprach kein Deutsch, sie war keine professionelle Altenpflegerin. Zu dem Zeitpunkt, als sie in Bernardines Haus einzog, ging es ihr nicht gut. Sie hatte sich gerade von ihrem Mann getrennt und entschieden, in den Westen zu gehen, um das Studium ihrer Tochter zu finanzieren. Über die Bekannte einer Bekannten, die in Deutschland arbeitete, erfuhr sie von einer alten dementen Dorfbewohnerin, für die eine ständige Betreuerin gesucht wurde. So kam Wanda nach Deutschland. Sie hatte ihre Tochter in Krakau zurückgelassen. Sie war allein.

»Ich mochte Wanda auf Anhieb«, erzählt Maria. Die beiden Frauen waren im gleichen Alter. Wanda verstand Maria. Sie wusste zu schätzen, dass ihre Arbeitgeberin eine unkonventionelle Frau war. Die Polin erfasste auch deren Rolle in der Familie: Die Tochter war die Managerin der Krankheit ihrer Mutter. Maria beschreibt Wanda als ehrlich und ruhig; sie habe zu ihrer Mutter gepasst. Beide, das habe sich schnell herausgestellt, seien ausgesprochen anpassungsfähig gewesen. Anfangs gab Bernardine Wanda jeden Abend um 18 Uhr die Hand und sagte: »Auf Wiedersehen.« Entweder begriff sie nicht, dass die blonde Frau bei ihr wohnte, oder sie wollte weiterhin den Eindruck der »Hausherrin« aufrechterhalten, die den Gast verabschiedet, wenn es genug ist. Schließlich wurde die Dauerpräsenz der Frau aus Polen akzeptiert und sie bekam den Status eines Familienmitglieds. Sie lernte Deutsch, und sie ließ sich von der Krankenschwester anleiten, die noch immer stundenweise kam. So wuchs Wanda schnell in ihre neue Arbeit hinein.

Sie verhielt sich der alten Frau gegenüber behutsam. Von ihr hörte man kein laut-fröhliches »Dann wollen wir mal Kaffee trinken!« – sondern: »Darf ich Ihnen eine Tasse Kaffe bringen?« Bernardine vertraute ihr. »Das hatte Wanda durch ihre unglaublich ruhige Art erreicht«, erzählt Maria bewundernd. Wanda wusste einfach, dass mit Ungeduld nichts zu erreichen war, bei Altersverwirrten genauso wenig wie bei kleinen Kindern. Sie erwies sich als gute Betreuerin durch und durch – fürsorglich, zugewandt, gelassen. Und Bernardine war gutwillig. Geduldig ließ sie sich füttern, geduldig ließ sie zu, dass Wanda ihr das Gesäß abwischte. Die Polin putzte, wusch und versprühte reichlich Raumspray. Unermüdlich wechselte sie die Bettwäsche, die von Urin getränkt war. Mit Gleichmut entfernte sie immer wieder Kot von Wänden und Teppichen.

Eine Arbeit, die schwer zu ertragen ist

Die Pflege von Demenzerkrankten ist Schwerstarbeit, auch körperlich, und eine schwer zu ertragende Arbeit. »Man darf vor allem nicht etepetete sein«, meint Maria. »Wanda war es nicht, und ich auch nicht.« Wenn sie ihre Mutter besuchte, übernachtete sie neben ihr im Ehebett. Es bestand die Vereinbarung, dass die Polin am Wochenende entweder von Maria oder von Christian abgelöst wurde. Die Tochter fuhr dreimal im Monat zu ihrer Mutter, der Sohn übernahm das vierte Wochenende. Bei Maria Geliam sah der Rhythmus so aus: Sie kam am Freitagnachmittag, blieb über Nacht, fuhr am folgenden Nachmittag wieder nach Hause, so dass noch ein Teil des Samstags und der Sonntag als gemeinsames Wochenende für sie und ihren Mann übrig blieb. Ihr Gefühl war: Ich habe zwei Tage mit meiner Mutter und zwei Tage bei mir zu Hause verbracht. Sie gab der kleinen Selbsttäuschung einen Namen: die Erfindung des achten Wochentags.

Wenn Maria am Freitag nach 140 Autokilometern in ihr Heimatdorf kam, traf sie ihre Mutter frisch gebadet und adrett angezogen an – meistens jedenfalls. Es kam auch vor, dass Bernardine sich mit einer Kordel Zeitungspapier um den Leib gewickelt hatte. Es kam vor, dass Wanda ihr erzählte, die Mutter sei mal wieder fortgelaufen, nur mit einem Hemd und einer Strumpfhose bekleidet, und man müsse sie heimholen. Im Dorf war es übersichtlich. Jeder kannte Bernardine Decker und wusste von ihrer Krankheit. Sie kam also nicht weit. »Das war die anfängliche mobile Phase, als sie viel weggelaufen ist«, erklärt Maria. Mit jedem weiterem Mal stieg die Sorge, sie könne stürzen oder vor ein Auto laufen. Maria und Wanda entschieden, Haustür und Gartentür künftig von innen zu verschließen. Danach wurde Bernardine ruhiger.

Die Tochter erinnert sich, wie gemütlich es war, wenn sie ihre Mutter und Wanda am Tisch sitzen sah, beide mit der Zeitung beschäftigt. Maria muss lachen. »Keine der beiden hat etwas verstanden. Wanda nicht, weil sie noch kein Deutsch konnte, aber auf diese Weise die eine oder andere Vokabel lernte. Ja, und Mutter – die hielt die Zeitung verkehrt herum.«

Ohne Sinn für Komik geht es nicht

Man müsse ein bisschen Sinn für die Komik haben, räumt die Tochter ein. Da war zum Beispiel die Sache mit dem Gebiss. Es handelte sich um eine hochwertige Prothese mit Klickverschluss. Doch eben diesen komplizierten Verschluss, den konnte die Kranke irgendwann nicht mehr bedienen. Sie ließ sich auch nicht helfen, sie biss. »Das heißt: Von mir ließ sie sich schon in den Mund fassen«, erzählt Maria, »aber ich konnte den Verschluss auch nicht lösen. Und eines Tages hat sie das Gebiss mit Schwung weggeschmissen, und das war's. Übrig blieben oben zwei Goldstümpfchen und unten zwei Goldstümpfchen. Damit lachte sie so niedlich wie ein zahnloses Baby. Danach hat sie nur noch Brei gegessen.«

Manchmal kamen Verwandte zu Besuch, Geschwister von Bernardine. Sie konnten es bei der Kranken kaum aushalten, denn sie empfanden das Leben ihrer dementen Schwester als unwürdig. Aber Maria Geliam und Christian Decker sahen es keineswegs so, sondern:

Diese Krankheit war ihr Schicksal. Sie passte zu ihr. Ihre Mutter hatte keinerlei Verantwortung mehr und wurde verwöhnt. Das gefiel ihr. Das hatte sie noch nie erlebt. Sie holte ihre Kindheit nach, und diesmal war es eine gute Kindheit. Drei Erwachsene verwöhnten sie. »Sie war glücklich – das ist jedenfalls meine Interpretation«, sagt Maria. Auch Bernardines Aussehen änderte sich hin zum Kindlichen. Sie wurde dünn und schmal. Am Schluss wog sie nur noch 80 Pfund. Früher waren Mutter und Tochter gleich groß gewesen, nun reichte die Ältere der Jüngeren noch bis zur Schulter.

Für Wanda aus Polen war ihr Arbeitsplatz zum Zuhause geworden. Sie hielt sich gern dort auf. Den Garten pflegte sie, als wäre es ihr eigener. Sie mochte Bernardine, und sie freute sich auf Marias Besuch, auch deshalb, weil sie von ihr Deutschunterricht bekam. Mit der Zeit wurden die beiden Frauen Freundinnen. Eines Abends, als sie darüber sprachen, dass Wanda wieder einmal nach Krakau reisen müsse, sagte Maria. »Ich würde gern wissen, wie du in Polen lebst.« »Komm mit!« »Geht doch nicht. Wer soll Mutter versorgen?« »Ach, Christian wird machen!« Tatsächlich erklärte sich Marias Bruder bereit, einzuspringen, und so kam es, dass Wanda und Maria gemeinsam den Arbeiterbus nach Polen bestiegen. Wanda hatte Flugangst, deshalb kam nur eine Busreise in Frage. Maria fühlte sich an ihre Rucksackreisen durch Griechenland erinnert, als sie jung war, mit dem Unterschied, dass sie diesmal mit Wanda eine Sprachkundige neben sich hatte.

In der Gesellschaft der Polen gefiel es Maria so gut, dass sie, als sie einige Tage früher als Wanda heimreisen musste, erneut in den Bus stieg und nicht ins Flugzeug, wie sie es ursprünglich geplant hatte. Der Fahrer erkannte sie wieder und drückte ihr Wollsocken in die Hand, die sie auf der Hinreise im Bus vergessen hatte. Noch heute sind die beiden Frauen befreundet. Maria machte Wanda Mutters schönsten Ring zum Geschenk.

Bernardine, Maria und Wanda verbrachten viele harmonische Stunden miteinander. Sie setzten sie sich in den Garten und genossen die ersten milden Tage. Der Frieden der Umgebung schien sich auf die alte Frau zu übertragen. Sie ertrug keine lauten Geräusche. Sie machte sich nichts aus Musik; das war schon immer so gewesen.

Ausflüge in den Sommer

Zu dritt gingen sie einkaufen. Oder man traf sich im Dorf mit einem sehr speziellen Grüppchen von Schicksalsgenossen: kranke alte Frauen und deren Begleitung, ebenfalls Polinnen. Am schönsten sind für Maria die Erinnerungen an die Ausflüge – hinaus in den Sommer. Musste die klein gewordene Mutter ein Stück getragen werden, so formten Maria und Wanda aus ihren verschränkten Armen eine Bank und setzten Bernardine zwischen sich. Auf diese Weise ließen sich längere Strecken und sogar Treppen mühelos überwinden. Am Ufer eines Flusses wurde mit Decken ein Lager bereitet. Hier verbrachten sie den halben Tag. Maria nahm ein Bad. Sie machten Picknick. Per Handy wurde die Stimme des Sohns Christian dazugeschaltet – Mama war voller Staunen und Glück! »Sie verhielt sich wie ein gutwilliges Kind, man konnte alles mit ihr machen, nie hat sie Nein gesagt. Mit allen Vorschlägen war sie einverstanden«, schwärmt ihre Tochter.

Doch auch von Schwierigkeiten spricht sie, vor allem am Anfang, in der harten Zeit, als Bernardine und ihre Kinder hatten lernen müssen, sich mit der Krankheit zu arrangieren. »Aber ich habe sie nur zwei Mal angeschrieen, ansonsten habe ich immer die Nerven behalten. Zu Hause bei meinem Mann schreie ich mehr, auch auf der Arbeit verliere ich manchmal die Geduld, wenn mir etwas zu viel ist.« Natürlich gab es für Maria Zeiten, die äußerst belastend waren. Sie musste ihre Mutter zum Arzt oder ins Krankenhaus bringen. Sie musste die Arztberichte lesen und bewerten. Sie verfolgte die aktuellen wissenschaftlichen Veröffentlichungen zu Demenz. Neue Medikamente erweckten neue Hoffnungen, die dann wieder begraben wurden. Es ging um das Verhandeln mit der Pflegeversicherung, von der man nur einen Bruchteil der Kosten erstattet bekam.

Immer öfter wurde es nötig, sich spontan ins Auto zu setzen und zur Mutter zu fahren, weil Wanda mit einer neuen Situation überfordert war. Stets waren vorher Entscheidungen zu treffen: Kann ich gerade jetzt meine Arbeit liegen lassen? Fahre ich hin und mache mir ein eigenes Bild, oder bleibe ich hier und bin meinen Befürchtungen ausgeliefert? Fuhr sie nicht, kreiste Marias ganzes Denken nur um den Zustand ihrer Mutter, die gestürzt war und sich verletzt hatte, und ihre Sorgen wurden übergroß. Es fiel ihr schwer, sich auf die Arbeit zu konzentrieren oder sich auf ihren Mann einzustellen.

Bevor ich Maria Geliam und ihre Geschichte kennenlernte, hatte ich von völlig anderen Erfahrungen mit einem dementen Elternteil oder einem an Alzheimer erkrankten Ehepartner gehört. Am häufigsten waren es Sätze wie: Das ist nicht mehr die Person, die ich kannte – also haben wir auch keine Beziehung mehr. Die Frau, die ich liebte, gibt es nicht mehr. Der Vater, den ich einmal hatte, ist schon gestorben.

Maria Geliam dagegen stellt fest: »In meinem Fall hat die emotionale Beziehung gehalten, das Band ist sogar stärker geworden. Jemand hat mal gesagt: Die ist doch nur noch Gemüse. Und es gab in der Tat ein oder zwei Momente, da habe ich es auch so gesehen, normalerweise aber nicht. Es blieb bis zum Schluss ein Rest Unsicherheit, wie viel sie trotz allem noch begriffen hat. Darauf habe ich keine definitive Antwort. In jedem Fall hat sie viel gefühlt.«

»Danke. Danke. Danke.«

Sechs Wochen vor ihrem Tod – Bernardine war schon sehr hinfällig – hatte es mit der Absprache zwischen Bruder und Schwester nicht geklappt, so dass sie, die sonst immer abwechselnd kamen, zur selben Zeit ihre Mutter besuchten. Sohn und Tochter saßen links und rechts von ihr und hielten ihre Hände. Maria erzählt: »Da hat sie ständig von ihm zu mir geguckt. Immer wieder hat sie uns abwechselnd angesehen und über das ganze Gesicht gestrahlt.« Noch etwas anderes geschah während dieser letzten Wochen: Die Mutter ergriff Marias Hände, drückte sie und sagte: »Danke. Danke. Danke.«

Bernardine Decker starb mit 83 Jahren. Die Tochter hatte sich nie konkret vorgestellt, wie das Endstadium dieser Krankheit sein würde, obwohl die Pharmazeutin früher einmal selbst in einer Fachzeitschrift geschrieben hatte: Man stirbt an der Demenz. »Aber ich wusste nicht genau, was das tatsächlich bedeutet«, räumt sie ein. »Am Ende vergessen Demenzkranke sogar, wie man Essen schluckt. Es landet dann statt in der Speiseröhre in der Luftröhre.«

Bernardine musste wegen Luftnot zweimal mit dem Rettungswagen ins Krankenhaus gebracht werden. Sie wurde immer schwächer.

Nachdem man sich dort mit den Angehörigen geeinigt hatte, auf eine künstliche Ernährung zu verzichten, gingen Ärzte und Krankenschwestern davon aus, die Patientin werde schnell sterben. Tatsächlich lebte sie nach der zweiten Krankenhauseinweisung noch sieben weitere Tage. Bruder und Schwester wachten abwechselnd Tag und Nacht am Krankenbett. Sie ließen die Mutter auch am Ende der schweren Krankheit nicht eine Minute allein. »Nur ihre Hand haben wir irgendwann nicht mehr gehalten«, sagt die Tochter. »Denn wir hatten den Eindruck, dass wir ihr damit den Abschied erschweren.«

Gemeinhin heißt es, das Sterbende mit dem Tod ringen. Aber für Maria schien es so zu sein, dass ihre Mutter mit dem Leben rang – weil dieses Leben sie nicht los ließ. »Am schlimmsten war ihr lautes, rasselndes Atmen, Tag und Nacht, Tag und Nacht. Das habe ich nicht verstanden, dass sie sich so schwer tat mit dem Sterben. Warum?«

Zwölf Monate sind seit dem Todestag vergangen. Im Trauerjahr wurde der Tochter klar: Noch schmerzlicher als der Verlust der Mutter ist für sie der Verlust des Kindes, zu dem ihre Mutter geworden war. »Indem ich sie pflegte, konnte ich auch meinen eigenen Muttertrieb pflegen«, gibt Maria offen zu. Voller Gefühle sei sie gewesen. So viele Sorgen habe sie sich gemacht. Sie hätte ja gar nicht geahnt, dass in ihr so viel Zärtlichkeit steckte. Es sei beglückend gewesen, diesen Gefühlen Ausdruck zu verleihen. Sie habe sich als die Mutter ihrer eigenen Mutter gesehen und habe diese wie ein Kleinkind umsorgen und verwöhnen wollen. Sie sei losgezogen und habe ein rosa Bettjäckchen und Bettsöckchen erstanden, und nur mit innerer Strenge konnte sie sich zurückhalten, immer weiter einzukaufen … Für Maria ist es eine glückliche Erinnerung. So müssen junge Mütter sich fühlen, wenn der Zärtlichkeitsrausch sie überfällt und sie nicht aufhören können, Babysachen zu kaufen.

»Es war gut für mich. Ich habe es erlebt, obwohl ich kein eigenes Kind habe«, sagt Maria und fügt nachdenklich hinzu: »Das ist eigentlich die erfüllteste Beziehung meines Lebens gewesen.«

Die Geschichte von Maria und Bernardine ist eine Liebesgeschichte. Sie ist bewegend und zugleich verstörend, weil sie in kein Muster passt. Unglaubliches ist möglich, wenn in einer schwierigen, spannungsreichen Beziehung von zwei Menschen völlig unerwartet die Liebe die Hauptrolle übernimmt.

Kapitel 6
Großeltern
Ein Lernberuf der späten Jahre

Wie werde ich sein, wenn ich alt bin?

Als die Beatles, kaum älter als zwanzig, sich 1967 in einem Liedchen ausmalten, was wohl im Alter auf sie zukäme, waren ihre Fans irritiert. Hörten sie richtig? Gerade hatten die respektlosen Pilzköpfe ihnen beigebracht, die eigene Jugend zu feiern. Gerade hatten die Studenten Schlips und Anzug abgelegt und aufgehört, einander zu siezen. Gerade erst hatte man gelernt, das Wort »Jugendkult« zu buchstabieren. Und da kamen die vier Jungs aus Liverpool und fragten: Wenn ich 64 bin – braucht du mich dann noch, gibst du mir dann noch etwas zu essen?

Sich vorzustellen, wie es sein könnte, einmal selbst alt zu sein, ist für junge Menschen eine schwierige geistige Übung. Als der Song der Beatles zum Hit wurde, steckten viele, die heute Großeltern sind, noch in der Ausbildung oder hatten gerade eine eigene Familie gegründet. Es war die Zeit,

- als Teenager auf Popkonzerten reihenweise in Ohnmacht fielen,
- als erwachsenen Söhnen, nur weil sie die Haare lang trugen, mit Enterbung gedroht wurde,
- als die westdeutsche Wirtschaft händeringend nach Arbeitskräften suchte,
- als man sich Großmütter nur entsagungsvoll oder steif vorstellen konnte, weshalb man in Kneipen zu vorgerückter Stunde gern das Blödel-Lied anstimmte: »Unsere Oma fährt im Hühnerstall Motorrad …«

Vier Jahrzehnte sind seitdem vergangen. Niemand hätte sich damals vorstellen können, dass man einmal im Alter noch so viel zu lachen haben würde, wie es uns heute von Seniorengruppen im ICE vorgeführt wird.

Wir sprechen hier von Menschen, die Helmut, Luise, Gerhart, Marianne, Gisela und Wilhelm heißen. Ihren altmodischen Namen zum

Trotz wirken sie fit und mobil und in ihren geistigen Interessen häufig auf der Höhe der Zeit. Ihr größtes Glück im Alter trägt Namen, an die sie sich erst gewöhnen mussten: Mara, Niklas, Leon, Milan, Svenja. Enkelnamen.

Man würde ja gern wissen, wie viele Millionen begeisterte Großeltern es überhaupt gibt, aber an exakte Zahlen ist nicht heranzukommen. Fest steht nur: Noch nie hat es so viele Senioren gegeben, denen es finanziell so gut ging wie heute, und das kommt ihren Kindern und Kindeskindern zugute. Die meisten Enkel finden lobende Worte für die Großzügigkeit von Oma und Opa. Zur Kommunion oder Konfirmation schenken diese gern Bares, was sich durchaus auf 500 bis 1000 Euro summieren kann. Wenn in der Familie jemand arbeitslos geworden ist, trösten die Älteren nicht nur mit guten Worten, sondern auch mit Geld. Darüber hinaus betreut ein Viertel aller Großmütter mindestens einmal wöchentlich ein Enkelkind, und jede fünfte sogar täglich. Das Kuratorium Deutsche Altershilfe spricht in diesem Zusammenhang von einer Generationensolidarität und nennt es eine Leistung für Enkel und Kinder, die viel zu wenig beachtet und anerkannt werde.

Großeltern hört man selten klagen, sie seien mit Familienaufgaben überlastet. Vielleicht deshalb, weil diese Generation Zeit ihres Lebens an viel Arbeit gewohnt war. Vielleicht auch deshalb, weil Enkel immer kostbarer werden. Das schafft neue Konkurrenzen: Dass zwei Großelternpaare, also vier Personen, sich einen einzigen Enkel teilen müssen, ist keine Seltenheit mehr.

Die Patchworkfamilie

Kinder, die in Patchworkfamilien aufwachsen, sind häufig sogar überreichlich mit Omas und Opas versorgt. Sie können das Naturgesetz nicht nachvollziehen, wonach jeder Mensch nur zwei Großelternpaare hat. Für sie gibt es neben den Eltern der Eltern noch die Eltern jenes Mannes, den Mama nach der Scheidung geheiratet hat, dazu die Eltern der neuen Freundin von Papa. Viele Scheidungskinder machen den Eindruck, als könnten sie gar nicht genug neue Familienmitglieder um sich scharen. Offenbar erleben sie den Zuwachs an Omas und Opas, an Zweitmamas und Zweitpapas sowie deren Kinder aus vorangegangenen Ehen als Gewinn.

Im Unterschied zu früher, als man als Familie nur drei- oder vierköpfig war, ergeben sich durch den Wandel zur Patchworkfamilie neue Gruppen des lockeren Zusammenhalts. Wenn sich die Erwachsenen auch nur halbwegs untereinander verstehen, dann bilden sie bei speziellen Anlässen eine Großfamilie – bei Schulaufführungen, um die kleine Isabelle als Pippi Langstrumpf zu bewundern, bei Kommunionen und Konfirmationen oder bei der Hochzeit eines Enkels. Der lernte schon im Vorschulalter seine zahlreichen Großelternteile durch eine gezielte Namensgebung voneinander zu unterscheiden. Beim Fest erscheinen also die Omi und die Oma, die Oma-Luise und die Oma-Hiltrud, der Opa und der Opapa, der Opa-Gerhard und der Opa-Wolfgang.

Auf Grund der gestiegenen Lebenserwartung ist heute die gemeinsame Lebenszeit von Großeltern und Enkeln viel länger als früher, etwa zwanzig bis dreißig Jahre. Dagegen können die heutigen Ruheständler meistens nur von einem Großelternpaar berichten, das sie noch bewusst erlebt haben, oder von zwei verwitweten Großmüttern.

Dass die eigenen Großeltern ihnen in der Kindheit mit Verständnis und Respekt begegnet wären, findet sich kaum in den Erzählungen von älteren Menschen, aus dem einfachen Grund, weil es nicht üblich war. Respekt bewegte sich auf einer Einbahnstraße, von den Jüngeren zu den Älteren, und nicht gleichfalls in der Gegenrichtung. Damals hieß es, man solle das Alter respektieren und ehren. Von Liebe war nicht die Rede, obwohl es sie natürlich immer schon gab, die große Liebe zwischen Großeltern und Enkeln, aber offenbar als Ausnahme.

Der pensionierte Geschichtslehrer Rüdiger Schröder* aus Schwerin erinnert sich an eine kühle und an eine liebe Oma. Die erste wurde auf Grund ihres hochherrschaftlichen Auftretens in der Familie ironisch »die Frau Gräfin« genannt, obwohl sie aus bürgerlichen Verhältnissen kam. Gerechterweise dürfe man aber nicht unerwähnt lassen, fügt der heute weißhaarige und lebenserfahrene Enkel hinzu, es habe ihrer vornehmen Wesensart entsprochen, im Stillen viel Gutes zu tun und nicht darüber zu reden.

Rüdiger Schröder trägt stets einen Anzug. Seinen dünnen Haarkranz hat er kunstvoll zu mehr Volumen aufgebürstet. Er ist ein Mann, den man selten ohne ein Buch antrifft – eine Leseratte von

Kindesbeinen an. Auf dem Tisch, an dem er mich bittet Platz zu nehmen, liegt eine altmodisch große Lesebrille und das Standardwerk eines namhaften Historikers über Preußen: Den lese er nun schon zum dritten Mal, erläutert er, jeweils unter den veränderten Blickwinkeln, die sich durch neuere Erkenntnisse der Preußenforschung ergäben. Eine Stunde zuvor habe er einen Termin beim Augenarzt gehabt. Der habe ihm gehörig in Gewissen geredet, als er ihn in einer dunklen Ecke des Sprechzimmers lesen sah. »Der Doktor meinte, durch schlechtes Licht würde ich meine Augen misshandeln.« Schuldbewusst fügt er hinzu: »Er meinte auch, ich müsse meine Brille öfter putzen.« Aber daran, meint Schröder, könne er sich nur schwer gewöhnen. Früher habe es meistens seine Frau gemacht, weil sie ja gewusst habe, wie nachlässig er sei.

Großvater bekam einen Anbau

Als seine Frau gestorben war, hatte er seine Tochter gefragt, ob sie mit ihrer Familie in sein Haus einziehen wolle. Sie hatte zurückgefragt, ob er denn die Unruhe durch die drei pubertierenden Kinder aushalten könne. »Das werde ich schon lernen«, hatte seine Antwort gelautet. Sein Schwiegersohn sah das anders. Er schlug einen Anbau vor, in den Opa ziehen sollte. Seit einem Jahr bewohnt Rüdiger Schröder ein Zimmer mit guter Schallisolierung, in das er sich jeder Zeit zurückziehen kann. Oft kommt eines seiner Enkelkinder zu ihm, damit er bei den Hausaufgaben hilft. Aber vielleicht erscheinen sie auch aus einem völlig anderen Grund: weil in Opas Umgebung alles immer beim Alten bleibt. Genau das kann in der Kultur der permanenten Veränderung, in der wir heute leben, für Kinder und Jugendliche besonders attraktiv sein.

Der 13-jährige Niklas* hat eine besondere Beziehung zu Großvater Schröder. Er besucht ihn am häufigsten. Begründung: »Bei Opa ist es so schön ruhig.« Und: »Opa weiß alles!« So wunderbar können Enkel loben. Opa weiß natürlich längst nicht alles. Von Fußball hat er keine Ahnung, vom Computer auch nicht. Aber sein Enkel spürt, dass er ein reiches Leben hinter sich hat, und das macht seine Anziehung aus. Genauso empfand Rüdiger Schröder gegenüber seiner anderen Oma, die im Unterschied zur »Gräfin« ihren Enkel in eine Wolke von

Zärtlichkeit einhüllte. Über sie sagt der 80-Jährige den erstaunlichen Satz: »Die liebe ich heute noch, täglich!« Schon dem kleinen Rüdiger war klar, dass er mit seiner Lieblingsoma das große Los gezogen hatte. Nirgendwo sonst in der Verwandtschaft oder in den Familien seiner Freunde gab es eine alte Frau, die so viel Liebe und Wärme weitergab. »Sie war die Güte in Person«, erzählt Schröder. »Sie war eine zarte liebe Frau – eine Oma wie aus dem Bilderbuch, die, wenn ich krank war, bei mir am Bett gesessen hat, die immer da war, die immer alles wunderschön fand, die gut kochen konnte.« Wie ein guter Engel begleitete sie seine Kindheit und Jugend, und als sie tot war, wurde sie eine Art Schutzengel. Aber das traut sich ihr Enkel erst laut zu sagen, seit er selbst alt ist. Männer seiner Generation geben nicht gern ihr Innerstes preis. Und vielleicht würde er heute noch nicht darüber reden, wenn ihn nicht der damals fünfjährige Niklas nach seinem Schutzengel gefragt hätte, worauf er zu ohne zu überlegen geantwortet hatte: »Mein Schutzengel, das ist meine Oma, die passt im Himmel auf mich auf.«

Rüdiger Schröder räumt ein, dies sei eine merkwürdige Aussage für einen überzeugten Atheisten. Aber offenbar hätten kleine Enkel die Gabe, Verschollenes aufzuspüren – in diesem Fall der Kinderglaube, den seine geliebte Oma in ihn eingepflanzt hätte.

Auf Grund der Erzählungen ihrer eigenen Eltern hatte diese Großmutter noch viel über den Krieg 1870–71 gewusst und es verstanden, ihren Enkel für Vergangenes zu interessieren. Hier entstand seine Neugier für geschichtliche Zusammenhänge, die ihn dann sein Leben lang begleitete. Die alte Dame besaß noch Erinnerungen an das Ende des 19. Jahrhunderts, als sie Kind war. »Deshalb bezieht sich bei mir Vergangenheit nicht nur auf meine acht Lebensjahrzehnte«, betont Rüdiger Schröder, »sondern sie schließt das Leben meiner Großmutter mit ein. Das sind – man muss es sich mal vorstellen – 120 Jahre!«

Großeltern stellen auch heute noch fest, dass sie mit ihren Erzählungen von früher bei ihren Enkeln gut ankommen, auch dann, wenn es Geschichten aus Kriegszeiten sind, vorausgesetzt, sie verzichten auf das, worauf auch jeder gute Spielfilm verzichtet – auf den erzieherischen Impetus. Mäkeliges Essverhalten bei den Kleinen zu kritisieren, weil man selbst als Kind hungerte, mögen vor allem deren Eltern nicht. Die im Fernsehen gezeigten Familienserien propagieren eine Verhaltensnorm, wonach Kinder nicht durch Moralpredigten oder Strafen lernen sollen, sondern durch das, was Erwachsene ihnen vorleben. Natürlich wird im wirklichen Leben weit seltener danach gehandelt, aber viele Erwachsene bemühen sich zumindest, Vorbilder zu sein.

Über die Tradition der Angsterzeugung

Als die heutigen Großeltern selbst noch Kinder waren, fühlten sich ihre Großmütter und Großväter genauso erziehungsberechtigt wie die Eltern. Pädagogische Vorstellungen blieben über Generationen gleich. Strenge und das Erzeugen von Angst galt in den meisten Familien als etwas Gutes, da ein junger Mensch vor allem zu »Anständigkeit« erzogen werden sollte. Entsprechend kühl wird solcher Großeltern heute gedacht. »Meine Erinnerungen sind nicht allzu positiv. Meine Großeltern waren sehr strenge Menschen«, sagt Ingeborg Gutstein*, geschieden, Oma von fünf Enkeln. Während sie das sagt, streicht sie sich nachdenklich über die Stirn, und ein dunkler Streifen bleibt darauf zurück. An ihren Händen klebt Erde.

Ich habe sie bei der Gartenarbeit angetroffen. Schon von Weitem habe ich sie auf dem Boden hocken sehen. Als ich näher komme, höre ich sie fluchen. »Verdammte Biester!« Damit sind die Brennnesseln gemeint, die sie nach mehreren Regentagen dem quatschnassen Boden zu entreißen versucht. »Vorsicht!«, ruft sie, aber da ist es auch schon passiert. Im hohen Bogen spritzt Matsch und landet auf meinem Mantel.

Mit einem letzten Stöhnen richtet sie sich auf und reicht mir zur Begrüßung den rechten Ellbogen. Die braunen Augen in einem breiten, wettergegerbten Gesicht mustern mich eindringlich. »Sie sind kleiner, als ich dachte«, lautet ihr erster Satz. Die graublonden Haare hat sie achtlos hochgesteckt. Sie trägt ein groß kariertes Männerhemd über einer Trainingshose.

Die längste Zeit ihres Lebens hat sie in einer Großstadt, in Berlin, verbracht. Aber als der Ruhestand näherrückte, wuchs in ihr die Sehnsucht nach Landluft. Eine alte Freundin, die in der Nähe von Bremen lebt, erzählte ihr eines Tages von einem Haus in der Nachbarschaft, das günstig zu haben war. So kam es, dass Ingeborg Gutstein in späten Jahren in einen kleinen Ort in Niedersachsen zog und dort »ohne Wenn und Aber«, wie sie bekräftigt, heimisch wurde.

Zu ihrer eigenen Überraschung hat sie sich zur leidenschaftlichen Gärtnerin entwickelt. »Hier in der Nachbarschaft kennt man mich kaum anders mehr als in Räuberzivil«, sagt sie. Während sie ihre Gummistiefel abstreift und mich bittet, ihr Haus auf Socken zu betreten, verrät sie mir, sie habe sich mit der letzten Kürbisernte an einem Wettbewerb beteiligt und sogar einen Preis gewonnen. »Die Fotos kann ich drinnen zeigen. Gehen wir in die Küche.« Aber dort findet sie die Bilder nicht. Stattdessen zeigt sie mir Fotos aus ihrer Kindheit in den Vierzigerjahren. Sie besitzt davon nur drei. Auf einem ist sie als Baby zu sehen, auf dem Arm eines Mannes in Wehrmachtsuniform, ihr Vater auf Heimaturlaub. Das zweite ist das Einschulungsfoto von 1947 vor einer Behelfsbaracke in Berlin, die anstelle des zerbombten Schulgebäudes errichtet worden war. Das dritte Foto entstand in einem kleinen Ort in der Magdeburger Börde, der für die kleine Ingeborg ein Zufluchtsort sein sollte – Pausen zwischen den permanenten Luftangriffen in Berlin. Immer wieder wurde sie monatsweise bei den dort lebenden Großeltern abgegeben. Sie sind auf dem dritten Foto zu sehen: zwei ältere Provinzbewohner in Sonntagskleidung, wie erstarrt, fern jeder Lebensfreude, zwischen ihnen die fünfjährige Enkeltochter. Sie lässt die kleinen Arme hängen. Ein verlorenes Kind.

»Sie haben mir immer zu verstehen gegeben, dass ich für sie eine Last sei und dass sie nur brave Kinder duldeten«, erläutert Ingeborg Gutstein das Bild. »Ich hatte furchtbar Heimweh, und als ich es einigermaßen selbst bestimmen konnte, habe ich sie nicht mehr besucht.« Sie könne sich nicht erinnern, erzählt sie, dass ihre eigene Großmutter sie mal auf den Schoß genommen oder ihr ein Märchen vorgelesen habe. Sie könne sich nur erinnern, dass sie immer mit Widerwillen hingefahren sei. »Knicks machen, Händchen geben, den Mund halten! Das alles habe ich gehasst wie die Pest.«

Nur eine Sehnsucht blieb, die Sehnsucht nach den Hühnern. Es gehöre zu ihren wenigen schönen Erinnerungen, sagt sie, wie sie mit der Oma täglich die Hühner fütterte und die frischgelegten Eier barg. Darum hält sie sich heute, genau wie früher ihre Großmutter, ein halbes Dutzend Hühner.

Während der Schulferien hat die pensionierte Verwaltungsfachfrau ständig Kinder und Jugendliche um sich. Dann scheint eine kaum gebändigte Kraft das kleine Haus am Rand einer niedersächsischen Provinzstadt aus den Angeln heben zu wollen. Auch für die Nachbarn ist dann die beschauliche Zeit vorbei. Dann erschallen Kindergeschrei und Technomusik. Frau Gutsteins Wolfsspitz hört nicht mehr auf zu bellen, weil immer irgendein Kind mit ihm herumtollt. »Früher machte es mir nichts aus, alle fünf Enkel gemeinsam um mich zu haben«, berichtet die 70-jährige Großmutter. »Heute dürfen nur zwei auf einmal kommen. Das handeln sie vorher gerecht untereinander aus. Es bleibt natürlich nicht bei zwei Kindern, weil immer noch Freundinnen und Freunde aus meiner Nachbarschaft dazukommen.«

Heimlichkeiten am Rhein

Opas und Omas, die auf eine vertrauensvolle Beziehung mit ihren Enkel setzten, waren vor fünf Jahrzehnten noch eine Rarität. Die Schriftstellerin Ulla Hahn, die in einer rheinischen Drei-Generationen-Arbeiterfamilie aufwuchs, setzte in ihrem autobiografischen Roman *Das verborgene Wort* dem geliebten Großvater ein literarisches Denkmal. Er war ein Mann, der zu Hause nichts zu sagen hatte und seine Zeit am liebsten ungestört mit seinen Enkeln verbrachte. Am Rheinufer, unter Weidenbäumen, lag ihr geheimer Ort, wo Steine als Märchenfiguren lebendig wurden, so lange, bis die harte Wirklichkeit wieder nach der kleinen verschworenen Gemeinschaft rief.

> »Spätestens wenn sich die Sonne ins Wasser schlich, machten wir uns auf den Heimweg, bliesen noch einmal unsere Schilfrohrflöten; aber das Fest war vorbei. Auf dem Damm ließ der Großvater seine Mundharmonika endgültig verschwinden. Unsere Pfeifen würde die Großmutter in den Ofen stecken. Wir zerbrachen sie überm Knie und warfen sie weg, in die Wiesen. Die Macht des Großvaters endete am Gartentor.«[19]

Prügel waren etwas Normales im Elternhaus, erfahren wir von der Erzählerin. Der Großvater allerdings hatte einen Weg gefunden, seinen Enkeln beizustehen. Als das kleine Mädchen wieder einmal von seinem jähzornigen Vater geschlagen worden war, brachte der alte Mann dem Kind ein Ritual bei.

»Es war ein windstiller Tag, der Rhein ein Band aus Stahl, bewegungslos bis auf die verebbenden Wellen eines fernen Kahns. Dat he, sagte der Großvater und bückte sich, es ene Wootsteen. Ein Wutstein. Schön sin se nit. Äwer nötzlisch. So lange anschauen müsse man solch einen Stein, sagte der Großvater, bis das Gesicht desjenigen erscheine, auf den man eine Mordswut habe. Un dann, der Großvater holte weit aus, schmiß mer da Steen met dam Kopp en da Rhing.«[20]

Der nützliche Wutstein, der nach längerem Anschauen dem Gesicht des Vaters ähnelte, landete im hohen Bogen im Rhein, und Opa und Enkeltochter schauten einander verschwörerisch an. Ein solcher Großvater war im Nachkriegsdeutschland so etwas wie ein Lottogewinn. Erst das radikale Umdenken in Erziehungsfragen mit seinen Anfängen in den Siebzigerjahren in der Bundesrepublik machte die großelterliche Milde möglich, wie sie heute so weit verbreitet ist. Diese Großeltern gehörten zu den Ersten, die von der schwarzen Pädagogik, die in so vielen ihrer Elternhäuser geherrscht hatte, entschieden abrückten. Dennoch kostete es sie viel Mühe, ihre Kinder nicht autoritär zu erziehen. Viele Irrwege wurden beschritten, die meisten konnten später korrigiert werden, einige nicht.

Aber was immer den alt gewordenen 68ern vorgeworfen wird – eine zentrale kulturelle Veränderung bleibt eindeutig ihr Verdienst: der gesellschaftliche Konsens darüber, dass Kinder möglichst angstfrei erzogen werden sollten, dass Lehrer Schüler nicht mehr verprügeln dürfen und dass es Eltern per Gesetz verboten ist, mit Schlägen zu strafen.

Der radikale Umschwung in der Erziehung

»Ich habe es ja selbst erlebt, es gab in der Schule ständig Backpfeifen oder noch den Rohrstock«, bestätigt der über 80-jährige Heidelberger Psychotherapeut Helm Stierlin, Mitbegründer der Familientherapie in Deutschland. Was ihn im Rückblick am meisten erstaunt, ist, wie schnell sich der gesellschaftliche Wandel vollzog. Die schwarze Pädagogik war nicht auf Deutschland beschränkt, und sie wurde auch in anderen westlichen Ländern praktiziert, aber vielleicht hatten die deutschen Kinder mehr als anderswo unter der kollektiven Billigung familiärer Gewalt zu leiden, weil so viele Erwachsene durch Kriegsverluste, Gefangenschaft oder persönliche Schuldverstrickung in einer desolaten seelischen Verfassung waren und ihre Nerven blank lagen. Wenn Schriftsteller Nachkriegskindheiten in Deutschland beschreiben, so erzählen sie fast ohne Ausnahme von den Schlägen Erwachsener: zum Beispiel wie sich elterlicher Zorn auf Zwölfjährige entlud, die nachts ins Bett machten oder nicht aufhören konnten, die Fingernägel abzubeißen.

Ingeborg Gutstein erinnert sich an einen Aufenthalt im Kinderheim, als sie, keine sieben Jahre alt, ohne Abendessen ins Bett geschickt wurde, weil ihre Fingernägel schwarze Ränder hatten. Auch rutschte den »Tanten« im Heim oft die Hand aus. Ihren Eltern erzählte die kleine Ingeborg davon nichts, denn sie hatten den gleichen Erziehungsstil. Wenn Ohrfeigen nicht den erwünschten Gehorsam erzielten, kam der Teppichklopfer zum Einsatz. »Meine Eltern vertraten bis zu ihrem Tod die Ansicht, dass Klapse nicht schaden könnten«, erzählt Großmutter Gutstein kopfschüttelnd. »Wobei sie alles unter Klapsen verbuchten, auch Ohrfeigen und Prügel mit dem Teppichklopfer. Später haben die dann gejammert: ›Warum schickst du uns unsere beiden Enkel nicht während der Schulferien? Unser Haus ist doch so groß ...‹«

Es bedurfte der Zeitspanne von nur einer Generation, um eine jahrhundertealte Erziehungstradition in Verruf zu bringen. Es waren die heute »jüngeren Großeltern«, die 68er, die, als sie selbst Kinder hatten, diese mit Nachdruck vor den strengen Großeltern schützten. Wenn Opa und Oma meinten, sie müssten nun auch ihre Enkel mit Gewalt einschüchtern, dann wurden sie ihnen in den meisten Fällen schlichtweg vorenthalten. Rückblickend kann man sagen: Es gab in den Siebzigerjahren nicht nur einen neuen Umgang mit den kleinen Menschen, sondern auch mit den älteren Menschen, die von den eigenen Kindern gezwungen wurden, von eingefleischten Verhaltensweisen Abschied zu nehmen.

Die Begeisterung und die Solidarität zwischen Großeltern und Enkeln heute wären nicht möglich ohne den tief greifenden Wertewandel in der Erziehung. Insofern sind die Ersten der Stunde heute die Gewinner. Die guten und liebevollen Beziehungen zu den Enkeln sind kein Zufall, sondern es handelt sich um eine Ernte, die der gesamten Gesellschaft zugute kommt. Kinder sind in der Mehrzahl heute eindeutig lauter und damit auch anstrengender als früher, aber sie sind auch unbefangener und origineller. Früher galt der Satz: Kinder will man sehen und nicht hören. In feinen Familien durften die Kleinen, solange ihnen noch keine Tischmanieren andressiert worden waren, nicht einmal mit den Großen die Mahlzeiten einnehmen. Damals sagte man: Kinder dürfen nicht stören. Heute heißt es: Aufgeweckte Kinder stehen nun mal gern im Mittelpunkt! Damals sagte man: Kinder haben keine Widerworte zu geben. Heute heißt es: Es ist gut, wenn sie eine eigene Meinung entwickeln und verteidigen. Früher bekamen Kinder von Eltern und Großeltern dauernd zu hören: Du Zappel-Philipp! Kannst nicht endlich mal still sitzen?! Hör auf zu schreien, hör auf zu toben, hör auf, ständig durch die Gegend zu laufen … Heute wird Eltern häufig vom Kinderarzt ins Gewissen geredet: Ihr Kind muss sich mehr bewegen, sonst wird es zuckerkrank!

Bunte Ostereier im Hühnerstall

Ingeborg Gutstein legt einen Stapel Kinderfotos vor mich auf den Küchentisch. Die seien von den vergangenen Ostertagen, erläutert sie. Die kleinsten Enkel habe man im Hühnerstall suchen lassen, wo die größeren Kinder buntbemalte Eier versteckt hätten. »Weil ich weiß, wie wichtig es ist, liebevolle Großeltern zu haben«, sagt sie, »tue ich, was ich kann, damit meine Enkelkinder sich mit mir wohlfühlen. Vor allen Dingen höre ich ihnen zu, ich gehe auf das ein, was sie gern möchten. Wir spielen ihre Spiele.« Für sie bedeute das, ein Stück eigene Kindheit nachzuholen. Ja, sie habe mit ihren Enkeln die Freude am Spielen entdeckt. Als Mutter habe sie das als Zeitverschwendung empfunden. »Es gibt natürlich auch Sachen, die ich mir jetzt nicht mehr zutraue«, räumt sie ein, »zum Beispiel auf Bäume klettern, da stehe ich halt daneben. Aber ich erinnere mich an einen Moment, da war Emily zwei oder drei, da hatte sie Lust, auf der Straße zu hüpfen, und da hat sie gesagt: Komm, mach mit! Seitdem weiß ich, dass Hüpfen gute Laune macht!«

Ein Stück eigener Kindheit nachzuholen bedeutet für sie auch: Mit den Enkeln wieder auf den Boden kommen. Das meint sie ganz konkret. Zum Beispiel wenn sie ihren beiden Söhnen und Schwiegertöchtern rät, die Kleinen möglichst lange auf dem Boden spielen zu lassen. So muss man sich auch als Erwachsener hinhocken, und das hält beweglich. So trifft sich die Fitnesswelle der Älteren mit den Bedürfnissen der Enkel. Und außerdem: in Augenhöhe mit den Kindern sieht man mehr.

»Ich entdecke natürlich auch oft, wie anders diese Kinder heute leben, wie offen sie sind«, sagt Ingeborg Gutstein dankbar. »Wie wenig ängstlich sie sind in Beziehungen, wie direkt, wie sie wirklich ihre Meinung sagen. Das ist für mich immer wieder wie ein kleines Wunder. Da merke ich, es hat sich gelohnt: der Einsatz für unsere Söhne, und wie das jetzt weitergeht in der nächsten Generation. Mein geschiedener Mann und ich haben ja damals den Aufbruch mitgemacht mit der antiautoritären Erziehung. Es gab zwar trotzdem immer noch Grenzen für unsere Söhne, aber eben damals auch schon den Respekt für die Kinder.«

Allerdings: Je älter Großeltern heute sind, desto schwerer fällt es ihnen, sich in dieser völlig anderen Welt der Enkel zurechtzufinden, wie der pensionierte Lehrer Rüdiger Schröder aus Schwerin immer wieder feststellt. »Die eigenen Kinder sind ganz anders, die Schwiegerkinder auch, und die Enkelkinder leben in einem mir entfernten Universum.« Seine Enkel seien eben nicht mehr von der DDR, sondern von der Wohlstandsgesellschaft geprägt und verhielten sich auch so. »Insofern ist heute das Großvatersein und das Großvaterwerden ein Lernberuf«, erklärt Schröder.

Die Leistung, sich nicht einzumischen

»Ich rede nur, wenn ich gefragt werde. Um Gottes willen nicht dazwischenfahren!« schilderte er seine heutige Einstellung als Großvater. »Da war meine Frau viel gescheiter und machte das viel besser. Sie entsprach eigentlich dem Großmutterideal, wie ich's von meiner Großmutter geschildert habe. Sie war auch in unserer Großelternpaarung die Instanz für die Enkel.«

Nachdem wir uns verabschiedet haben, fährt seine Tochter mich zum Bahnhof. »Was hat Vater gesagt? Er redet nur, wenn er gefragt wird?« Sie lacht auf. »Du lieber Himmel. Also sagen wir mal so: Wahrscheinlich hält er in neun von zehn Fällen den Mund. Und mein Mann und ich finden, das ist für einen Lehrer eine großartige Leistung.«

Darin besteht offenbar weitgehend Einigkeit: wie wichtig es ist, möglichst nicht direkt in die Erziehung einzugreifen, und schon gar nicht die jungen Eltern vor ihren Kindern zu kritisieren und damit bloßzustellen.

»Es ist logisch, dass man, wenn man auf die siebzig zugeht, mehr Erfahrung hat und die Dinge manchmal anders sieht. Dann den Mund zu halten, mich zurückzunehmen fällt mir schon schwer«, bekennt Ingeborg Gutstein, die beliebte Ferien-Großmutter aus Niedersachsen. »Aber ich rede dann mit meinem Söhnen oder Schwiegertöchtern im Nachhinein. Ich sage, was mir aufgefallen ist, und passe schon auf, dass ich sie dabei nicht verletze. Aber ich muss es loswerden.« Sie erlaube sich, ihre Ängste mitzuteilen. Sie habe ein Recht zu sagen: Ich mache mir Sorgen, ich habe Angst um euch. »Ich denke, ich mach es nicht mit diesem erhobenen Zeigefinger: Wenn du das und das nicht tust, dann passiert das und das ... Dazu habe ich kein Recht. Das mache ich überhaupt nicht mehr. Damit würde ich die Beziehungen kaputtmachen, die zu den Kindern genauso wie zu den Enkeln.«

Worüber Ruheständler lästern

Enkel sind, gemessen an dem, was Großeltern aus ihrer eigenen Kindheit kennen, alles andere als pflegeleicht. Das ist oft Thema, wenn eine Gruppe von älteren und alten Menschen zusammensitzt. Wären sie selbst die Eltern, so hört man oft, dann würden sie mehr und schneller Grenzen setzen. Gelegentlich habe ich Großelterngespräche belauscht, vor allem im Urlaub, wenn am Nachbartisch ältere Paare Platz nahmen. Wurden Fotos vom Enkelglück herumgereicht, dann hieß das, man war einander noch fremd. »Der Boris kann mit fünf Jahren schon schwimmen.« »Unsere Kathie ist die beste Schülerin in ihrer Klasse.« »Das ist Henry, der Clown, der bringt uns ständig zum Lachen.«

Zu vorgeschrittener Stunde dann, wenn man sich vertrauter ist und der Wein zu wirken beginnt, wird mitunter die Lästerstunde eingeläutet. Da geht es dann um die jungen Leute, die nicht mehr in der Lage seien, auch nur zwanzig Meter zu gehen, ohne dabei ins Handy zu quasseln. Gelacht wird über absurde Brillengestelle, abscheuliche Frisuren und Glatzköpfe, über Tätowierungen und Nasenringe. Und schließlich lässt man sich über jene jungen Mütter aus, für die alles, aber auch alles an ihren Kindern anbetungswürdig sei, weshalb man die lieben Kleinen zu allem ermuntere – nur nicht, die Schuhe auszuziehen, bevor sie sich in der Bahn auf die Polstersitze stellten. »Klar, Kinder sind unschuldig«, könnte dann der ironische Kommentar eines Opas lauten. »Und Kinderschuhe sind auf wundersame Weise frei von Keimen und Hundekot!«

Aber noch etwas anderes mag sich einstellen an einem schönen Sommerabend im Rentnerurlaub: Erst macht der Wein lustig, dann melancholisch. Kommt die Sprache auf die Essgewohnheiten der Enkel, kann sich so etwas wie Verzweiflung in die Stimmen mischen. Hier wissen Großeltern häufig einfach nicht weiter. Viele erleben die Mahlzeiten mit ihren Enkeln regelrecht als Qual: Wie sie mit dem Essen herumspielen. Wie sie einen Apfel anbeißen und dann liegenlassen, als nächstes ein Salamibrot, das sie zuvor lautstark eingefordert haben. Wie sie danach von den Eltern noch drei weitere Angebote bekommen: »Willst du vielleicht ein Nutella-Brötchen, nein? Ein Stück Gurke, nein? Oder soll ich dir schnell ein Ei kochen …« Für Großeltern, die in ihrer Kindheit Hunger litten, ist es peinigend, wenn ein Kind an Parmaschinken das Fett wegreißt, bis kaum etwas übrig bleibt und dann die malträtierte Scheibe mit einem »Ich mag das nicht!« auf den Teller wirft.

Am liebsten würden auch die Ältesten am Tisch einen Schrei ausstoßen: »Ich ertrag das nicht!« So vieles, was die Jüngeren anders machen, haben sie gelernt zu tolerieren. Aber hier ist ihre Grenze, denn es geht nicht mehr nur um andere Werte, sondern womöglich um tiefsitzende seelische Verletzungen, um schlecht vernarbte Wunden, die bei bestimmten Anlässen wieder aufreißen. Über viele Jahrzehnte haben sie nicht mehr gefühlt, wie es ihnen damals als Kind erging, als sie geradezu besessen waren vom Gedanken an Brot, als sie an nichts anderes mehr denken konnten … Doch wer älter wird, kann schmerzende Erinnerungen nicht mehr so gut auf Abstand halten wie in jungen, aktiven Jahren, und dann kann es geschehen, dass ein gut versorgtes Friedenskind ein alt gewordenes Kriegskind völlig aus den Angeln hebt. Was dann noch bleibt? Die Wahl zwischen Familienkrach und Flucht. Meistens wird geflüchtet.

Die Pein gemeinsamer Mahlzeiten

Es gibt nicht nur die älteren Menschen, die kein größeres Glück als ihre Enkel kennen. Es gibt auch solche, die zwar gern mit den Leistungen von Lisa, Anton und Charlotte prahlen, sich aber als Großeltern äußerst rar machen. Es wäre mal interessant zu erfahren, wie viele Rentner auf Mallorca in Wahrheit auf der Flucht vor ihren Enkeln sind, die sie für schlecht erzogen und maßlos verwöhnt halten. Ingeborg Gutstein meint, es sei wohl eher der Versuch, den Erinnerungen an die Schrecken der eigenen Kindheit auszuweichen. Sie kennt gleich drei Freundinnen aus ihrer Jugend, die ihr zu verstehen gegeben haben, sie verbrächten lieber den Winter auf den Kanarischen Inseln, als sich ständig als Oma einspannen zu lassen und dann noch das ewige Quengeln ihrer Enkel ertragen zum müssen. Ingeborg Gutstein weiß auch, diese Frauen wurden, genau wie sie selbst, von harter Hand erzogen. Sie gibt zu bedenken, dass längst nicht alle ihre Altersgenossen die Schläge in ihrer eigenen Erziehung verdammen. Rückblickend empfänden viele von ihnen die karge elterliche Zuwendung als ausreichend – ihre Enkel dagegen würden mit Liebe geradezu erstickt.

»Die meisten glauben, ihre Eltern hätten, was die Prügel betraf, etwas übertrieben. Darüber hinaus aber müssten Kinder eben gehorchen lernen, und zwar auf der Stelle.« Das Problem solcher Großeltern ist, dass es entsprechende Kinder kaum noch gibt.

Einen anderen Grund für einen Rückzug kann aber selbst Ingeborg Gutstein, die sich als typische 68er Mutter für eine gewaltfreie Erziehung entschied, durchaus nachvollziehen: »Natürlich haben auch diese Freundinnen von mir einmal von der langen Tafel geträumt, an der drei Generationen entspannt miteinander beim Essen sitzen. Aber, ehrlich gesagt, gelingt das selbst mir nicht. Für mich sind die Mahlzeiten in den Familien meiner Söhne immer auch Übungen in Selbstdisziplin, damit ich um Gottes willen den Mund halte.« An Tagen, an denen es ihr an seelischer Ausgeglichenheit fehle, flüchte auch sie gelegentlich, bevor das Essen auf dem Tisch steht. Sie erfinde dann irgendeine Ausrede, Kopfschmerzen oder Ähnliches.

Wie sollen Großeltern, die von ihren Kindheitserschütterungen eingeholt werden, den jungen Eltern sachlich erklären, was mit ihnen los ist? Sollen sie ehrlich sagen: »Ich kann es einfach nicht aushalten, auf diese Weise daran erinnert zu werden, wie sehr ich als Kind gehungert habe«? Selbst wenn ein solcher Satz – was ein hohes Maß an Selbstreflexion voraussetzt – ohne Panik und Vorwurf in der Stimme ausgesprochen würde, wie könnten die jungen Mütter und Väter sich anders verhalten, als sie es tun?

»Eltern erziehen immer gemäß den Bedingungen ihrer Zeit«, stellt Ingeborg Gutstein fest. »Was das Essen angeht, da gibt es meiner Ansicht nach zwischen den Alten und den Jungen keinen Kompromiss. Hier müssen fast alle unserer Altergruppe innerlich einen Clash of Culture aushalten. Wenn die Situation unerträglich wird, dann muss sich unsereins eben die Erlaubnis geben, sich zu verabschieden. Wir Kriegskinder sind keine Helden.« Zum Glück aber, fügt sie hinzu, verhielten sich ihre Enkel anders, wenn sie in den Ferien kämen. Da werde vorher ausgehandelt, was gekocht wird, und wer das Essen dennoch nicht möge, der habe eben Pech gehabt. »Tatsächlich aber ist das nur ein einziges Mal geschehen«, berichtet die Großmutter. »Die Kinder begreifen leicht, dass bei mir die Regeln anders sind als bei ihnen zu Hause. Und wenn einer der Größeren Pommes will, dann soll er sich die von seinem Taschengeld kaufen.«

Nicht nur das Mäkeln am Essen mag für Großeltern eine Prüfung darstellen. Auch der Lärm, mit dem die Kinder durch die elterliche Wohnung toben, ist für viele eine große Belastung. Das gibt selbst Axel Droste* zu, der definitiv zu den »fitten jungen Alten« zählt. Der 65-jährige Schreiner, der seine letzten Berufsjahre in einem Baumarkt im Ruhrgebiet verbrachte, joggt immer noch täglich und läuft am liebsten mit einer Baseballmütze herum. Dennoch, wenn er seine Enkel besucht, merkt er deutlich, dass er bei aller Fitness nicht mehr über die starken Nerven eines jungen Menschen verfügt. »Am lautesten toben die beiden Kleinen, die sind fünf und sechs. Also gut, das sind Kinder! Aber ich muss es ja nicht aushalten! Ich kann ja gehen. Und ich tue es dann auch.«

Verschwörung mit den Enkeln

Sich entziehen ist der eine Weg, wie man sich als Großeltern mit den unterschiedlichen Erziehungsstilen arrangieren kann. Der zweite Weg ist der, bestimmte Überzeugungen der Eltern zu ignorieren und sich mit den Enkeln heimlich zu verbünden. Axel Droste zum Beispiel ist der Meinung, ab einem bestimmten Alter müssten Kinder begreifen, dass zu jeder Regel auch die Ausnahme von der Regel gehöre. Darum hat er auch kein schlechtes Gewissen, wenn er dem Erziehungsstil der Eltern zuwider handelt. Begeistert erzählt er von einer Radtour durch Holland, die er mit seinem zehnjährigen Enkelsohn unternahm: Der Junge hat »Bio-Eltern«, also findet er alles, was ihm zu Hause vorenthalten wird, besonders begehrenswert. »Er fragte, ob er Cola trinken dürfe, und da hab ich gesagt: Du kannst essen und trinken, was du willst. Das ist mir völlig egal. Und deine Eltern hören davon nichts. Der hat eine Woche nur Cola getrunken und Pommes gegessen.«

Mit den Jahren stellen sich noch andere Geheimnisse ein. Zum Beispiel, wenn sich Enkel bei Oma und Opa über das Verhalten ihrer geschiedenen Eltern beklagen: »Die spinnen doch. Die streiten sich immer, wenn Papa mich zu Hause abholt.« Erziehungsberater wissen um die wichtige Rolle von Großeltern, wenn Familien auseinanderbrechen. Durch ihre emotionale Unterstützung sind die Älteren für ihre Enkel oft wie ein Fels in der Brandung. Sie können Kindern und Jugendlichen in einer Zeit größter Unsicherheit Halt und Orientierung geben und ihnen so über die schlimmste Phase hinweghelfen.

Wobei das Besondere ist: Den Enkeln zu helfen kann gleichzeitig bedeuten, von den Enkeln zu lernen. Eine Großmutter erzählte mir, sie bewundere den achtjährigen Johnny für die Art und Weise, wie er zum Beispiel mit der Trennung seiner Eltern umgehe: Welche Fragen er der Oma stelle. Wie offen er sei, wenn er Ängste bekomme. Gelegentlich zeige sich nämlich, dass er längst nicht immer so cool sei, wenn die Eltern sich streiten. »Wenn sie sich am Telefon oder an der

Wohnungstür angiften, wenn die Mama nachher weint und Johnny nicht weiß, wie er sie trösten soll, wenn er dann Angst bekommt, es könnte ihr immer schlechter gehen und sie könnte ihn eines Tages nicht mehr versorgen – ja, so offen spricht er mit mir. Also, darum beneide ich ihn. Diese Offenheit, das ist etwas, das man von Kindern lernen kann.«

Auch Ingeborg Gutstein zählt sich zu den glücklichen Großmüttern, weil sie ihre eigene Lebenserfahrung zu schätzen weiß und sich dennoch als Lernende sieht. Von der Besserwisserrolle – wie es die Erwachsenen in ihrer eigenen Kindheit vorlebten – hat sie sich schon lange verabschiedet und dabei nur gewonnen. »Ich würde sagen: Der Einfluss, den ich heute auf die Familien meiner Enkel habe, ist beachtlich. Schade, dass meine Eltern und Großeltern das nicht mehr miterleben können. Sie würde das maßlos erstaunen.«

Kapitel 7
Drei Generationen I
»Über Oma haben wir uns gefreut«

Der Traum vom Meer

Eigentlich wollte Ruth Münchow* ihren Lebensabend am Meer verbringen. Seit sie als Kind ihre Danziger Heimat und damit auch die Ostsee verlor, hatte sie nicht aufgehört, von Wasser und Sand zu träumen. Eines Tages, so hatte sie sich geschworen, würde sie sich das alles wieder holen. Sie würde einen kleinen Ort finden, wo es nach Meer roch und manchmal nach geräuchertem Fisch, wo die Menschen wortkarg waren und im Winter die Hände an großen Teetassen wärmten. Als sie dann ihren Rentenbescheid erhielt, rechnete sie hin und her und machte sich klar, dass sie ihre Wünsche drastisch herunterschrauben musste.

Um ihr Leben als Alleinerziehende mit zwei Kindern zu finanzieren, hatte sie 20 Jahre im Büro gearbeitet. Später war es ihr gelungen, über den zweiten Bildungsweg in den Lehrerberuf zu wechseln. Doch Beamtin wurde sie nicht. Bei der dafür notwendigen medizinischen Untersuchung stellte sich heraus, dass sie keineswegs so gesund war, wie sie sich fühlte. Herz und Nieren waren stark beeinträchtigt. Offenbar handelte es sich um die Spätfolgen schwerer Erkrankungen, die sie als Kind während der Flucht nicht hatte auskurieren können. Damit blieb der Staatsdienst Ruth Münchow verschlossen. Sie arbeitete als angestellte Lehrerin, später als schlecht bezahlte Honorarkraft in der Erwachsenenbildung. Entsprechend niedrig fiel ihre Rente aus.

Als ich sie vor Jahren kennenlernte, lebte sie in einer mit Büchern vollgestopften Anderthalb-Zimmer-Wohnung in Hamburg. Meine Gastgeberin war eine kleine, rundliche Frau mit leiser Stimme und erstaunlich wachen Augen, erstaunlich deshalb, weil sie sich überaus vorsichtig bewegte, als habe sie Schmerzen. Meistens saß sie im Sessel, in eine Decke gehüllt. Sie trank Tee, hustete viel und erzählte mir, sie habe ihren Traum vom Meer noch immer nicht aufgegeben.

Es beeindruckte mich, dass sie daran festhielt, denn sie sah nicht so aus, als würden ihr noch viele gute Jahre geschenkt. Damals, mit knapp 70 Jahren, hatte sie gerade eine ganze Serie lebensbedrohlicher Krankheitsattacken hinter sich, und, wie sich später zeigen sollte, noch vor sich. Als sie schließlich wieder einigermaßen bei Kräften war, ging sie daran, aus ihrem Traum etwas Handfestes zu machen.

Während dieser Phase besuchte ich sie zum zweiten Mal. Sie war inzwischen recht gut auf den Beinen. Sie besuchte sogar regelmäßig ihren Tanzkurs, den sie zehn Jahre zuvor gegründet hatte. Einmal in der Woche trafen sich überwiegend ältere Menschen in einem Gemeinderaum und übten Standardtänze aus Lateinamerika. Ruth gehörte dabei zu den wenigen Frauen, die einen festen männlichen Tanzpartner hatten. Die meisten tanzten mit ihren Geschlechtsgenossinnen. Rumba, Samba, Tango – das volle Programm.

Als sie mir davon erzählte, wurde mir klar, dass ich damit bei ihr in keiner Weise gerechnet hatte. Dann schon eher meditativer Tanz, wie er gelegentlich in kirchlichen Einrichtungen vor allem älteren Frauen nahegebracht wird. Als ich ihr das sagte, meinte sie, so falsch läge ich gar nicht, denn sie besuche auch einen Tai-Chi-Kurs. Und das wolle sie alles aufgeben, fragte ich ungläubig, nur, um am Meer zu leben? Ruth schaute mich ruhig an. »Warum nicht? Ich kann jeder Zeit und an jedem Ort wieder neue Kontakte knüpfen und mir eine Aufgabe suchen.« Auf Nachfragen erfuhr ich, sie hätte sich schon immer engagiert, zum Beispiel habe sie türkische Familien unterstützt, sie hätte Frauen im Frauenhaus untergebracht …

Hier brach die Aufzählung ab. Es war ihre Sache nicht, sich positiv darzustellen. Offenbar hatten Status und Image für sie keine Bedeutung. Sie war alt und arm – eine Schreckensvorstellung für die meisten Menschen. Ruth Münchow dagegen machte daraus kein großes Thema, was mich vor allem deshalb verblüffte, weil ihr Lebensstart so ganz anders gewesen war. Aber ich hörte keine Bitterkeit, als sie ihre Kindheit in wohlhabenden Verhältnissen erwähnte. Irgendwann während ihres Erwachsenenlebens schien sie akzeptiert zu haben, dass sie nicht zu den Gewinnern gehörte. Der Normalzustand sah so aus, dass sie sich durch einen Alltag kämpfte, der sie immer wieder seelisch auslaugte und ihre angegriffene Gesundheit zusätzlich strapazierte. Umso mehr konnte sie die Freiheiten genießen, die mit dem Ruhestand verbunden waren.

Konventionen kümmerten sie nicht. Als Rentnerin Tango tanzen – ja, warum denn nicht? Was andere von ihr dachten, schien ihr ziemlich egal zu sein, mit Ausnahme der Menschen im Freundeskreis und in ihrer Familie. Das Haus, in dem ihre Tochter Annette mit Mann und drei Kindern wohnte, lag im selben Stadtviertel und war mit dem Fahrrad in wenigen Minuten zu erreichen.

Bei unserem zweiten Treffen berichtete Ruth mir, sie habe eine Wohnung in Aussicht: am Rand einer Kleinstadt, Miete bezahlbar, Fußweg zum Meer fünf Minuten. Aber das Meer lag hinter einem Deich, und es zog sich, wie es der Nordsee eigen ist, bei Ebbe weit zurück. Ruth Münchow konnte sich Schlimmeres vorstellen. Zeit ihres Lebens war sie eine pragmatische Frau gewesen, die nach dem Motto entschied: Wenn nicht das Beste, dann das Zweitbeste, wenn kein Auto, dann ein Fahrrad, wenn nicht die Ostsee, dann die Nordsee, wenn kein Strand, dann eben ein eingedeichtes Meeresufer …

Doch es kam anders. Annette Schnittbauer*, ihre Tochter, erhob zwar keinen Einspruch, aber sie wollte wissen, was die Mutter als künftige Bleibe ins Auge gefasst hatte, und schlug einen Familienausflug an die Nordsee vor. So kam es, dass Ruth zusammen mit Tochter, Schwiegersohn und zwei der Enkel eine Besichtigungsreise unternahm. Als die beiden Schülerinnen am Ziel aus dem Auto stiegen, machten sie lange Gesichter. Hier sollten sie künftig Oma besuchen? Langweiliger konnte ein Ort nicht sein. Die Häuser duckten sich hinter dem Deich, als würden sie sich ihrer banalen Bauweise schämen. Jeder Vorgarten war wie mit dem Lineal gezogen, der Plattenweg gefegt, der Blumenschmuck geizig. Es war Mittagszeit. Kein Mensch auf der Straße, kein Geschäft mit Strandutensilien, kein Geruch von Pommes, kein Radweg durch eine Dünenlandschaft – ganz anders also, als es Alex* und Pia* von ihren Sommerurlauben auf den Nordfriesischen Inseln oder an der holländischen Küste gewohnt waren.

Soll Oma künftig bei uns wohnen?

Auch deren Eltern waren nicht davon überzeugt, dass dies der richtige Ort für »Mütterchen« sein sollte. So wird Ruth liebevoll-ironisch von Tochter und Schwiegersohn genannt. Was bislang über sie erzählt wurde, macht deutlich genug, dass sie alles andere ist als ein »Mütterchen«, falls man darunter ein alt gewordenes Heimchen am Herd versteht. Wer sie näher kennenlernt, spürt ihre in sich ruhende Persönlichkeit und das grundsätzliche Wohlwollen, das sie, ohne naiv zu sein, Menschen entgegenbringt. Alle Familienmitglieder, ob zweite oder dritte Generation, schätzen ihren Rat. Es kommt sogar vor, dass Tochter Annette von Freundinnen angerufen wird, die ausführlich Erziehungsprobleme mit ihren Kindern darlegen, verbunden mit der Bitte, es Ruth Münchow weiterzuerzählen, die hätte doch immer so gute Ideen …

Eine Woche nach dem Ausflug an die Nordsee berief Annette den Familienrat ein. Es ging um die Frage: Soll Oma künftig bei uns wohnen? Davon erfahre ich bei meinem dritten Treffen mit Ruth Münchow, und zwar im Haus ihrer Tochter in Hamburg. Wir hatten uns einige Jahre nicht gesehen, und in der Zwischenzeit hatte sich Ruths Leben gewaltig verändert. Telefonisch war ich davon unterrichtet worden: Tochter und Schwiegersohn hätten das Haus saniert und vergrößert und gemeint, dies sei eine gute Gelegenheit, »Mütterchen« ein attraktives Angebot zu machen, eine abgeschlossene Einliegerwohnung. Ruth hatte mir gegenüber einige Bedenken geäußert: die Angst, ihre Eigenständigkeit zu verlieren, die Sorge, die guten Beziehungen könnten durch ihr Wohnen im Haus überstrapaziert werden.

Seit Jahren schon wird das Thema »Drei Generationen unter einem Dach« von den Medien geradezu liebevoll mit Aufmerksamkeit bedacht. Die 2001 verstorbene SPD-Politikerin Regine Hildebrandt erzählte davon begeistert in Talkshows, aber natürlich reichten bei ihr und anderen die Zeit nie, um der entscheidenden Frage nachzugehen, wie denn das Zusammenleben genau funktioniert.

Fernsehreihen wie »Familie Sonnenfeld« oder »Familie Dr. Kleist« bedienen eine in der Gesellschaft ständig wachsende Sehnsucht nach Geborgenheit und Zusammenhalt im Drei-Generationen-Haus. Die

Botschaften lauten: Familie ist großartig. Gemeinschaft macht stark. Konflikte sind lösbar.

Überzeugend klingt das alles nicht. Ich reise also nach Hamburg, um mir von einem solchen Projekt ein realistisches Bild zu machen. Ich möchte gern von Ruth Münchows Tochter, vom Schwiegersohn und von den Enkeln erfahren, ob es auch von ihrer Seite Fragezeichen oder gar Befürchtungen gegeben habe. Was davon ist eingetroffen und was nicht? Ist das Experiment gelungen? Wenn nein, was könnte man daraus lernen? Wenn ja, wie sieht der Gewinn aus?

Das Reihenhaus bietet viel Platz und einen Garten. Annette Schnittbauer hat ihren Arbeitsraum im Erdgeschoss, wo sie pharmazeutische Fachliteratur, aber auch komplizierte Vertragstexte aus dem Englischen übersetzt. »Nur weil ich mein Büro im Haus habe«, erläutert sie, »konnte ich mit drei Kindern berufstätig sein und gleichzeitig ein überwiegend gutes Leben führen. Ja, dieses Haus ist ein großer Luxus.« René Schnittbauer* ist Geschäftsführer in einer Handelskette. Die Kinder – 19, 18, und 16 Jahre alt – besuchen noch das Gymnasium. Alex, die Älteste, steht kurz vor dem Abitur und will so schnell wie möglich ausziehen.

Annette Schnittbauer erklärt mir, die gemeinsamen Sitzungen des Familienrats fänden selten statt, vielleicht zweimal im Jahr, und sie seien etwas Praktisches. Das hätten schließlich auch die Kinder eingesehen. »Meistens bin ich es, die anspricht, was mich besonders nervt«, sagt die Mutter ohne den geringsten Vorwurf in der Stimme. »Am Anfang waren es nur die Putzthemen. Wenn ich ankündigte: Heute Abend setzen wir uns mal wieder zusammen, dann stieg bei den Kindern die Panik hoch. O je, was hat die Mutter denn jetzt schon wieder …«

Das alles erfahre ich in großer Runde beim Abendessen. Seit Jahren schon kommt keine Haushaltshilfe mehr. Stattdessen sind die Arbeiten zwischen den Erwachsenen und Jugendlichen aufgeteilt. Jedes Familienmitglied hat einen eigenen Aufgabenbereich, für den es verantwortlich ist. Üblicherweise verliert die Putztätigkeit der Jüngeren nach einer gewissen Zeit an Elan, der Ordnungssinn bekommt blinde Flecken, man nimmt es mit den Absprachen nicht mehr so genau und es kommt zu Reibereien. Bevor es für Annette Schnittbauer unerträglich wird, trommelt sie den Familienrat zusammen. Inzwischen, versichert sie, hätte sich alles entspannt – nur dürfe ich mir nicht vorstellen, dass es immer ruhig zugehe. Es werde auch geschrieen und geheult, und manchmal knallten die Türen. »Es ist eben ein Raum für Konflikte.«

Aber als sie berieten, ob Ruth zu ihnen ins Haus ziehen sollte, konnten sie völlig ruhig miteinander reden. »Über Oma haben wir uns gefreut«, sagt der 18-jährige Caspar*. Natürlich habe man darüber diskutiert, ob das eine gute Idee sei. Man höre ja so einiges aus anderen Familien: dass dort die Großmutter kontrolliere, wann die halbwüchsigen Enkel nachts nach Hause kämen, eine Oma also, die mit ihrer Fürsorge gezielt schlechtes Gewissen produziere. Begründung: Solange nicht alle im Bett sind, kann ich nicht in Ruhe einschlafen … »Aber da hatten wir bei unserer Oma überhaupt keine Bedenken.«

Ihre Großmutter, meint Alex, führe ihr ganz eigenes Leben. Es gebe ja viele ältere Menschen, die das nicht täten, und die hätten dann eher das Bedürfnis, sich in den Alltag der Jüngeren einzumischen. »Ja, Mütterchen lebt ihr Leben«, bestätigt Vater René, »und das Tolle ist, dass wir uns dabei immer wieder treffen. Deshalb haben wir auch keinen Jour fixe. Die Dinge passieren verhältnismäßig spontan.«

Streit und Feinfühligkeit

Ruth Münchow scheint nicht so recht zu wissen, wie sie mit der reichen Ernte an guten Worten umgehen soll. Eine solche Fülle hat sie offenbar nicht erwartet. »Wir kennen uns eben schon sehr lange und sehr intensiv«, sagt sie schließlich und gibt das Lob in die Runde zurück. Sie spricht davon, dass in der Familie Sensibilität stark ausgeprägt sei. Gemeint ist das Gespür für Situationen und das Wahrnehmen der jeweils anderen, das Rücksichtnehmen auf Empfindungen und Empfindlichkeiten. Ich erfahre: Es werde in diesem Haus öfter laut und heftig gestritten, besonders zwischen Alex und ihrem Vater, aber als Gegengewicht gebe es eben diese Feinfühligkeit und den grundsätzlichen Respekt dem anderen gegenüber.

Allgemeiner Treffpunkt ist der größte Raum in der ersten Etage. Er ist Ess- und Wohnzimmer zugleich und hat eine integrierte Küche. Also ein offenes Haus mit offenen Bewohnern, was man schon daran erkennt, dass sie gern und viel besucht werden. »Hier ist es einfach schön. Es ist immer so entspannt«, schwärmt die Freundin von Caspar, die inzwischen ebenfalls am Tisch Platz genommen hat. »Alle, die ich kenne, die hierher kommen, fühlen sich wohl.«

Ich zähle durch: Wir sind acht Personen, nicht eingerechnet die Hauskatze, die um meine Beine streicht. Beneidenswert, so eine große lockere Tischgemeinschaft, sage ich, das kennt unsereins nur von Familienfesten oder aus italienischen Filmen ... Einspruch! Ich dürfe bloß nicht denken, hier werde regelmäßig gemeinsam an der großen Tafel gegessen. Die außerhäuslichen Aktivitäten seien ausgeprägt, wie auch die individuellen Wünsche und Vorstellungen, die sich mit dem Essen verbinden.

»Wir sind eine essneurotische Familie«, ruft die Abiturientin Alex fröhlich in die Runde und niemand am Tisch widerspricht. Essneurotisch? Was, bitteschön, soll ich mir darunter vorstellen? »Wir essen unheimlich viel und schnell. Wir haben alle eine klare Vorstellung davon, was wir nicht essen wollen, und wir haben immer Angst, dass nicht genug da ist, obwohl immer genug da ist! Genauer: Es ist zu viel Essen da.«

Mutter Annette behauptet, sie leide darunter, dass sie immer die Reste essen müsse. Der Kühlschrank sei stets gefüllt mit irgendwelchen Sachen, die dann keiner esse, und dann müsse sie es tun. »Also, sollte ich einmal die Oberhoheit haben, dann sehe ich zu, dass der Kühlschrank einfach mal leer ist«, sagt sie und ihre Stimme verrät, wie sehr sie diesen Zustand herbeisehnt und wie sicher sie ist, dass er nie eintreten wird. Was ihr Mann prompt bestätigt: »Dagegen kaufen ich und Caspar ständig an.« Vater und Sohn sind die Einkäufer der Familie. Sie sorgen dafür, dass beide Kühlschränke immer prall gefüllt sind. Entsteht auch nur die kleinste Lücke, läuft einer der beiden zum Supermarkt und holt Nachschub.

Auch wird von einem Ritual zwischen Ruth und ihrem Schwiegersohn berichtet. Einen »Abendbrot-Tick« nennt es Caspar. »Man sieht sie oft zusammensitzen und ihr Schwarzbrot schmieren. Das verbindet die beiden.«

Unregelmäßig trifft man sich zum Sonntagsfrühstück, im Winter häufiger als im Sommer. Es könne zwei Stunden dauern, erläutert René, und zwar mit wechselnder Besetzung. »Wenn wir alle fertig sind, um die Mittagszeit, dann kommt Caspar runter.« Der Jugendliche ist am Wochenende ein begeisterter Langschläfer.

Endlich begreife ich die entscheidende Regel, auf der die entspannte Atmosphäre im Hause Schnittbauer beruht. Sie lautet: So wenige Regeln wie nur möglich.

Zwar gebe es im Zusammenleben nur wenig Verbindliches, bestätigt mir Caspar, doch seien die Fraktionen in der Familie recht verlässlich. »Zum Beispiel: Wir sind alle sehr emotional. Die eine Fraktion lebt ihre Emotionalität voll aus, und die andere Fraktion ist eher zurückhaltend.« Auf entsprechend unterschiedliche Weise, fügt er hinzu, werde in seiner Familie der Dialog gepflegt. Er selbst und seine jüngere Schwester Pia gehörten der zweiten Abteilung an, während sein Vater und Alex der ersten zuzuordnen seien. Seine ältere Schwester nimmt ihm seine Analyse nicht im Geringsten übel, sondern stimmt ihm voll zu: »Vater und ich streiten uns gern. Es ist einfach laut, weil wir beide« – sie zeigt auf ihren Vater –, »sehr laut sind.«

Wenn Mutter laut wird ...

Annette Schnittbauer bekennt, auch sie gehöre zur zweiten Fraktion, habe aber gelernt, gelegentlich zu brüllen. »Dann sage ich mir: So, jetzt muss ich mal laut werden, damit ich gehört werde.« Aber sie weiß auch: Sie beherrscht nur die Imitation. Nie wird sie mit ihrem Mann René und Tochter Alex gleichziehen können: »Dieses Brüllen bei euch beiden, das aus dem tiefsten Inneren kommt, wo man das Gefühl hat, da ist keine Kontrolle mehr ...« Hier fällt sie sich selbst ins Wort: »O.K., das ist bestimmt bei euch ganz anders, ihr glaubt, dass das unglaublich kontrolliert ist – aber für uns Weicheier klingt es nicht so.«

Alex gibt zu, es habe eine lange und heftige Phase des Streitens gegeben. Vor anderthalb Jahren wollte sie ausziehen. Ihre Mutter sah darin den altersgemäßen Wunsch, sich von der Familie zu lösen, verlangte aber dennoch, Alex müsse erst ihr Abitur machen, danach könne sie ausziehen. Und das wird sie auch tun.

Die Großmutter hat lange Zeit geschwiegen. Sie redet erst, als sie direkt angesprochen wird, denn es ist für sie ein sehr schwieriges Thema gewesen. Am Anfang, als die Enkel noch klein waren, ist sie bei der kleinsten Streiterei in Tränen ausgebrochen. »Es gab sogar Zeiten, da habe ich mich im Keller versteckt«, gibt sie zu. »Das Brüllen hat mir wahnsinnige Angst gemacht.« Als Kind war sie einem cholerischen, gewalttätigen Vater ausgeliefert gewesen. Es bedurfte einer längeren Phase der Selbsterforschung, bis Ruth gelernt hatte, sich nicht wie ein kleines Kind zu fühlen, wenn in ihrer Nähe ein heftiger Streit losging. Sie erkannte, dass es Menschen gibt, die sich anbrüllen und sich dennoch lieben – und dass nicht jede Person, die laut wird, zu körperlicher Gewalt neigt.

Ohne Frage schlägt im großen Raum das Herz der Familie. Und wenn man den Schilderungen von Annette Schnittbauer folgt, dann ereignen sich dort von Zeit zu Zeit ganz besondere Stunden des Friedens. Weil aber die Kinder häufig Verabredungen haben, werden solche Abende immer seltener. Umso kostbarer sind sie für Annette. Daran, versichert sie, habe ihre Mutter einen großen Anteil. »Sie ist für die Gemütlichkeit zuständig. Sie ist der ruhende Pol im Haus.« Annette fand es schon als junges Mädchen wunderbar, wenn sich mehrere Personen einen Raum teilten und jede Person etwas anderes machte. »Neulich war es wieder so: René guckt Autos auf dem Laptop, Caspar hockt vor einem Computerspiel, Mütterchen und Pia machen ein Puzzle. 6000 Teile! Ob sie das je schaffen?«

Familie im Sudoku-Fieber

Die Liebe, die Pia, Alex und Caspar ihrer Oma entgegenbringen, hängt damit zusammen, dass sie ihnen seit Beginn des Lebens sehr vertraut ist. Die 16-jährige Pia sucht immer noch gern Großmutters Unterstützung, wenn sie bei Schularbeiten allein nicht mehr weiterkommt. Für alle drei Enkel war Ruth die Vertrauensperson in Sachen Hausaufgaben. Pia besucht sie auch ohne Anlass, einfach weil es für sie schön ist, mit der Großmutter im Garten zu sitzen. Weil sie beide der stillen Fraktion der Familie angehören, stelle ich mir vor, dass dabei nicht unbedingt geredet wird – dass sie es genießen können, zusammen zu schweigen. Pia und Oma teilen die Freude am Kuchenbacken und beim Lösen von Zahlenrätseln. Eine Zeitlang waren nicht nur die Kinder, sondern auch Annette und ihre Mutter dem Sudoku-Fieber erlegen.

Alex, die Älteste, spricht mit Großmutter über gesellschaftliches Engagement. Politische Arbeit ist eines ihrer gemeinsamen Themen. Ein Projekt der Gymnasiastin gegen Rechtsradikalismus erhielt einen Preis. Alex hatte an ihrer Schule ein dreitätiges Seminar organisiert und die Ergebnisse in einer Zeitung zusammengetragen. In Medienberichten von der Preisverleihung wurde sie mit dem Satz zitiert: »Das Engagement außerhalb der Schule bringt mir mehr als die Schule.« Es folgte der freundliche Hinweis, sie sei dennoch eine sehr gute Schülerin.

Großmutter und Caspar haben schon viel gemeinsame Zeit vor dem Computer verbracht. Alles, was Ruth im Umgang mit Internet und E-Mails weiß, hat der Enkel sie gelehrt. Geduldig hat er sie immer wieder aus den Verwirrungen, die das Gerät bei Menschen auszulösen vermag, herausgeholt. Regelrecht gebüffelt hat er mit ihr, bis die wichtigsten Tastenkombinationen in ihrem Kopf gespeichert waren, bis die Maus endlich folgsam wurde und tat, was Ruths Hand anordnete. Als er klein war, hatte Oma mit ihm Strohsterne gebastelt und später mit dem Oberschüler Latein geübt. Die Rollen haben sich vertauscht.

Nach dem Abendessen schaue ich mich etwas genauer im Haus um. Es ist zweckmäßig und robust ausgestattet. Das Treppenhaus kommt mir so vor, als könnte es einen Anstrich brauchen oder besser, als seien die Maler abgezogen, ohne ihre Arbeit zu beenden. Optisch ist das nicht sonderlich ansprechend, aber natürlich gibt es in einem Haus, das so vital bewohnt wird und so häufig junge Gäste beherbergt, weniger Reibungspunkte, wenn man keine Rücksicht auf die Wände nehmen muss.

Dort, wo das Herz der Familie schlägt, im Ess- und Wohnzimmer, gibt es keinen Fernseher, sondern ein Multimediagerät. Damit kann man auch fernsehen, was hier allerdings selten geschieht. Für ausgiebigen TV-Konsum steht ein Gerät im Kinderstockwerk bereit. Die Mutter bekennt, sie vertrage kein Fernsehen; es sei ein »Abendklauer«. Die Begegnungen zwischen Großmutter und Enkeln können an jedem Ort des Hauses stattfinden, meistens geschieht es im größten Raum. Wie jedes andere Familienmitglied taucht Ruth Münchow dort unangemeldet auf, oder sie lässt es bleiben. Es ist auch schon vorgekommen, dass sie sich mehrere Tage in ihrer Wohnung eingeigelt hat – auch das finden die Jüngeren in Ordnung. Oma muss überhaupt nichts! Und auch sie selbst käme nicht auf die Idee, jemand müsse etwas tun, nur weil es in ihren Augen das Richtige sei.

»Sie ist ein Mensch, der nie jemanden bevormundet«, bestätigt ihre Tochter Annette. »Der Schlüssel für unser Zusammenleben ist Ruths Verhalten, aber auch, wie sie mich großgezogen hat. Jedem in der Familie seinen Freiraum geben – das ist es, was sie ausstrahlt, diese Grundliebe, diesen Grundrespekt.«

Eine schwere Kindheit

Es ist eine Haltung, die davon ausgeht: Jeder in seiner Art ist in Ordnung. Was er entscheidet, ist gut. Automatisches Besserwissen, nur weil man länger auf der Welt ist, habe ich in diesem Haus nicht erlebt. Ruth Münchow sagt, sie lerne ständig, aus Büchern, aus Filmen, aus Begegnungen, aus ihren Träumen, und sie lerne von ihren Enkeln. Genau genommen habe sie ihr ganzes Leben lang nicht aufgehört, neues Wissen zu erwerben. Auch sei es nötig gewesen, dafür zu sorgen, dass ihre verletzte Kinderseele heilen konnte. Was sie heute im Umgang mit anderen Menschen vertrete und praktiziere, sei das Gegenteil dessen, was sie in der Kindheit erfahren hätte. »Ich habe mir das alles neu erworben«, erläutert sie ihren Reifeprozess. »Vielleicht ist es gerade deshalb so tief in mir verankert. Ich muss mich nicht anstrengen, um andere so zu lassen wie sie sind.«

Die lebenserfahrenen Erwachsenen im Hause Schnittbauer bieten sich den Jüngeren als Ratgeber und Mentoren an. Damit haben Kinder gute Voraussetzungen zu lernen, sich selbst zu vertrauen, ihre Fähigkeiten einzuschätzen und ihre Wahrnehmung zu schärfen. Aber die Mutter weiß auch, dass sie damit ihre Kinder gelegentlich überfordert hat. »Pia hat mir vor einigen Jahren gesagt: ›Wieso verbietest du mir nichts? Wieso lässt du mich das entscheiden?‹ Alex hat mich als 7-Jährige wüst beschimpft: ›Mama, du musst strenger sein!‹ Aber, ehrlich gesagt, ich bin dazu nicht in der Lage. Ich sage: ›Mach doch, was für dich richtig ist.‹ Da war es gut, wenn der Vater gelegentlich eingriff und meinte: ›Jetzt werde *ich* entscheiden.‹«

Es ist wohltuend, eine Familie zu erleben, die sich nicht als Topmannschaft aufstellt. Den Kindern Eigenständigkeit abzuverlangen, das hätten Menschen, die anders gestrickt sind als Annette Schnittbauer, ausschließlich als pädagogisches Konzept verkauft. Dass die Mutter gleichzeitig ihr Unvermögen anspricht, macht sie glaubwürdig. Ich fange an zu begreifen, dass es in dieser Familie noch eine zweite Regel gibt. Sie lautet: Sei du selbst, wann immer es möglich ist.

Eines muss man vielleicht von den Schnittbauers noch wissen: Sie haben gemeinsam ein hartes Trainingscamp durchgestanden. Während der Sanierung ihres Hauses – ein Stockwerk wurde draufgesetzt und das Dach erneuert – war die Familie vorübergehend in eine kleine Wohnung gezogen. Fünf Personen in zwei Zimmern. Zu mehr Komfort reichte das Geld nicht, denn als der Umbau beschlossen war, hatten beide Elternteile eine berufliche Pechsträhne; die Geschäfte liefen einfach nicht gut. Während der Bauarbeiten traten Hindernisse auf, mit denen niemand gerechnet hatte, und die Zeit der Evakuierung nahm kein Ende. »Die Handwerker hatten gesagt, es sei nur für drei Wochen. Daraus wurden 13 Monate«, erzählt Annette. »Seltsamerweise kamen wir aber mit den Sachen aus, die wir für drei Wochen gepackt hatten.«

Die Runde am Tisch wird lebhaft. Manche denken mit Horror an diese Zeit zurück, andere, wie Pia, mit Wehmut. »Es gab nie Streit«, behauptet die Jüngste.

»Auch hier sieht man wieder zwei Fraktionen«, wirft Caspar ein. »Die einen romantisieren diese Phase, die anderen erinnern sich daran, wie eng es war – drei Jugendliche in einem Zimmer! Und dann das klitzekleine Bad!«

Am Ende wartete auf alle die Belohnung. Endlich Platz, so viel Platz wie niemals vorher. Niemand musste sich einschränken, weil das Haus ein weiteres Familienmitglied aufnahm. Wenn Ruth Münchow gleichaltrigen alleinstehenden Frauen erzählt, sie lebe mit Kindern und Enkeln unter einem Dach, hört sie als erstes kritische Kommentare. »So würde ich nie leben wollen«, heißt es dann. »Da verliert man doch seine Eigenständigkeit.« Wenn dann aber klar wird, dass sie im Haus eine eigene abgeschlossene Wohnung hat, verändern sich die Gesichter. Erstaunen und auch Bitterkeit sind darin zu lesen. Ruth weiß: »Ich werde wahnsinnig beneidet, vor allem von Altenheimbewohnern.«

Daran merkt sie, dass sie nach einem durchweg harten Leben im Alter zu den Gewinnern gehört. Sie liebt ihr eigenes Reich. Hier kann sie, wenn ihr danach ist, dem Familientrubel aus dem Weg gehen. In den Abendstunden ist das häufig so. Dann telefoniert sie mit Freundinnen, hört CDs oder liest, oder sie schaut einfach nur in den Garten, während langsam die Farben verschwinden.

Als ich wieder zu Hause bin und die Aufnahme unseres Gesprächs abhöre, fällt mir auf, dass tatsächlich jedes Familienmitglied mindestens einmal eine persönliche Schwäche oder Macke erwähnt hat. Auch überrascht mich, wie gut alle zu verstehen sind. Obwohl viel Temperament versammelt war, obwohl gewiss auch heikle Themen auf den Tisch kamen – die ich als Außenstehende als solche gar nicht zu erkennen vermochte – und obwohl freimütig und engagiert erzählt und viel gelacht wurde, hatte doch jeder ausreden können.

Kapitel 8
Drei Generationen II
Das Gruppenexperiment Alt und Jung

Gesucht: eine Wohnalternative

Der Wunsch, im Alter mit Jüngeren unter einem Dach zu leben – und zwar auch dann, wenn die Familienverhältnisse das nicht hergeben – entfachte in den Achtzigerjahren ein öffentliches Nachdenken über Alternativen zum Altenheim. Dora Blick* gehörte zu den ersten, die sich engagiert daran beteiligten. »Ich war schon im Verein dabei, als noch keine Mitgliedsbeiträge erhoben wurden«, erzählt die 83-Jährige nicht ohne Stolz. Damals war sie noch keine 60 Jahre alt. Der Verein muss sein. Es bedarf einer rechtlichen Konstruktion, wenn es darum geht, gesellschaftlich wichtige Vorhaben voranzutreiben oder öffentliche Zuschüsse zu beantragen. Der Verein »Neues Wohnen im Alter« wurde in den Achtzigerjahren in Nordrhein-Westfalen gegründet und leistet seitdem Geburtshilfe bei alternativen Wohnprojekten. Sie werden vom Land in einem kleinen Umfang finanziell unterstützt.

Dora Blick wohnt in einer Stadt im Ruhrgebiet, in der ich mich einigermaßen auskenne, weil ich dort als junge Frau ein paar Monate gelebt habe. Als ich mich telefonisch mit ihr verabreden wollte, dauerte es lange, bis sie an den Apparat ging – für mich ein Hinweis, sie sei vielleicht nicht gut zu Fuß. Und so ist es auch. Bei meinem Besuch erzählt sie von einem Gehirnschlag, während einer Fahrt auf der Autobahn. Dass es nicht gleichzeitig zu einem schweren Unfall kam, erscheint ihr auch heute noch wie ein Wunder. Und dass sie trotz schwerer Gehbehinderung nicht im Heim leben muss, dafür ist sie jeden Tag dankbar. Sie kann noch immer ein selbstbestimmtes Leben führen.

Bei der Begrüßung ist ihr Blick prüfend, aber freundlich. Sie räumt die Tageszeitung vom Tisch und bittet mich, Platz zu nehmen. Für sie ist klar, sie wird hier nicht privat besucht, sondern »in Funktion«. Sie wird ein gesellschaftliches Projekt vertreten, an dem sie von Anfang an beteiligt war. Als wir auf ihr Berufsleben zu sprechen kommen, stellt sich heraus, dass ich als junge Frau einmal Kundin in ihrem Handarbeitsgeschäft gewesen war – mein erster und letzter Handarbeitsversuch überhaupt. Ich war dort mit einer Strickzeitschrift erschienen, weil mir die Abbildung einer Winterjacke besonders gut gefallen hatte. Im Nachhinein bestand kein Zweifel daran, dass ich äußerst kompetent beraten worden war. Denn die Inhaberin hatte gemeint, für eine Anfängerin wie mich sei dieses Modell zu schwierig. Ich wollte aber nur diese und keine andere Jacke, und so war ich mit Wolle, Nadeln und aufmunternden Worten versorgt worden. Frau Blick behielt Recht. Ich schaffte ein Drittel der Jacke, dann gab ich das Vorhaben auf.

In den Siebzigerjahren konnten gewisse gesellschaftliche Veränderungen auch in einem Handarbeitsgeschäft ihren Niederschlag finden. Nun kamen nicht mehr nur Schülerinnen, sondern auch Schüler als Kunden. Als der erste Junge auftauchte und ernsthaft etwas über das Stricken wissen wollte, war Dora Blick maßlos überrascht. Ihr waren nur die getrennten Wege im Unterricht bekannt: Häkeln und Flicken bei den Mädchen, Laubsägearbeiten bei den Jungen. In vielen Fällen war den Schülern, die ihren Laden besuchten, mit Worten allein nicht zu helfen. So kam es, dass die Geschäftsfrau an Wochenenden kostenlose Nachhilfestunden im Strümpfestricken gab.

Witwe mit 55 Jahren

Mit 55 Jahren wurde Dora Blick Witwe, zu einem Zeitpunkt, als Tochter und Sohn die Schule beendet hatten. Sie war nicht mehr jung und noch nicht alt. Dennoch machte sie sich Gedanken über das Älterwerden. Mit dem Alleinleben, glaubte sie, würde sie sich anfreunden können. Sie kannte eine Reihe geschiedener oder verwitweter Frauen, die geradezu aufgeblüht waren, als sie auf kein Familienmitglied mehr Rücksicht nehmen mussten. Geprägt vom klassischen Rollenmodell hatten sie – meist widerspruchslos – die volle Last der Familienarbeit getragen, auch dann, wenn sie berufstätig gewesen waren.

Dora Blicks Sohn hatte da schon andere Vorstellungen im Kopf. Er lebte als Student in einer Wohngemeinschaft und fand es nicht unmännlich, sich an Hausarbeit zu beteiligen. Es existierten also, wie seine Mutter sich klar machte, noch andere Formen des Zusammenlebens als das übliche Familienmodell oder der Einzelhaushalt. Bei ihrem Sohn teilten sich wildfremde Menschen Küche, Bad, Toilette und Telefon. Die Waschmaschine stand auf dem Hof. Für junge Menschen, die noch keine Familiengründung anstrebten, mochte es ja das Richtige sein, dachte Dora Blick. Dann spann sie den Gedanken weiter. Wie würde sie selbst künftig wohnen wollen?

Es war abzusehen, wann sie das Handarbeitsgeschäft aufgeben und die zu groß gewordene Wohnung räumen würde. Wo sollte sie nach einem Umzug neue Kontakte knüpfen? In der Zeitung hatte sie gelesen, der Zeitgeist habe sich »Jugend ist Trumpf« auf die Fahnen geschrieben, und schon ab 60 werde der Mensch zum alten Eisen gerechnet. Ganz so krass war es natürlich nicht ausgedrückt. Die Gesellschaft freundete sich gerade mit der Bezeichnung »Senioren« an, und Dora Blick selbst, so entnahm sie der Tageszeitung, gehörte der »Generation 60 plus« an (heutzutage »50 plus«). Aber es gab einen Artikel, der ihre Aufmerksamkeit fesselte und, wie sich später herausstellen sollte, ihr Leben nachhaltig veränderte. In dem Beitrag – Titel: »Alt und Jung unter einem Dach« – stand, es sei an der Zeit, sich über neue Wohnformen Gedanken zu machen. In einer zunehmend mobilen Gesellschaft gebe es für immer weniger Senioren die Option, im Familienkreis alt zu werden. Auch seien häufig die Beziehungen und die Wohnverhältnisse nicht danach.

Die Institution Altenheim wurde in diesem Zusammenhang ausdrücklich gelobt: der Komfort, die verlässliche Betreuung, das Freizeitangebot. In dem Artikel, den Dora Blick mir zeigte, wurde an Zeiten erinnert, als alte vereinsamte Menschen in Einheitskleidung gesteckt und in Schlafsälen mit 20 Betten untergebracht wurden. In armen Ländern, hieß es in der Zeitung weiter, gebe es die Massenverwahrung von Alten noch heute.

Angst vor dem Altenheim

Die Zukunftsperspektive Altenheim löst bei den meisten Menschen ungute Gedanken aus. Theoretisch weiß man: Wird jemand zum schweren Pflegefall, gibt es – es sei denn, Angehörige übernehmen die

Arbeit – zum Heim keine Alternative. Aber was ist mit dem Zeitraum, der viele Jahre dauern kann, wenn ein älterer Mensch nur teilweise auf Hilfe angewiesen ist? Angebote in Form von betreuten Wohngruppen sind kaum in Sicht, obwohl hier die Kosten eindeutig niedriger liegen. Besonders Individualisten tun sich schwer, sich in die Institution Altenheim einzufügen. Es wächst die Zahl der 90-Jährigen, die sich noch zu jung fühlen, um sich rundum versorgen zu lassen. Mal abgesehen davon, dass sie sich nicht gern bevormunden lassen, fürchten sie, geistig abzubauen, wenn ihnen jede Verantwortung für den Alltag aus den Händen genommen wird. Sie sagen: »Für ein Heim ist es noch zu früh.« Häufig sehen deren Kinder das anders, und entsprechend konfliktreich können die Beziehungen zu den alten Eltern sein.

Es gibt natürlich auch das Gegenteil: Alte Menschen, die ihren Kindern auf keinen Fall zur Last fallen wollen. Seit Einführung der Pflegeversicherung haben sich die Verhältnisse etwas geändert. In Deutschland hat sich ein Netz der häuslichen Altenpflege ausgebreitet. Es droht nicht mehr automatisch der Verlust der eigenen vier Wände, wenn die Kräfte und die Fähigkeiten, sich komplett selbst zu versorgen, nicht mehr ausreichen und Angehörige nicht in der Lage sind zu helfen. Pflege kann, wie jede andere Dienstleistung auch, gekauft werden. Die Pflegeversicherung zahlt einen Kostenzuschuss, der zumindest eine finanzielle Entlastung mit sich bringt.

Dora Blick wird jeden Vormittag von einer Altenpflegerin unterstützt. Das erleichtert ihren Alltag enorm. Aber regelrecht ins Schwärmen gerät sie, wenn sie von ihrem Rollator spricht, den sie liebevoll ihren »Rolls-Royce« nennt. Er hält sie beweglich und unternehmungslustig. Sie kündigt an, sie wolle mir Haus und Garten zeigen, und setzt, weil draußen die Sonne brennt, eine Baseballmütze auf. Es ist ein Vergnügen mitzuerleben, wie Frau Blick mit ihrem Rolls-Royce die Kurven nimmt. Eigentlich kann man gar nicht genug hervorheben, in welchem Ausmaß die fahrbare Gehhilfe die Lebensphase Alter geradezu revolutioniert hat. Zuvor gab es für Menschen, die unter Gehschwäche oder unter Schwindelgefühlen litten, nur die Alternative Stock oder Rollstuhl.

Man fragt sich, warum der Rollator erst in den Achtzigerjahren erfunden wurde. Ist vielleicht deshalb niemand darauf gekommen, weil die Gesellschaft Gebrechlichkeit als Makel empfand, mit der Folge, dass die Betroffenen sich aus der Öffentlichkeit zurückzogen? Auch heute noch hört man gelegentlich die Meinung – übrigens von jungen wie von alten Menschen –, der Anblick derer, »die mit ihrem Rollwägelchen durch Gegend schleichen ...«, habe etwas Würdeloses. Umgekehrt wird ein Schuh draus: Es ist ein Ausdruck von Würde, im Alter seine Mobilität so lange wie möglich zu erhalten und auf diese Weise ein selbstbestimmtes Leben zu führen.

Ein Lob auf die Krücken

Krücken sind nichts Diskriminierendes, sondern etwas Praktisches. In die Krücken-Abteilung gehört alles, was hilft, Schwächen zu mildern. Künstliche Zähne, das erkannten schon die Römer, sind etwas Nützliches. Die Brille fand im 17. Jahrhundert Verbreitung. 1899 kam das erste elektrische Hörgerät auf den Markt. Bis zu den heutigen chipgesteuerten Hörhilfen war es ein langer Forschungsweg, dessen Ende noch nicht abzusehen ist. Auch an der Gehhilfe wäre noch einiges zu verbessern, vor allem hinsichtlich des Designs. Bei Kinderwagen legen die Konstrukteure mehr Wert aufs Optische.

Dora Blick kümmert das Äußerliche wenig. Gern tut sie mir den Gefallen aufzuzählen, warum sie vom ihrem Rolls-Royce so begeistert ist. Er dient ihr als Stütze, als Einkaufswagen – und als Sitz, falls eine Schwindelattacke sie befällt. Er braucht längst nicht so viel Platz wie ein Rollstuhl, er ist leicht zu bedienen. Sie kann sogar einen Regenschirm daran befestigen. Er führt sie überall hin, vorausgesetzt, es stellen sich ihm keine allzu hohen Stufen in den Weg. Ein solches Hindernis ist zum Beispiel die kleine Treppe vor der Apotheke, aber auch hier hat sich eine Lösung gefunden: Die Stammkundin klopft von außen ans Schaufenster; dann kommt jemand vor die Tür, und sie wird auf dem Bürgersteig bedient.

»Hilfe kriegen Sie hier eigentlich überall«, sagt Dora Blick über die Atmosphäre ihres Stadtviertels, das überwiegend von sogenannten kleinen Leuten bewohnt wird. Die meisten Geschäfte sind in Fußnähe, ebenfalls die Haltestelle der Straßenbahn. Einstieg und Ausstieg sind auf einer Ebene. Bei der Deutschen Bahn ist das nicht so. Darum kann sie ihre Schwester, die in einer anderen Stadt lebt und bettlägerig ist, nicht mehr selbstständig besuchen.

Die Seniorennachmittage ihrer Kirchengemeinde kommen für Frau Blick nicht in Frage, weil der Raum nur über eine steile Treppe erreichbar ist. Zwar gibt es im Innern der Kirche eine weitere Treppe, die für sie überwindbar wäre, denn sie ist schmal, was bedeutet, die Besucherin könnte sich an beiden Seiten abstützen. Doch – hier kommt das geistige, nicht das bauliche Hindernis – man kann sich in der Gemeinde nicht überwinden, Frau Blick zuliebe die Kirchentür aufzuschließen.

Sie hat sich damit abgefunden. An Kontakt fehlt es ihr ohnehin nicht – und wer kann das schon von sich sagen mit Anfang 80, alleinstehend und gehbehindert? Wenn die Hausälteste im Gemeinschaftsraum ihres Wohnkomplexes auftaucht, wird sie geduzt und nicht selten umarmt, zum Beispiel, wie ich mitbekam, von einem spanischen Mitbewohner. Montagabends trifft sich der Canasta-Kreis zum Kartenspiel. Einmal pro Woche wird von einer Mitbewohnerin Mittagessen gekocht. Wer dabei sein will, muss sich nur am Tag vorher in eine Liste eintragen.

Sechzig Menschen, darunter 16 Kinder und Jugendliche, leben hier, teils in Sozialwohnungen, teils in Eigentumswohnungen. Aber von einem Geben und Nehmen zwischen Jung und Alt kann eigentlich keine Rede sein. »Ich komme gut zurecht«, schickt Dora Blick voraus, bevor sie mir die Situation erklärt. »Es helfen sich nur die Älteren untereinander. Von den Jüngeren hört man: Sag Bescheid, wenn wir etwas tun können. Aber die haben einen völlig anderen Lebensrhythmus.« Im Unterschied zu den Älteren verbringen sie tagsüber keine Zeit im Haus. Da ist es schwer, zusammenzukommen. Dora Blick und andere Seniorinnen scheuen sich, die Jüngeren um Hilfe zu bitten, nachdem die einen langen Arbeitstag hinter sich haben. Aber wichtiger ist, das entnehme ich ihren Ausführungen, dass sie in einer Nachbarschaft lebt, in der man sich grundsätzlich gegenseitig unterstützt. Die Mitglieder der Telefonkette allerdings, die sich durch tägliche Anrufe kontrollieren, damit Hilflosigkeit nicht unbemerkt bleibt, wohnen außerhalb des Hauses.

Ihre erwachsenen Kinder haben angeboten, die Mutter könne bei ihnen wohnen, aber Sohn und Tochter leben in anderen Städten, wo

Dora Blick sich fremd fühlen würde. Beide Seiten – die alte Mutter und die erwachsenen Kinder – fühlen sich erleichtert durch die Lösung, die gefunden wurde.

Sozialwohnung mit Wintergarten

Die 83-Jährige lebt in einer ausgesprochen schönen Umgebung mit Wintergarten und Blick ins Grüne. Ihre Sozialwohnung von 48 Quadratmetern hat Fußbodenheizung und ist, wie das ganze Haus, rollstuhlgeeignet, auch »barrierefrei« genannt. Dazu gehören eine Rampe zum Hauseingang hinauf, ein Aufzug und entsprechend breite Türen. Die Bäder sind ohne Hindernisse, auf eine Duschwanne wurde verzichtet.

Mit ihrem Beitritt in den Verein »Neues Wohnen im Alter« fand Dora Blick nicht nur ein interessantes Lebensthema und schließlich auch ihre kleine Traumwohnung, sondern es ergaben sich vor allem viele neue Bekanntschaften, aus denen teilweise Freundschaften wurden. Eine große Fotosammlung beweist, dass gemeinsame Feste und Ausflüge von Anfang an eine wichtige Rolle spielten, und so hat die Witwe die lange Wartezeit, bis endlich das Wohnprojekt verwirklicht war, nicht als frustrierend, sondern als belebend erfahren. Sie hatte allerdings auch keine Eile, denn sie wohnte währenddessen recht ordentlich, nur eben nicht optimal.

Es war die Zeit, als an vielen Orten Westdeutschlands über neue Wohnformen nachgedacht wurde. Aufbruchstimmung machte sich breit. In Nordrhein-Westfalen war das Interesse am größten, und die Gruppe, der Dora Blick angehörte, zählte zu den Vorreitern. Darum war auch ihr Weg, bis das Haus bezogen werden konnte, einer der längsten. Jede Menge Überzeugungsarbeit musste geleistet werden, die bürokratischen Hürden und persönlichen Animositäten waren zahlreich und schienen oft unüberwindlich zu sein. Inzwischen ist die Zeitstrecke von der ersten Idee eines kollektiven Wohnprojekts bis zum Einzug kürzer, aber fünf Jahre können es schon sein. Wer keine Geduld mitbringt, sollte gar nicht erst anfangen.

An den Voraussetzungen und den einzelnen Etappen hat sich bis heute wenig geändert: Eine Gruppe Gleichgesinnter tut sich zusammen. Man holt Beratung ein. Man gründet einen Verein. Man einigt sich über das Grundsätzliche der Konzeption. Sollen Jung und Alt zusammenleben, oder werden es ausschließlich Ältere sein? Werden nur öffentlich geförderte oder frei finanzierte Wohnungen angestrebt, oder soll es, wie im Projekt der Dora Blick, die Mischung bringen, und wenn ja, in welchem Verhältnis?

Zu diesem Zeitpunkt mag es günstig sein, sich jemanden an die Seite zu holen, der oder die sich mit Projektentwicklung auskennt. Wenn Unklarheit herrscht über die Wegstrecke und die Wegabschnitte, kann sich eine Gruppe endlos in Diskussionen verlieren. Ist das Grundsätzliche geklärt, beginnt die Suche nach einem Investor. Das kann ein Architekt oder eine Baugesellschaft sein. Ist der Investor, der künftig auch der Vermieter sein wird, gefunden, wird es ernst. Ein Finanzierungsplan muss erstellt werden. Dabei geht es unter anderem um Fragen, ob für Aufzug und Gemeinschaftsräume Fördermittel bzw. günstige Kredite zur Verfügung stehen, so dass sich die Kosten für die einzelnen Parteien in Grenzen halten. Danach folgt ein spannender und vielleicht auch heikler Abschnitt: die Suche nach einem geeigneten Grundstück. In dieser Etappe – und nicht erst bei der Beratung über Größe und Zuschnitt der Wohnungen – zeigt sich, ob die vielen unterschiedlichen Interessen und Bedürfnisse tatsächlich unter einen Hut zu bringen sind.

Der hier grob skizzierte Prozess ist in der Realität ungeheuer kompliziert und es bedarf eines langen Atems. Dass Vereinsmitglieder abspringen, wenn sich ihnen eine bessere und vor allem überschaubarere Lösung für ihr Wohnproblem bietet, kann nicht überraschen. Mit Recht ist Dora Blick stolz darauf, dass sie durchgehalten hat und sozusagen zu den Pionieren gehört.

Was Gruppen alles erreichen können

Auch von anderen Hausbewohnern erntet sie deshalb Respekt, zum Beispiel von Angelika Ebner*: »Es fasziniert mich, dass Menschen, von denen man das nicht erwartet, sich auf dieses Experiment einlassen.« Ihr eigener Hintergrund ist ein völlig anderer. Dass Gemeinsinn mehr schafft als individuelles Sich-Durchwurschteln, diese zentrale Erfahrung machte die heute 70-Jährige, als sie sich nach ihrer Scheidung zu einem Studium entschloss und mit ihrem damals 12-jährigen Sohn in ein Studentenheim zog. Die Einrichtung – zu diesem Zeitpunkt ein Novum im Universitätsleben – stand ausschließlich Elternstudenten und Alleinerziehenden mit ihren Kindern zur Verfügung. Wenn die Diplompädagogin davon erzählt, leuchtet ihr Gesicht auf: 120 Wohnungen, gute Beziehungen, ein Mieterrat, Sommerfeste, selbstbemalte Korridore. »Wir alle hatten damals eine tolle Zeit! Hätte ich nicht in diesem Haus gelebt, hätte ich nicht studieren können. Daher kommt mein Anspruch. Daher weiß ich, was gemeinsam möglich ist!«

Sie ist eine auffällig große Frau, die ruhig spricht und gut zuhört. Es ist leicht, mit ihr ins Gespräch zu kommen. Sie zeigt mir ihren Balkon, ein Gärtchen im fünften Stock, ein idyllisches Refugium mit Hängematte. Die Straße ist still, sie wird fast ausschließlich von Anliegern befahren. »Als man hiermit anfing, haben alle Leute gesagt, das ist viel zu kompliziert, Eigentümer und Sozialwohnungen zusammen – die gucken sich nicht an, das klappt nie ... Aber natürlich klappt das! Wir haben kaum Fluktuation im Haus.«

Wie sich herausstellt, war ihr beruflicher Schwerpunkt in jungen Jahren, bevor sie Pädagogik studierte, ein anderer gewesen: Design und Kunst. Ihre Identität als Künstlerin hat sie sich erhalten. Noch heute arbeitet sie gern an Objekten. In ihrem Wohnzimmer, in dem die Farben geradezu explodieren, fallen vor allem großformatige Masken ins Auge.

Sie ist viel in der Welt herumgekommen und pflegt bis heute Freundschaften im Ausland. Mit ihren Ausflügen in ein Künstlermilieu kompensiert sie, was ihr die Umgebung, in der sie sich eingerichtet hat, nicht bieten kann. Eine andere Wohnung könnte sie sich nicht leisten. In ihrem Beruf interessierte sie gesellschaftliches Engagement mehr als die Höhe des Gehalts. Ihre Rente ist bescheiden. Gelegentlich macht sie sich Gedanken über eine Zukunft, in der sie vielleicht nicht mehr so mobil sein wird. »Dann sitze ich womöglich in meiner schönen barrierefreien Wohnung und habe hier niemanden, mit dem ich über Kunst reden kann.«

Vielleicht, überlegt sie, könne sie ja eines Tages in ein Gemeinschaftsprojekt wechseln, dessen Initiatoren einen ähnlichen Hintergrund haben wie sie. Gerade unter Künstlern ist das Interesse an alternativen Wohnformen immer schon ausgeprägt gewesen. »Wir haben hier im Haus alle nicht lebenslänglich«, stellt sie fest. Es kann also sein, dass sie ihre Anschrift noch einmal ändern wird.

Zwangsläufig hat Angelika Ebner in den langen Jahren ihres Engagements für das Wohnprojekt ein enormes Wissen angehäuft. Dies zusammen mit ihrer Erfahrung gibt sie gern an Gruppen weiter, die sich noch im Frühstadium befinden. Das Interesse an derartigen Vorhaben wächst von Jahr zu Jahr, stellt sie auf Grund der Anfragen fest. Obwohl der Weg inzwischen leichter ist, weil die Pioniere bereits viele Hindernisse aus dem Weg geräumt haben, bleibt das Verfahren grundsätzlich kompliziert. Konfliktpotential ist reichlich vorhanden. Ohne Beratung, weiß die Pädagogin, geht es nicht.

Sie hat keine Scheu, den Anfängern einen Kommunikationskurs nahezulegen oder in festgefahrenen Situationen darauf hinzuweisen, man könne auch einen Konfliktmanager engagieren. Neulinge werden von ihr gewarnt: »Glauben Sie nur nicht, dass die Schwierigkeiten eines Tages von selbst verschwinden. Bei der Vereinsgründung ist es genauso wie später. Alles Ungeklärte bleibt hängen und meldet sich wieder, auch wenn Sie gemeinsam unter einem Dach leben.«

In einer Gruppe ist es wie in der Partnerschaft: Gelingt es nicht, Streitigkeiten immer wieder aufzulösen, breitet sich Beziehungsgift aus. Alle guten Vorsätze verblassen.

Für die Pädagogin ist das Wissen über Sozialverträglichkeit und Kommunikation Teil einer geistigen Ausstattung, die möglichst allen Beteiligten zur Verfügung stehen sollte. In ihren Augen ist es kein Makel, wenn jemand auf diesem Gebiet schwächelt, aber ein Jammer, wenn er nichts dagegen unternimmt. Sozialkompetenz lässt sich zum Glück erwerben, und darin liegt, wie Angelika Ebner meint, eine große Chance. Aber viele Interessenten halten die Teilnahme an entsprechenden Seminaren für Zeit- und Geldverschwendung, weil sie nicht an den Gewinn glauben.

Immer wieder stellt sie in ihren Beratungen fest, wie schlecht Menschen einander zuhören, obwohl jedem die Folgen theoretisch bekannt sind, nämlich Missverständnisse. Genau hinzuhören – Fachbegriff: aktives Zuhören – lässt sich erlernen, doch meistens sind gerade diejenigen, die sich selbst am liebsten reden hören, der Meinung, so etwas hätten sie nicht nötig. Anderen wiederum gelingt es nicht, klar auszudrücken, was sie wollen und was nicht. Wieder andere wachen geradezu aggressiv darüber, dass sie ja nie zu kurz kommen.

Berge von Arbeit ohne Bezahlung

Der Wunsch, gemeinsam ein so aufwändiges Projekt auf die Beine zu stellen, sollte bei allen Beteiligten in etwa gleich stark ausgeprägt sein. In der Realität ist das nicht so. Am Ende mag es sein, dass vielleicht nur noch drei Personen übrig bleiben, die das Wesentliche managen und dabei Berge von Arbeit bewältigen müssen, unbezahlte Arbeit, versteht sich.

Umso mehr erstaunt es, dass allein in NRW über 50 Gemeinschaftshäuser stehen. Angelika Ebner wundert das allerdings nicht. »Die Zeit ist einfach reif für derartige Projekte. Auch Investoren erkennen zunehmend die Attraktivität. Es hat sich herumgesprochen: Das sind tolle Mieter!« Ein Problem sieht sie darin, dass in ihrer Hausgemeinschaft das Engagement erheblich nachgelassen hat. Nicht alle Leute, stellt sie fest, fühlten sich noch an das gebunden, was sie sich einmal auf ihre Fahnen geschrieben hätten.

Eigentlich dürfte auch das nicht überraschen, handelt es sich doch um den üblichen Prozess in Gruppen und beruflichen Teams, die über viele Jahre zusammen sind. Eine gewisse Ermüdung gehört zum natürlichen Gang der Dinge. Auch anderes lässt sich nicht aus der Welt schaffen: dass sich für einen Menschen im Laufe der Jahre durch eine Veränderung der Lebenssituation die Prioritäten verschieben können: Enkelkinder zum Beispiel oder ein neuer Berufsstart verlangen mehr Zeit. Der nachlassende Gemeinsinn mag aber auch damit zu tun haben, dass für einige Mieter ein Ortswechsel erforderlich war und anstelle der »alten Hasen« »Frischlinge« nachrückten. Ihnen fällt es schwer – einige sehen womöglich auch die Notwendigkeit nicht ein –, sich eine Konzeption zu eigen zu machen, an deren Entstehung sie nicht beteiligt waren. Vielleicht glauben sie auch, sie hätten das Ihrige beigetragen, wenn sie sich um gute Kontakte zu den einzelnen Bewohnern bemühen. Womöglich empfinden sie auch den einen oder anderen aus der Gründergeneration als Wichtigtuer, wenn der nicht aufhört, bei jeder Gelegenheit den großen Zusammenhalt vergangener Zeiten zu loben. Ständig wiederholte Sätze wie »Als in unserem Gemeinschaftsraum noch jede Woche Party war …« wirken auf Neulinge nicht ermunternd, sondern irritierend. Wie lautet die Botschaft? Sollen sie mehr Zeit und Ideen in Gruppenaktivitäten investieren?

Jüngere mögen es nicht, wenn sie – tatsächlich oder vermeintlich – von Älteren unter Druck gesetzt werden. Man kennt es aus anderen sozialen Bezügen: Ein Firmengründer zählt die Stunden nicht, die er in seinem Betrieb verbringt. Denn die Firma ist sein Kind, er hat es auf die Welt gebracht und großgezogen. Kein Wunder, dass sein Einsatz weit größer ist, als es der seiner Nachfolger je sein wird.

Der Stolz der Gründer

Die Hausbewohner der ersten Generation sahen sich mehr oder weniger durch Freud, Leid und Erfolg der langen Vorgeschichte geprägt. Für viele bedeutete die Hausgemeinschaft eine Errungenschaft, die sie mit Stolz erfüllte und die sie, bei allen Differenzen, auch ideell miteinander verband. Dadurch fiel es ihnen auch leichter als ihren Nachfolgern, individuelle Enttäuschungen zu verkraften. Sie konnten es auch besser aushalten, wenn eine ihrer Ideen bei der Mehrheit nicht auf Gegenliebe stieß.

Dennoch, davon ist Angelika Ebner überzeugt, gibt es engagierte und weniger engagierte Bewerber für die attraktiven Wohnungen. Die Kunst besteht darin, die einen von den anderen zu unterscheiden. Dafür, meint sie, gebe es durchaus Kriterien. Geeignet seien Menschen, die es grundsätzlich gut fänden, in Interessensgemeinschaften eingebunden zu sein – denen man also nicht erst begreiflich machen müsse, dass Zusammenhalt über Identifikationsfelder entsteht.

»Ich empfehle den Gruppen, schon bei der Gründung zu überlegen, in welchen Organisationen sie ihre Hobbys oder politischen Überzeugungen mit anderen teilen, und dort auf die jungen Aktiven zuzugehen. Nur nach Sympathie zu urteilen, bringt nichts. Man muss sich einfach klar machen: Die Qualität der Hausgemeinschaft entspricht nun mal der Belegung.«

Sie bedauert sehr, dass in ihrem Wohnprojekt die Meinungen darüber, was unter Qualität zu verstehen sei, auseinander gehen. Nur miteinander zu reden aber nichts mehr miteinander zu unternehmen, mag oberflächlich der Harmonie dienen, den Gemeinsinn fördert es nicht.

Eine Frau zieht sich zurück

Clarissa Scholz*, 40 Jahre alt, Kinderkrankenschwester, gehört zu den Jüngeren, die sich aus der Hausgemeinschaft zurückgezogen haben. Sie sagt, sie verweigere inzwischen den monatlichen Beitrag für den Gemeinschaftsraum. Rechtlich sei sie dazu auch nicht verpflichtet. Bestimmte Probleme, deutet sie an, seien nicht mehr zu klären gewesen. Offenbar gab es eine Hausversammlung, in deren Verlauf sie sich nicht nur angegriffen sondern auch bloßgestellt gefühlt habe. Über den Inhalt der Auseinandersetzung sagt sie nichts.

Aus der Zeitung hatte sie damals von dem Projekt erfahren. Das war kurz vor Baubeginn. Die junge Mutter bewarb sich und konnte zwei Jahre später mit ihren zwei kleinen Kindern einziehen. Heute sind sie Jugendliche, die schon sehr ihr eigenes Leben führen. Feste Essenszeiten, verrät mir Clarissa Scholz, habe sie gestrichen.

Meine erste Frage ist, ob denn ihre Kinder von der Wohnkombination Alt und Jung profitiert hätten. Ihr »Nein« kommt wie aus der Pistole geschossen. An der Planung des Ganzen seien keine Jüngeren beteiligt gewesen, erläutert sie, mit der Folge, dass Entscheidendes nicht mitbedacht wurde. Zum Beispiel sind alle Wohnungen zur Hofseite von den Älteren belegt. »Wenn unsere kleinen Kinder dort spielten, mussten wir Eltern uns immer dazusetzen. Für uns gab es keine Fenster zum Hof, die uns ein ruhiges Gefühl vermittelt hätten, weil man ja jederzeit im Blick hat, was da unten geschieht.«

An Kinderbetreuung hatte sie damals keinen Bedarf. Ihre Mutter lebte in der Nachbarschaft und ist immer gern eingesprungen, wenn es darum ging, die Enkel zu hüten. Clarissa Scholz betont, sie habe immer wieder den älteren Mitbewohnern gesagt, sie helfe gern. »Zum Beispiel habe ich einer Frau mehrfach angeboten, ihr die Fußnägel zu schneiden. Aber sie hat sich nie bei mir gemeldet, und man selbst will sich ja nicht aufdrängen.«

Das Klima im Haus bezeichnet sie als gut. Mit der einen Partei kommt sie besser, mit der anderen schlechter aus. Im Grunde beschreibt sie eine ganz normale Hausgemeinschaft, in der man sich über viele Jahre kennt. Der Unterschied ist nur, dass man sich hier duzt. Gern erinnert sie sich an den heißen Sommer 2003, als niemand schlafen konnte. Die Bewohner saßen bis spät in der Nacht im Garten, den sie in Gemeinschaftsarbeit angelegt hatten.

Als ihr Sohn zum Jugendlichen herangewachsen war, fragte er, ob es möglich sei, im Garten einen Basketballkorb zu installieren. Mit einer Ablehnung hatte er nicht gerechnet, denn unter einem Vordach wurde ja auch Tischtennis gespielt. »Aber die Inhaber der Eigentumswohnungen haben es nicht gewollt«, erzählt seine Mutter. »Und die haben mehr zu sagen als der Rest der Hausgemeinschaft. Es wurde auch verboten, dass wir unsere Fahrräder unter dem Vordach abstellen.«

Während sie mich durch die Wohnung führt, fällt ihr etwas ein und sie lacht auf. »Das hätten Sie miterleben müssen«, sagt sie. »Als meine Tochter zehn war, hat sie häufig mit Freundinnen Duschpartys gefeiert. Das barrierefreie Badezimmer ist eine unglaubliche Attraktion für die Mädchen gewesen.«

Entspannen auf der Dachterrasse

Zum Entspannen setzt sich Clarissa Scholz nicht in den Garten, sondern auf die Dachterrasse. Dort oben sei es herrlich, schwärmt sie, und sie werde von niemandem gestört.

Wohnen bedeutet vor allem Freizeit. Menschen wollen sich entspannen und in erster Linie machen, was sie am liebsten tun. Man kann sie nicht über einen Zeitraum von mehreren Jahren zu einem bestimmten Sozialverhalten verpflichten.

Nichts ist von Dauer. Auch Beziehungen verändern sich, mal zum Schlechteren, mal zum Besseren. Nicht einmal Clarissa Scholz könnte hundertprozentig ausschließen, ob es ihr nicht doch eines Tages auf der Dachterrasse zu langweilig wird. Vielleicht taucht sie ja irgendwann wieder mit einer guten Idee im Gemeinschaftsraum auf.

Je ehrgeiziger ein Wohnprojekt ist, je mehr Beteiligte, je größer der finanzielle Einsatz, je stärker das Interesse der Medien und je höher der Anspruch, gesellschaftlicher Vorreiter zu sein, desto eher stellt sich die Frage, ob der ganze Einsatz sich überhaupt gelohnt hat. Ständig werden Erwartung und Realität aneinander gemessen. Auf diese

Weise verliert die Idee, auf der das Ganze gründet, an Integrationskraft. Das ganze System gerät leicht aus der Balance, allerdings findet es auch immer wieder eine Balance.

Das gemeinsame Wohnen ist ein stabilisierender Faktor – egal, ob Alt und Jung ein enger Kontakt verbindet oder ein eher oberflächlicher. Was geschieht oder nicht stattfindet, hängt von den Bedürfnissen der einzelnen Mieter ab und lässt sich nicht steuern. Gewiss gibt es Mütter, für die es ein Glücksfall bedeuten würde, könnten sie für ihre Kinder eine Oma adoptieren. Ein Baseballkorb wird in einer anderen Bewohner-Konstellation vielleicht sogar als Bereicherung empfunden, weil es einfach schöner ist, junge Menschen unter dem eigenen Fenster beim Sport zu erleben als im Fernsehen.

Das Miteinander von Jung und Alt als Option bereitzustellen macht Sinn, und es wird auch Zukunft haben.

Kapitel 9
Alten-WG
Der Himmel über Dresden

Ein warmes Nest im achten Stock

Wer sich zum ersten Mal dem gigantischen Wohnkomplex nähert, schaut unweigerlich nach oben. Man fühlt sich wie erschlagen von der eintönigen Fassade. Hier sollen Menschen leben? Es fällt schwer, sich auszumalen, dass im Inneren Essen gekocht, Kacheln gewischt und Kinder gezeugt werden. Und doch bewegt sich etwas: Auf halber Höhe sind zwei Menschen zu erkennen, deren weiße Haare Signalwirkung haben. Sie winken. Ich bin an der richtigen Adresse. Michelangelostraße 11, Dresden, sanierter Plattenbau. Ironisch klingen die großen Namen der Kunst auf den Straßenschildern in Verbindung mit maßloser Gleichförmigkeit. Michelangelo, dem wir die grandiose Kuppel des Petersdoms in Rom verdanken, würde in seinem Grab aufstöhnen, wenn er von derartigen Entgleisungen in der Architektur Kenntnis erhielte. Gleich mehrere Riesenquader, je 16 Geschosse, wurden in den Siebzigerjahren hochkant auf einem flachen Hügel im Stadtteil Räcknitz errichtet.

Der Dresdner Architekt Horst Witter, damals im Planungsbüro eines Baukombinats angestellt, erinnert sich, man habe die großen Plattenbauten als Typen entwickelt, weil optische Dominanz erwünscht gewesen sei. Die Fabrikation von Platten lief schnell auf Hochtouren – und irgendwann aus dem Ruder. »Es war wie beim Zauberlehrling«, beschreibt Witter die Situation. »Es gab diese Überproduktion der vorgefertigten Bauteile. Nur, wohin damit? Also kam von der städtebaulichen Planung die Anweisung, so schnell wie möglich herauszufinden, wo neue Plattenbauten errichtet werden könnten.« Ob sie ins Stadtbild passten oder nicht, war von untergeordneter Kategorie. Im internen Sprachgebrauch war in diesem Zusammenhang spöttisch von »Havariestandorten« die Rede gewesen: Der Schadensfall war nicht wie üblich durch einen Unfall oder eine Katastrophe entstanden, sondern durch nicht mehr zu bremsende Tatkraft in der Produktion.

Wie sich kurz darauf herausstellt, sind es Dorothea Nagel und Karl-Heinz Röttjer gewesen, die auf dem Balkon meine Ankunft erwartet haben. Sie bekommen häufig Besuch von Fremden und wissen deshalb, wie leicht der Eingang zu übersehen ist. Der Grund für so viel Neugier ist der Tatsache zu verdanken, dass sie seit fünf Jahren zufrieden in einer Altenwohngemeinschaft leben, und da stellt sich natürlich die Frage: Wie machen sie das?

Aber die erste Frage taucht schon am Eingang auf. Wo muss ich hin? Unmöglich, sich bei 160 Klingelschildern zurechtzufinden. Zum Glück kommt aus der Gegensprechlage Orientierung: »Fahren Sie bitte in den 8. Stock!« Danke.

Wie soll ich meine Ankunft beschreiben? Am ehesten so: Ich komme in ein warmes Nest. Es begrüßen mich fünf Frauen und ein Mann, die sich offenbar unter der Überschrift zusammengefunden haben: Wir machen uns ein gutes Leben.

Der Kaffeetisch ist gedeckt. Der Himmel über Dresden zeigt sich von seiner dramatischen Seite. Womöglich zieht ein Gewitter auf. In der Gemeinschaft dagegen ist während meines Aufenthalts von Spannungen nichts zu spüren. Dorothea Nagel, 72 Jahre alt und früher Horterzieherin, bringt es für sich auf den Punkt: »Hier zieh ich nicht mehr aus, hier muss man mich in der Kiste raustragen …«.

Die Operettensaison beginnt

Frau Nagel hat der Runde etwas mitzuteilen. Die Abonnement-Tickets für die Operette sind eingetroffen. Gemeinsam besuchen sie die Aufführungen, wie auch eine Reihe anderer Veranstaltungen. Dresden hat in Sachen Kultur ja viel zu bieten. »Das Schöne ist«, sagt Irene Rostalski, »wenn da jemand ist wie Dorothea, die das organisiert. Man selbst würde es vielleicht immer nur aufschieben.« Sie ist 75 Jahre alt und sechsfache Mutter. Sie habe keinen Beruf, aber viele Berufe ausgeübt, sagt sie über sich während der Vorstellungsrunde. Zum Beispiel war sie Arbeiterin in einer Spielzeugfabrik. Später ist sie auf EDV umgeschult worden. Die Heimarbeit bot ihr die Möglichkeit, ihren inzwischen verstorbenen Mann zu pflegen. Da liegt es nahe zu fragen, ob sie denn hier ihren Mitbewohnern den Umgang mit dem Computer beigebracht hat? Nein, hat sie nicht. Beim Umbau zur Altenwohnung ist an einen Internetanschluss nicht gedacht worden. Die Runde am Kaffeetisch findet das manchmal bedauerlich, aber gut, man kann eben nicht alles haben.

Irene Rostalski ist übrig geblieben von einer Wohngemeinschaft, die nicht funktionierte. Wie sich im Nachhinein herausstellte, waren die Absprachen in Gelddingen zu ungenau gewesen. »Wenn Sie vorher nicht alles festlegen, bis in jedes Detail«, erläutert Dorothea Nagel, »dann kriegen Sie keinen Frieden in die Gruppe.«

Der Hintergrund: Viele Menschen, und gerade solche, die in ihrer Kindheit und Jugend bittere Not erlitten oder in lieblosen Verhältnissen aufwuchsen, haben große Angst, zu kurz zu kommen. Diese Angst kann eine Gemeinschaft auf Dauer sprengen. Menschen, die davon befallen sind, geben einfach keine Ruhe, wenn sie glauben, finanzielle Nachteile zu haben. Die Summe mag gering sein, egal, es geht ums Prinzip. »Ein Herr wollte das bis auf einen Cent ausgerechnet haben«, erinnert sich Irene Rostalski. »Begründung: Vom ihm stehen ja nur drei Bierflaschen im Gemeinschaftskühlschrank, also verbraucht er weniger Strom als die anderen …« Der Hauptfehler ist, im Zusammenhang mit Gemeinschaftskosten zu denken: Es kann sich doch höchstens um ein paar Euro handeln, da wird man sich schon einig werden … Aber genau das, meint Frau Rostalski, erweise sich dann als Sprengstoff. »So was muss unbedingt vorher geklärt werden. Hier ist ein einstimmiger Beschluss nötig.«

Da sind die beiden Waschmaschinen, die im Gemeinschaftsbad angeschlossen sind, weil ihre Besitzerinnen in ihren eigenen vier Wänden keinen Platz haben. Aus den schlechten Erfahrungen anderer klug geworden, haben die Mitglieder der Alten-WG Michelangelostraße eine interessante Lösung gefunden: Dorothea Nagel begleicht von ihrem Konto aus die Stromrechnung für die ganze Wohnung und bekommt von den einzelnen einen vorher sorgfältig eingeschätzten Pauschalbetrag überwiesen. Für jeden Waschgang im Gemeinschaftsbad stecken die beiden Frauen zusätzlich einen Euro in eine Kasse. Zeigt sich dann bei der Jahresabrechnung, dass Frau Nagel mehr bezahlt hat als die anderen, bekommt sie die Differenz aus der Wäschekasse ersetzt. Was übrig bleibt, wandert in die gemeinsame Kaffeekasse.

Ja, so kann man es machen. Doch eine anderer Aspekt irritiert mich geradezu: Muss denn jede Partei ihre eigene Waschmaschine haben? Allgemeines Kopfnicken. Auch das, erfahre ich, vermeide Konflikte. Bei den Staubsaugern ist man allerdings großzügiger. Davon sind ebenfalls sechs Stück vorhanden. Aber wer die Tür zur Abstellkammer öffnet, greift sich einfach das Gerät, das am nächsten steht.

Ihre Wohnsituation, die sich nun schon seit fünf Jahren bewährt, verdankt das halbe Dutzend dem Verein »Alt-Werden in Gemeinschaft e.V.«, kurz AWiG. Er wurde 1995 gegründet und hat mittlerweile in Dresden fünf Wohngemeinschaften bzw. Gemeinschaftshäuser ins Leben gerufen. Und so stellt sich der Verein auf seiner Homepage vor: »AWiG e. V. organisiert und begleitet Wohngemeinschaften für Menschen, die nicht einsam, fremdbestimmt, sondern selbstständig in Gemeinschaft leben wollen.« Der Verein führt Menschen zusammen, die nicht länger in einem Einzelhaushalt leben möchten. Ihr Bedürfnis lässt sich mit den Worten zusammenfassen: »Nicht allein und … nicht ins Heim.«

Die Projekte basieren auf einer überschaubaren Konstruktion und, ebenso wichtig, Konzeption. Ehrenamtliche Mitarbeiter von AWiG suchen geeignete Wohnobjekte und verständigen sich mit den Bauträgern über die erforderlichen Umbaumaßnahmen und die Höhe der Miete. Sie muss sozialverträglich sein, denn die älteren Menschen in den neuen Bundesländern verfügen oft nur über ein geringes Einkommen, weil sie keine Möglichkeit hatten, für ihr Alter finanzielle Vorsorge zu treffen. Die AWiG wirbt mit »altersgerechten Wohnungen«. Sie umfassen etwa 250 bis 300 Quadratmeter. Innerhalb dieser Wohnung verfügt jedes Mitglied der Gemeinschaft über ein eigenes Appartement, das mit Telefon- und Fernsehanschluss, Miniküche und einem winzigem Duschbad ausgestattet ist. Darüber hinaus stehen allen Bewohnern ein Gemeinschaftswohnraum, eine größere Küche und ein behindertengerechtes Bad zur Verfügung. Letzteres ist für vorübergehend erforderliche oder spätere Pflege sehr wichtig. Bei so viel Gemeinschaftsfläche stehen jedem Mitglied innerhalb der Wohnung über 100 Quadratmeter zur Verfügung, obwohl nur etwa

40 Quadratmeter gemietet wurden. Das ist für ältere Menschen, die mehr auf die Wohnung angewiesen sind als jüngere, ein großer Gewinn. Vermieter ist der Bauträger bzw. die Wohnungsgesellschaft. Jeder Bewohner erhält seinen eigenen Mietvertrag. Für die Gemeinschaftsräume wird die Miete anteilig von allen getragen. Öffentliche Zuschüsse gibt es nicht, es sei denn, es handelt sich um Sozialwohnungen.

Meine Dresdner Gastgeber sind mit dem Setting einverstanden. AWiG verdanken sie viel, dennoch fühlen sie sich unabhängig. Von Seiten des Vereins wird betont, wie wichtig eine einjährige Phase des gegenseitigen Kennenlernens sei. Aber die Gruppe in der Michelangelostraße hält das für unpraktisch und überflüssig und hat sich deshalb nicht reinreden lassen. Hier hat man die Erfahrung gemacht: Ob jemand passt oder nicht, das kann sich nur im Ernstfall erweisen. Das ist einfach Glückssache.

Wenn eine Wohnung frei wurde, wird mir berichtet, habe man selbst den neuen Mieter ausgewählt, und der sei nach wenigen Begegnungen eingezogen. So ist es auch Dorothea Nagel gegangen. »Ich habe hier vier Mal Kaffee getrunken, und dann war ich drin!«

Eine existentielle Entscheidung

Anita Schmidt, Jahrgang 1930, sagt, sie habe sich innerhalb von dreißig Minuten entschieden. »Die Maler waren gerade draußen, da bin ich eingezogen«, erzählt die Witwe, die früher eine Betriebsküche leitete. Auch ihre beste Freundin aus Kindertagen schloss sich der Wohnidee an. Mit 79 Jahren ist die frühere Säuglingsschwester Susanne Reißmann die WG-Älteste.

Schnell entschieden war auch Karl-Heinz Röttjer, 1932 geboren, Vater von vier Kindern. Er las in der Zeitung, bei AWiG sei noch eine Wohnung zu vergeben. Der Verein vermittelte einen Vorstellungstermin in der WG und schickte Röttjer mit der Warnung auf den Weg, es könne schwierig werden, denn die Damen hätten ihren sehr eigenen Kopf. Der gelernte Uhrmacher erinnert sich schmunzelnd: »Man saß am Kaffeetisch – genau wie wir jetzt – und ich wurde beschnarcht, ob ich tauglich bin. Dass hier nur Frauen wohnen, hat mich nicht abgeschreckt, im Gegenteil. Ich dachte: Wenn mich die fünf Frauen mögen, dann will ich hierhin.«

Es war nicht seine erste Bewerbung. Zu einem früheren Zeitpunkt hatte er sich bei einer anderen Gemeinschaft vorgestellt und sich schnell wieder verabschiedet. Denn dort herrschte ein strenger Wind. Jeden Mittag um 12 wurde gemeinsam gegessen, mit Tischgebet. Er fragte die fünf Frauen, ob bei ihnen Vergleichbares zu erwarten sei, aber sie lachten nur und meinten, bei ihnen gebe es kaum Regeln. »Gott sei Dank«, entfuhr es dem Mann. »Ich bin nämlich Atheist.« Wieder lachten die Frauen. Offenbar war er nicht die einzige Person am Tisch, die dem Christentum fernsteht.

Am Anfang hatte der Verein – laut Röttjer eine »christlich angehauchte« Gruppierung – versucht, den Wohngemeinschaften Vorschriften zu machen. Das Tischgebet gehörte dazu, wahrscheinlich aus der Idee heraus, Rituale könnten eine Gemeinschaft stärken. Dass sich die fünf Frauen dagegen erfolgreich zur Wehr setzten, imponierte Röttjer. »Die sagten mir: ›Das machen wir nicht. Wir lassen uns in keine Regeln reinzwängen, wir sind alt genug.‹«

Er war erleichtert. Von Bevormundung hatte er schlichtweg die Nase voll. Vier Jahren wohnte er in einem Altenheim und wollte dort wieder fort. Er wusste nur nicht, wohin. Nach seiner Scheidung war er in eine Einraumwohnung im Plattenbau gezogen. »Aber dort bin ich an Einsamkeit kaputtgegangen«, legt er offen. »Ich bin regelrecht krank geworden.«

Sie werden immer jünger

Während er seine Geschichte erzählt, wird rundum Zustimmung genickt, denn gäbe es ihre Wohngemeinschaft nicht, blieben auch für die anderen nur zwei Alternativen übrig: Vereinsamung oder Heim. Für die Jüngste in der Runde, Sylvia Behrends, 1948 geboren, käme nicht einmal mehr das Alleinleben in Frage. Als Parkinson-Patientin kann sie sich selbst nicht mehr so gut versorgen. Sie ist geschieden, ihre Tochter lebt im Ausland. Die Ingenieurin legte den weitesten Weg zurück, um sich der Gemeinschaft in Dresden anzuschließen. Sie verließ ihre Heimat Potsdam und hat es nie bereut. »Die Mitbewohner geben mir viel Halt. Das Leben hier hat mich gestärkt«, sagt sie. »Als ich hier einzog, war ich weniger stabil.« Aber auch den anderen geht es besser. Man sieht es auf Fotos beim Vorher-Nachher-Vergleich: Sie werden immer jünger.

Anita Schmidt bestätigt: »Auch meine Tochter meint: Mutti wird immer jünger.« Sie hat das Angebot, in das Haus ihrer Tochter zu ziehen, abgelehnt. Die lebt in Mecklenburg-Vorpommern auf dem Land. Ohne Auto sitze man dort fest, sagt Frau Schmidt, sie selbst wäre also bei Unternehmungen immer darauf angewiesen, sich von ihrer Tochter kutschieren zu lassen. Keine gute Konstellation und anstrengend für beide Seiten. Schließlich will man doch die Beziehungen in Familien schonen und nicht überstrapazieren ... Davon abgesehen, fügt Frau Schmidt hinzu, sei sie in Dresden geboren, sie habe die Zerstörung und den Wiederaufbau der Stadt miterlebt und sie wolle in Dresden sterben.

In der Wohngemeinschaft weiß man: Wirklich gute Alternativen für das, was man hat, sind nicht in Sicht. Das fördert die Kompromissbereitschaft. Was darüber hinaus die Zufriedenheit der Gruppe ausmacht, ist vielleicht gar kein so großes Geheimnis. Man fühlt sich relativ unabhängig und doch in Gemeinschaft. Regelmäßige gemeinsame Essenszeiten gibt es nicht. Jemand hat Lust, für alle zu kochen, und fragt die anderen, wann es ihnen zeitlich passt. Sie haben die Erfahrung gemacht: Je weniger Regeln, je mehr Freiwilligkeit, desto besser die Beziehungen. Gegenseitige Kontrolle finden sie dann gut, wenn sie das Gefühl von Sicherheit stärkt. Wer seine Wohnung in der Frühe verlässt, informiert darüber mit einem Zettel an der Tür. Fehlt der Zettel, wird ab 10 Uhr im Appartement überprüft, was los ist. Es könnte ja sein, dass jemand hilflos auf dem Boden liegt. Grundsätzlich besteht die Abmachung: Bis zu einem gewissen Grad an Hilfsbedürftigkeit kann jedes Mitglied in der Gemeinschaftswohnung bleiben – vorausgesetzt, die Betreuung wird durch einen Pflegedienst übernommen.

Die Kinder fühlen sich entlastet

»Auch unsere Kinder finden unsere Lösung Klasse! Die sind beruhigt«, versichert Anita Schmidt. Die Jüngeren fühlen sich nicht verpflichtet, Abwechslung in das Leben der Älteren zu bringen, denn das besorgen sie selbst. Zum Beispiel, wenn sie das Bedürfnis überfällt, »gemeinsam zum Eisbecher zu streben«, wie Herr Röttjer sich ausdrückt. Ziel sei dann das »Venezia« mit seinem vorzüglichen Diabetikereis. Anlässe zum Feiern sind reichlich vorhanden: Geburtstage, Muttertag, Frauentag. Einige Wochen vor Weihnachten befragen sie ihre Kalender und legen ihre Familienbesuche möglichst auf denselben Tag. Die Feste in der Wohngemeinschaft will man nicht versäumen, schon gar nicht Sylvester, wenn sich der Himmel über Dresden mit Raketenzauber füllt.

Wer die Attraktivität dieses Zusammenlebens erkundet, muss den Himmel von Dresden hinzuzählen. »Die Regenbögen müssten Sie von hier oben erleben!«, schwärmt Sylvia Behrends. Für sie ist der Ausblick vom achten Stockwerk ein wahrer Segen. Stundenlang, verrät sie mir, kann sie hinausschauen und die Veränderungen der Wolken beobachten. Sie zeigt mir Fotos von Sonnenuntergängen und Sonnenaufgängen. Einmal gelang ihr ein Schnappschuss von drei Heißluftballonen über dem Häusermeer – weit im Hintergrund, aber erkennbar, das Altstadtpanorama.

Ein bisschen entschädigt sie das Himmelsspektakel dafür, dass sie, die an der Parkinsonschen Krankheit leidet, nicht mehr so oft das Haus verlassen kann. Ihr Zustand ist schwankend. Sie geht nur dann in die Stadt, wenn sie den Eindruck hat, sie könne es schaffen. Reicht die Kraft nicht, lässt sie sich mit dem Taxi heimbringen. An Gemeinschaftsausflügen, die mit längeren Fußmärschen verbunden sind, nimmt sie nicht mehr teil. Weil sie häufiger Pause machen muss, hat sie Angst, den anderen zur Last zu fallen: »Ich weiß, sie wollen mich gern mitnehmen, aber das kann ich niemandem zumuten ...«

»Ist doch Quatsch«, meint Frau Schmidt.

»Nein, das ist kein Quatsch«, widerspricht Frau Rostalski, die gehbehindert ist. »Stecke du mal in unserer Haut, dann merkst du es ... Man fühlt sich auf Dauer nicht wohl, wenn die anderen ständig Rücksicht nehmen müssen.« Frau Behrens nickt zustimmend und sagt, sie bestehe aber darauf, dass ihr hinterher detailliert von den Erlebnissen des Ausflugs berichtet werde.

Die Vierergruppe, die noch gut zu Fuß ist, macht gern gemeinsam Urlaub. Sie reisten in den Harz, an die Mecklenburgische Seenplatte, nach Breslau, Schweden, Kroatien und Ungarn. Wer mit mehreren

Menschen zusammenlebt, hat gute Chancen, Partner für spezielle Vorlieben zu finden. Sylvia Behrends und Susanne Reißmann spielen Schach, zwei andere basteln zusammen, wieder andere ziehen gemeinsam los, um sich ein Reitturnier oder eine Eisrevue anzuschauen. Für alle gilt die Erfahrung: Man ist aktiver, wenn man nicht allein wohnt. Abends ist man dann rechtschaffen müde und zieht sich in seine eigenen vier Wände zurück. Wer Mitbewohner hat, achtet auch mehr auf sein Äußeres und käme nicht auf die Idee, den ganzen Tag im Bademantel herumzulaufen.

Unlösbare Probleme gab es noch nicht

Tauchen Schwierigkeiten auf, werden sie möglichst umgehend besprochen. Unlösbare Probleme, erfahre ich, habe es bislang nicht gegeben. Aber das nehme ihnen niemand so recht ab. (Ich schon, und ich drücke ihnen die Daumen, dass es noch eine Reihe von Jahren so bleibt.) Häufig kommen Gruppen zu Besuch, die Ähnliches planen. Die letzten Interessenten stammten aus dem sächsischen Hoyerswerda. Ein Modell hat sich bewährt und findet viele Nachahmer. Allerdings haben meine Gastgeber Zweifel, ob es für Westdeutsche taugt. Der Zusammenhalt, davon sind sie überzeugt, ist im Osten größer. Sie meinen: Ist doch klar – wer eine kleine Rente hat, für den ist eine Wohngemeinschaft finanziell günstig. Der ist eher bereit, auch Nachteile in Kauf zu nehmen, als jemand, der über ein gutes Polster im Alter verfügt. »Außerdem sind wir ein anderer Menschenschlag«, erklärt Dorothea Nagel. »Gemeinschaft haben wir 40 Jahre genossen. Das prägt!« Und Karl-Heinz Röttjer bestätigt: »Wir haben in der DDR in Kollektiven gearbeitet, wo man sich eingeordnet hat. Das ist für unsere Situation hier natürlich positiv. Wir sind einfach pragmatischer als die im Westen.«

Gelegentlich werden mit Besuchern die sogenannten »altersübergreifenden« Modelle diskutiert. Dann wird gefragt, ob denn kein Mangel herrsche an Kontakten mit Jüngeren. Nein, lautet die Antwort, sie hätten ja alle Familie, da seien die Kinder und Enkel und der Freundeskreis der Kinder und Enkel. Außerdem hätten sich ja noch Verbindungen aus dem Berufsleben erhalten. Das Haus selbst wird überwiegend von Älteren bewohnt. Vielfach handelt es sich noch um die

Erstmieter aus den Siebzigerjahren. 160 Parteien verteilt auf 16 Etagen – da besteht grundsätzlich wenig Kontakt mit anderen. Es dominiert das anonyme Nebeneinander, wie es für Massenwohnanlagen typisch ist. Als die Wohngemeinschaft in der Michelangelostraße ihren fünften Geburtstag feierte, lud sie zu einem Tag der Offenen Tür ein. Tatsächlich kamen auch einige Hausbewohner, und es wurde deutlich, dass es für den geringen Kontakt noch einen anderen Grund gab: Man hatte die neuen Mieter im achten Stock für eine Sekte gehalten. Gut, wenn Missverständnisse am Ende doch noch geklärt werden … Die Mitglieder der Alten-WG sind seitdem im Haus bekannt. Sie gehören dazu.

Kapitel 10
Migranten

Die erste und die zweite Heimat

Klischee von der südländischen Großfamilie

Es gab einmal eine Zeit, da konnten wir uns ausländische Mitbürger nicht anders als jung, sprich, im erwerbsfähigen Alter vorstellen. Das hat sich mittlerweile geändert. Zehn Prozent der in Deutschland lebenden Migranten sind älter als 60 Jahre, Tendenz dramatisch steigend. Ihr Gesundheitszustand wird von Experten allgemein als schlecht eingeschätzt. Fast alle körperlichen und seelischen Krankheiten sind unter älteren Migranten häufiger anzutreffen als bei gleichaltrigen Deutschen. Andererseits gehört es zu den Klischees, wenn man glaubt, Türken, Griechen, Ex-Jugoslawen oder deutschstämmige Ausländer seien durch das Netz einer Großfamilie für das Alter recht gut ausgestattet. Auch die Mitglieder von Migrantenfamilien können weit voneinander entfernt leben, auch unter Migranten gibt es Scheidungen. Wer offenen Auges durch überwiegend von Türken bewohnte Großstadtviertel geht, wird nicht wenige alte, teilweise verwirrte und offenbar auch einsame Männer entdecken.

Der Bonner Altersforscher Rolf Dieter Hirsch betonte in einem Vortrag über die Wohn- und Lebenssituation alter Migranten: »Jeder Mensch hat seine eigene Geschichte, unverwechselbar und einmalig. Wer sich mit alten Menschen unterhält, wer neugierig auf ihre Geschichte ist, erfährt dies in sehr beeindruckender Weise. Diese Chance sollten wir mehr auch Fremden, Migranten geben, um sie zu erleben und mit ihnen die Zukunft in unserer Gesellschaft gestalten zu können.«[21] Ich kann ihm nur zustimmen. Hier sind die Geschichten eines türkischen und eines griechischen Rentners.

Ahmet Aras war 22 Jahre alt, als er in Istanbul den Zug nach München bestieg. Kontaktleute des deutschen Arbeitsamtes hatten ihn angeworben. Es handelte sich um eine Gruppenreise junger Männer, die man im Ankunftsland als »Gastarbeiter« bezeichnete. Wie alle anderen sprach auch Ahmet nur türkisch. In München wurde er von einem Angestellten der Baufirma, für die er künftig arbeiten sollte, in Empfang genommen und nach Oberstdorf gebracht. Man schrieb das Jahr 1969. Die erste Welle der Arbeitskräfte aus Südeuropa war schon vor Jahren eingetroffen. 1962 hatte Cornelia Froboess ihnen mit ihrem sentimentalen Liedchen »Zwei kleine Italiener«, die von Napoli träumten, einen Willkommensgruß entgegengeschmettert. Beide Seiten, die Deutschen wie die Gastarbeiter, gingen davon aus: Man wird nur vorübergehend miteinander zu tun haben.

Schnell viel Geld verdienen

Der türkische Rentner, der heute in Köln und in Antalya wohnt, hat nicht die geringste Erinnerung an seine ersten Eindrücke: nicht an die liebliche Landschaft der bayerischen Voralpen, nicht an sommerliche Wiesen, nicht an kleine gepflegte Orte, nicht an die Bildmotive auf den Häuserfassaden. Nur zwei Gedanken besetzten ihn, als er in Oberstdorf im Allgäu angekommen war. Erstens: Du musst schnell viel Geld verdienen. Zweitens: Du musst Deutsch lernen, du musst dir ein Wörterbuch besorgen. Noch nie zuvor war er im Ausland gewesen.

Wir sitzen uns in Köln im interkulturellen Bürgerzentrum »Alte Feuerwache« an einem Biergartentisch bei einem Kaffee gegenüber. Den aus der Türkei stammenden Migranten endlich gefunden zu haben bedeutet für mich eine große Freude. Über einen Monat lang habe ich nach einem Gesprächspartner gesucht. Ungünstig war, dass ich damit im Spätsommer begann. Meine Kontaktpersonen waren überwiegend jüngere Türken. Von ihnen hörte ich über Wochen nicht anderes als: »Mein Vater, mein Onkel ist in der Türkei.« Oder, falls sich doch jemand gerade in Deutschland aufhielt: »Mein Vater, mein Onkel will nicht mit Ihnen reden.« Warum auch? Warum sollten sie mir, einer wildfremden Person, etwas über ihre Alterserfahrungen erzählen? Was sollte attraktiv daran sein, die eigene Lebensgeschichte in irgendeinem deutschen Buch wiederzufinden? Mit der Zeit wurde mir klar, dass ich, wie so oft in meiner journalistischen Tätigkeit, einfach nur Geduld aufbringen musste. Eines Tages würde ein Mensch auftauchen, der die große Ausnahme von der Regel repräsentierte. In diesem Fall hieß das: Er würde deutsch sprechen, er würde mit der deutschen Kultur vertraut sein, und er würde sich zufällig gerade nicht in der Türkei aufhalten.

Schon früh in Rente

Auf Ahmet Aras trifft das alles zu. Er hat seinen Aufenthalt in Antalya unterbrochen, weil in Köln medizinische Kontrolluntersuchungen fällig wurden. Vor zehn Jahren war er an Lungenkrebs erkrankt, was eine Operation und die üblichen Nachbehandlungen zur Folge hatte. Dann wurde eine Herzschwäche diagnostiziert. Dies zusammen mit der Krebserkrankung führte dazu, dass er 2002 frühberentet wurde. Von drei türkischen Ärzten hatte ich unanhängig voneinander die Aussage gehört, dass ältere Migranten häufig große gesundheitliche Probleme haben. Der Grund dafür sei vor allem, dass sie als junge Menschen praktisch alle Arbeitsbedingungen akzeptiert hätten, ohne darauf zu achten, ob sie damit ihrem Körper bleibenden Schaden zufügen. Zudem, wurde mir gesagt, liege bei den Türken im Unterschied zu den Deutschen die Alterserwartung um zehn Jahre niedriger. Nach einer groben Einschätzung entspreche die Verfassung eines 60-jährigen Türken der eines 70-jährigen Deutschen. Auch das trifft auf den mir gegenüber sitzenden 60-jährigen Rentner zu. Er trägt eine warme Jacke und eine Schirmmütze aus hellem Filz und ist damit für einen Aufenthalt im Freien bei recht kühlen Temperaturen, wie sie der Spätsommer hierzulande gelegentlich mit sich bringt, richtig angezogen. Kein Wunder, dass er so schnell wie möglich wieder in die Türkei möchte. Auf dem Hof im Hintergrund spielen Kinder Fußball; ihre Zurufe lassen darauf schließen, dass es sich um eine Multikulti-Mannschaft handelt.

Man sieht es Ahmet Aras an, dass er schwere Jahre hinter sich hat, aber auch, dass er ein Kämpfer geblieben ist. Jemand wie er gibt nicht auf, nicht den Kampf gegen die Kräfte, die seine Gesundheit schwächen – und auf keinen Fall würde er sich aus seiner politischen Arbeit zurückziehen, denn sie ist Teil seiner Identität. »Ich bin ein Linker«, sagt er mit Stolz. Ursprünglich stammt er aus einem kleinen Ort in Mittelanatolien, in der Nähe der alten Stadt Konya. Als er 13 Jahre alt war, zog seine Familie an die südtürkische Küste, nach Antalya.

Ahmet beendete die Hauptschule und trug als Gelegenheitsarbeiter mit zum Familieneinkommen bei. Seine Zukunftschancen sahen so miserabel aus, dass er nicht einmal einen konkreten Berufswunsch entwickelte. Früh kam er in Kontakt mit Männern aus fortschrittlichen Gewerkschaftskreisen. Sie forderten mehr Demokratie, mehr soziale Gerechtigkeit. Sie gaben dem Jugendlichen Aufklärungsschriften zu lesen, und er verschlang sie. Es war der Anfang seiner politischen Bildung und eines Engagements, das ihn während seines ganzen Lebens nicht mehr verließ. Damals waren die türkischen Gewerkschaften, wie Aras es nennt, »sehr regierungskonform« und »arbeitgeberfreundlich«. Ein Streikrecht gab es nicht. In den Sechzigerjahren kamen zunehmend Mut und Kraft in die Arbeiterbewegung. Eine radikaldemokratische Gewerkschaft wurde gegründet. Es kam zu einem großen Streik, zu einem Arbeitskampf, der zu einem Teilsieg führte, denn der Regierung gelang es nicht, die neue Gewerkschaft zu verbieten.

Zu diesem Zeitpunkt, 1970, hatte Aras im bayerischen Oberstdorf gerade sein erstes Arbeitsjahr in Deutschland hinter sich gebracht. Er war am Bau beschäftigt. Er sei »Baufacharbeiter« hatte er dem Anwerber aus Deutschland in seinen Fragenbogen diktiert, doch das war eine Notlüge. Nun musste er die Kenntnisse in der Praxis erwerben, und dafür war es nötig, Deutsch zu lernen. In der knappen Freizeit, die ihm die Arbeit mit Überstunden ließ, büffelte er Vokabeln. Wie alle seine Landsleute, die nach Westdeutschland aufgebrochen waren, wollte er nach wenigen Jahren heimkehren und sich dort vom Ersparten eine selbstständige Existenz aufbauen. Aber er dachte nicht an ein Restaurant oder an Landwirtschaft. Er wollte eine kleine politische Buchhandlung mit Verlag aufmachen und damit die gewerkschaftliche Aufklärungsarbeit fortsetzen, die ihm geholfen hatte, als Arbeiter Würde zu empfinden und für seine Interessen zu kämpfen. Er fühlte sich allein in Deutschland und beschloss, eine Familie zu gründen. Nachdem er seinen Wunsch seinen Verwandten in der Türkei mitgeteilt hatte, gingen die auf Brautsuche, mit Erfolg. 1975 heiratete er und nahm seine Frau nach Deutschland mit. Nur ein paar Jahre noch, dachte er wieder. Er zog nach Köln und arbeitete dort im Automobilwerk Ford, zunächst am Fließband, später in anderen Abteilungen. Sechs Monate nach seiner Ankunft wurde er der Vertrauensmann für die türkischen Mitarbeiter.

In der Türkei ein politisch Verfolgter

In der Türkei wuchs währenddessen die Kraft der Arbeiterbewegung. 1980 plante Aras endgültig heimzukehren, um dort – auch mit dem, was er als Gewerkschafter in einem deutschen Großbetrieb gelernt hatte – die Interessensvertretung für Arbeiter weiter auszubauen. Aber 1980 geschah etwas ganz anderes: Es kam zu einem Putsch. Das Militär übernahm die Macht. Fortan stand der Name des in Deutschland lebenden Ahmet Aras bei den neuen Machthabern auf der Liste derer, denen in der Türkei die Verhaftung und damit auch Folter drohte. Sechs Jahre lang mied er sein Heimatland. Im siebten Jahr ließ man ihn wissen, die politischen Verhältnisse hätten sich etwas geändert, er könne wieder ungefährdet mit seiner Familie in Antalya Urlaub machen. Als Aras von Bulgarien kommend in die Türkei einreisen wollte, wurde er zehn Stunden lang festgehalten und vernommen. Seine Frau und die beiden Kleinkinder wurden währenddessen einfach ignoriert, als handele es sich um Gegenstände. Man überließ sie ihren Ängsten. Schließlich hieß es, es werde nun doch die Einreise gestattet. Die politischen Beamten an der Grenze waren sich sicher: Dieser Mann ist gründlich vorgewarnt; der wird keine Untergrundarbeit in seiner Heimat wagen.

Ahmet Aras machte sich mit dem Gedanken vertraut, dass er womöglich für immer in Deutschland würde bleiben müssen. Laut offiziellem Sprachgebrauch war er dort kein »Gastarbeiter« mehr, sondern »Ausländischer Arbeitnehmer«. Er zählt zu den Gründungsvätern der Föderation der türkischen Arbeitervereine in Deutschland. Hier können Migranten sich beraten und ihre Interessen vertreten lassen. Wenn auf diesem Weg jemand für den Beitritt in die Gewerkschaft gewonnen wird, umso besser.

Ahmet Aras wurde bei Ford in den Betriebsrat gewählt. Aus jenen Jahren bestehen noch heute zuverlässige Freundschaften: zu Deutschen und Türken und »zu Gläubigen und Ungläubigen«, wie er sich ausdrückt. »Die radikalen Religiösen haben mich am Anfang schief angeguckt, aber nachdem sie mich kennengelernt hatten, haben sie mich in meiner Gewerkschaftsarbeit sehr unterstützt. Sie haben mich gewählt, obwohl sie wussten, dass ich nicht religiös und links bin.« Aus dieser Zeit ist Vertrauen gewachsen, deshalb weiß er, auf wen er sich nun im Alter verlassen kann. Sein Credo in Zeiten der fortschreitenden Islamisierung lautet: »Jeder soll seinen Glauben oder seinen Nichtglauben haben.« Für ihn spielt es keine Rolle, wo und wie seine inzwischen erwachsenen Kinder leben. »Hauptsache, sie fühlen sich wohl.« Der Sohn studiert Informatik, seine Tochter ist Regisseurin bei einem Fernsehsender. Aras ist seit einigen Jahren geschieden und gehört zu den Migranten, die als Rentner zwischen Deutschland und ihrem Heimatland pendeln. In Antalya besitzt er eine Wohnung mit Blick aufs Meer. Dort trifft er sich mit Verwandten und Freunden, vor allem aber mit alten und neuen politischen Verbündeten, denn seinen ursprünglichen Plan hat er noch nicht aufgegeben. Bald, vielleicht schon in den kommenden Monaten wird er eine regionale politische Zeitschrift gründen.

Ob er denn noch einen Traum habe, möchte ich von ihm wissen. Seine Antwort kommt ohne jedes Zögern: »Ich träume von einer türkischen Volksrevolution.« Er sei Realist, fügt er dann hinzu, er wisse, dass dies eine Vision sei – aber es sei eine Vision, die ihn trage. »Solange meine Gesundheit es mir erlaubt, mache ich weiter«, versichert er.

Kein Pope weit und breit

Mein nächstes Gespräch mit einem Migranten beginnt mit einem Missverständnis. Eine Freundin aus Essen sagte mir, sie kenne einen griechischen Geistlichen. Sie versprach, ihn zu bitten, mich zu treffen, um mir auf der Suche nach einem alten Migranten behilflich zu sein. Drei Tage später bekomme ich einen Anruf. Der Mann spricht fließend Deutsch mit einem ausgeprägten Akzent. Wir verabreden uns noch für denselben Tag in der »griechischen Gemeinde«. Ein Kirchengebäude habe ich am Treffpunkt nicht erwartet, aber doch wenigstens irgendwo im Aushang die Abbildung eines orthodoxen Kreuzes. Ich betrete einen hellhörigen, einfach ausgestatteten Raum mit Tischen und Stühlen, wo einige ältere Männer beisammensitzen. Einen Popen mit langem schwarzen Mantel sehe ich nicht.

Schließlich tritt ein normal gekleideter Mann auf mich zu und meint, wir hätten telefoniert. Als Costas Joannidis*, knapp 70 Jahre alt, erfährt, wen ich erwartet habe, schaut er lachend an sich herunter. Nein, er sei eindeutig kein Pope, und bei der »griechischen Gemeinde« handele es sich um eine ganz und gar weltliche Einrichtung; ich befände mich im offiziellen Zentrum der griechischen Bürger dieser Stadt, in ihrer Interessenvertretung.

Dann erfahre ich, meine Freundin habe eine Telefonkette unter den Griechen ihrer Nachbarschaft ausgelöst, und er, Costas Joannidis, sei gern bereit gewesen, sich mit mir zu treffen, denn: »Ich bin einer der ersten Gastarbeiter in Deutschland.« Leise klappern die Glasperlen der Kombolói in seiner Hand. Jedes Mal, wenn er lacht, verschwinden seine Augen in einem Kranz von Falten. Joannidis hat viel Humor. Mit seinem hervorragenden Deutsch gelingen ihm sogar selbstironische Passagen. Zum Beispiel seine Antwort auf meine letzte Frage, wo er eigentlich beerdigt sein möchte, in Deutschland oder in Griechenland: »Ist mir egal – da, wo ich sterbe. Auf keinen Fall: in Deutschland sterben und dann in Griechenland beerdigt werden. Da müsste man ja gleich zwei Trauerfeiern bezahlen …«

Costas Joannidis wuchs in einer armen Familie im nord-östlichen Griechenland auf, in einer ländlichen Region zwischen Bulgarien und der Türkei. Dort hatte sich im Zweiten Weltkrieg, nachdem die deutsche Wehrmacht abgerückt war, ein Bürgerkrieg ausgebreitet. Viele Menschen wurden getötet. Auch Costas' Vater kam ums Leben. Der Junge wurde 1939 geboren. Seine Mutter besaß ein kleines Stück Land. Es zu bewirtschaften reichte zum Überleben für sie und ihre fünf Kinder, zu mehr nicht. Als Schüler verzichtete Costas auf die Busfahrt in die nächste Kleinstadt und ging die sieben Kilometer Schulweg zu Fuß. Auf diese Weise sparte er täglich zwei Drachmen. Später, als 16-Jähriger, kaufte er sich davon Zigaretten. Costas besuchte bis zu seinem 18. Lebensjahr ein humanistisches Gymnasium, wo er Altgriechisch und Latein lernte. Das habe sich beim Deutschlernen als großer Vorteil erwiesen, erzählt er mir, denn er habe ja bereits die lateinischen Buchstaben gekannt. Er konnte lesen, was auf Schildern und Plakaten stand, und sich häufig einen Reim daraus machen.

Die Sorgen einer griechischen Mutter

Die Entscheidung ihres Jüngsten, weit fortzugehen, nach Deutschland, nahm die Mutter mit Sorge und mit Erleichterung hin. Einerseits: Was würde ihren Sohn in der Ferne erwarten? »Andererseits war sie natürlich auch froh«, sagt Costas Joannidis, »denn wir hatten nichts zu kauen, und sie wusste, ich würde der Familie Geld schicken.«

Mit seinen 22 Jahren hatte er keinerlei Vorstellungen von dem Land und von der Arbeit, die ihn erwarteten. Er hatte in Griechenland einen Einjahresvertrag als Bergmann in einer Grube im Ruhrgebiet unterschrieben. Man übertreibt nicht, wenn man sagt: Sein erstes Jahr in Deutschland, 1962, wurde sein Schicksalsjahr. Während der griechische Rentner davon berichtet, wird er sehr ernst. Er hatte ja nicht geahnt, dass es so grauenhafte Arbeitsbedingungen überhaupt gab. Acht Stunden täglich unter Tage, eingezwängt im Stollen. Mit dem Presslufthammer die Kohle aus der Wand lösen. Schwerstarbeit. Akkordarbeit. »Wir mussten jeden Tag 12 bis 14 Meter weiterkommen.« Ein Einsatz ohne Ohrenschutz. Bis heute zahlt er dafür: Er ist auf dem rechten Ohr fast taub. »Diese Zeit ist mit Worten nicht zu beschreiben«, sagt er. »Es war ein unglaublicher Schock.« Während er rückblickend davon erzählt, spürt man, wie dankbar er ist, dass er danach nie wieder eine vergleichbare Schinderei auf sich nehmen musste. In den Briefen an seine Mutter stand davon nichts. Er wollte ihr ersparen, sich noch größere Sorgen zu machen, als sie es ohnehin schon tat. Also schrieb er: »Es geht mir gut. Ich verdiene gut.« Nur der zweite Satz stimmte. Erst als er das vertraglich festgesetzte Jahr endgültig hinter sich hatte, erzählte er ihr detailliert von der Arbeit unter Tage.

Costas Joannidis verfolgte den gleichen Plan wie alle anderen jungen Männer, die von der westdeutschen Industrie gerufen worden waren: ein oder zwei Jahre Geld auf die Seite legen und dann heimkehren. Costas wollte von seinem Ersparten Mutters Haus reparieren und einen Anbau bezahlen. Inzwischen aber war eines seiner Geschwister ausgezogen, und damit stand den anderen mehr Platz zur Verfügung. Die Haussanierung könne warten, dachte er. Der alte Grieche schmunzelt, während er mir erläutert, wie es mit seinen Überlegungen weiterging: »Mein Gedanke war: Wenn man allein so gut verdienen kann, dann geht das zu zweit noch viel besser.« Also reiste er zurück in seine Heimat und machte seiner Jugendfreundin einen Heiratsantrag. Melina* willigte ein. Auch sie fand es eine gute Idee, ein paar Jahre in Deutschland zu arbeiten. Zu diesem Zeitpunkt gab es noch kein Gesetz, das den Zuzug von Familienangehörigen erlaubte. Melina brauchte, genauso wie zuvor ihr Mann, einen Arbeitsvertrag. Costas Joannidis war misstrauisch, als er sah, was sie unterzeichnet hatte, aber er dachte: Wir gucken uns vor Ort genau an, wie ihre Arbeit aussehen soll, und dann entscheiden wir, was zu tun ist. Gemeinsam reisten sie ins Ruhrgebiet. Dort riet der junge Grieche seiner Frau dringend von der Arbeitsstelle ab. Er wollte nicht, dass sich bei ihr wiederholte, was er in seinem ersten Jahr in Deutschland erfahren hatte. Der Vertrag wurde zerrissen. Doch die Ausländerbehörde ließ nicht mit sich verhandeln: Ohne Arbeit keine Aufenthaltserlaubnis, hieß es. Melina Joannidis müsse innerhalb von 14 Tagen die Bundesrepublik verlassen. Sie tat es auch, reiste als Touristin wieder ein und blieb eine Illegale im Lande, bis ein neues Gesetz den Zuzug von Ehepartnern gestattete.

Zeitweise arbeiteten sie und ihr Mann in derselben Fabrik für Autozubehör. 1966 fuhren sie zurück nach Griechenland, noch unschlüssig, in welchem Land sie künftig leben wollten. Costas kam nach einigen Wochen zu dem Schluss, es sei nicht sinnvoll, Geld in das Haus seiner Mutter zu stecken, zumal inzwischen ein weiterer Bruder ausgezogen war. Stattdessen wollte er mit seiner Frau noch eine Weile in Deutschland arbeiten, um später ein größeres Haus zu kaufen oder zu bauen – was er inzwischen auch getan hat.

Ins Ruhrgebiet zurückgekehrt, nahm das griechische Ehepaar sein übliches Leben wieder auf: arbeiten, Geld verdienen, Geld nach Griechenland schicken, Geld beiseite legen. Sein erstes Auto konnte sich Costas Joannidis 1970 leisten. Noch heute ist er dafür dankbar. Er sagt: »Das Auto ist mein bester Freund.« Er wurde Maurer und wechselte von einer Baustelle zur nächsten. Die westdeutsche Wirtschaft boomte. »Dann ich bin Kranführer geworden«, erzählt der Grieche, »und da habe ich noch besser verdient als am Bau – eine schöne, verantwortungsvolle Arbeit!«

Die Eheleute wünschten sich ein Kind, jahrelang, aber Melina wurde nicht schwanger. Oft saß sie mit ihren Kummer beim Frauenarzt, bis der ihr eines Tages riet, sie solle mal wieder Leichtigkeit in ihr Leben bringen, sie solle drei Monate in ihre Heimat fahren und ihren Aufenthalt einfach nur genießen. »Und danach hat es geklappt«, berichtet Joannidis lachend. Mit 35 Jahren wurde Melina Mutter. Die Tochter, die sie zur Welt brachte, blieb ihr einziges Kind.

Sehnsucht nach Landleben

Auch bei Costas Joannidis war die Sehnsucht nach Griechenland nie verblasst. Als er auf die vierzig zuging, wurde sie sogar noch stärker. Immer häufiger sah er die fruchtbare, weil mittlerweile künstlich bewässerte Ebene vor sich, wo einer seiner Brüder Weizen, Baumwolle und Tabak anbaute und ein zweiter Bruder mit seiner Schafherde durch die angrenzende Hügellandschaft zog. Joannidis beschloss, Bauer zu werden, und kaufte Land. »Aber das war falsch«, meint er rückblickend. Es war ein Fehler, bei dem er Geld verlor, dennoch kann er darüber lachen. Er nimmt sich seine Illusionen vom gesunden Landleben nicht übel. Er hätte wissen müssen, bekennt er, dass man den Beruf des Landwirts erlernen müsse und dass es ungünstig sei, mit 40 Jahren eine solche Ausbildung zu beginnen. »Aber danach habe ich Grundstücke gekauft«, fährt er fort, »und das habe ich richtig gemacht.«

»Anstatt Bauer zu werden, sind Sie Spekulant geworden?«, frage ich ihn. Er nickt und lacht vergnügt. Seine Vermögensbilanz als Rentner sieht gut aus. Freimütig spricht er über den Gewinn bei einem der Grundstücke: für 10000 Euro gekauft, für 90000 verkauft. Das ist das Grundkapitel für eine Eigentumswohnung, die er nun in Essen erwerben möchte. Eine Wohnung in Griechenland besitzt er bereits. Seit er nach einem Herzinfarkt vorzeitig in Rente ging, sind er und seine Frau Pendler zwischen Deutschland und Griechenland geworden. Zwei Monate waren sie im vergangenen Sommer dort, aber in Zukunft werden sie sich vermutlich auch länger in der Heimat aufhalten. Ist das nun die erste oder die zweite Heimat? Joannidis kann das nicht entscheiden. So wie es aussieht, wird seine inzwischen 35-jährige Tochter, die in Deutschland eine gute Arbeitsstelle hat und womöglich noch eine Familie gründen wird, hier bleiben. Nun, er wird abwarten, wie die Dinge sich entwickeln. Noch gibt es einiges für ihn zu tun. Joannidis gehört der Seniorenvertretung im Ausländerrat an, und er ist Vorsitzender eines griechischen Senioren- und Rentnervereins. Die hier organisierten Tagesausflüge in die Nachbarländer Belgien oder Luxemburg stehen bei griechischen Ruheständlern hoch im Kurs. Manchmal muss sogar mit zwei Bussen gefahren werden.

So, wie Costas Joannidis mir gegenübersitzt, wirkt er rundum zufrieden, und sehr wahrscheinlich wäre er es genauso, würde unser Gespräch in Griechenland stattfinden. Dass er in seinem Alter gesundheitliche Probleme hat, akzeptiert er – »weil ich weiß, dass es anderen sehr viel schlechter geht.«

Zu guter Letzt erzählt er mir noch von einer weiteren Tätigkeit, nicht ehrenamtlich, sondern mit Steuerkarte, die er so schnell nicht aufgeben möchte: Er ist Zeitungszusteller. »Für mich ist das wie ein Spaziergang: eineinhalb bis zwei Stunden. Und dafür bekomme ich noch Geld!« Jeden morgen um 4 Uhr, wenn die Luft noch frisch ist und die Straßen still sind, zieht er durch sein Viertel. »Ja«, bekräftigt er, »so fängt der Tag gut an.«

Kapitel 11
Die Herausforderung
Über das Abenteuer, Neues zu wagen

Dringend gesucht: ein Opa

Sprechen wir an dieser Stelle noch einmal von Horst Bauer*, dem Ruheständler aus dem Kapitel über Griesgrämigkeit und Lebensfreude, der sich auf ein Dorf zurückzog und in der Einsamkeit glücklich wurde, weil ihm dort niemand gute Laune einzureden versuchte. Nun gehört es aber zu den lästigen Angewohnheiten des Lebens, dass es uns auch dann, wenn wir die Ruhe wählen, nicht in Ruhe lässt, sondern uns gerade dann mit irgendwelchen Anforderungen heimsucht.

Eines Nachmittags war der Eigenbrötler damit beschäftigt, einen Zaun zu reparieren, als ein kleiner Junge auftauchte, den Herr Bauer nie zuvor gesehen hatte. Er war etwa acht Jahre alt und sah so aus, als käme mindestens ein Elternteil aus Afrika. Er sagte nichts, sondern stand nur da und schaute dem Mann bei der Arbeit zu. Der hatte ein Problem zu lösen und kümmerte sich nicht weiter um den Jungen.

Über die Jahre war der Jägerzaun an einigen Stellen morsch geworden. Herr Bauer überprüfte einzelne Pfosten und Latten und überlegte, ob er sie gegen neue austauschen oder vielleicht die Gelegenheit nutzen solle, den ganzen Zaun zu ersetzen. Er war nie ein Freund dieser im Dorf so beliebten Grundstücksbegrenzung gewesen. Aber die zwölf Meter mit den gekreuzten Latten standen schon da, als er das Haus kaufte, und er erinnerte sich, dass er damals gedacht hatte: Na ja, irgendwann kommt da ein anständiger Zaun hin. Aber, überlegte er nun, musste an dieser Stelle überhaupt einer sein? Keineswegs. Er könnte den Zaun entfernen und stattdessen den kleinen Vorgarten mit Natursteinen begrenzen; zwanzig Zentimeter Höhe würden reichen, damit nicht irgendwelche Autofahrer seinen Rasen zum Wenden benutzten. Er ging in seine Werkstatt und kam mit einem Vorschlaghammer zurück. »Vorsicht«, rief er dem Jungen zu, der neugierig näher gekommen war. Der ging ein paar Schritte zurück, als Herr Bauer begann, den Zaun kurz und klein zu schlagen. Mit jedem Ausholen wuchsen seine Kraft und sein Vergnügen an seinem Tun. Es dauerte nicht länger als zehn Minuten, und der Jägerzaun war nur noch Abfallholz. Horst Bauer stellte den Hammer zur Seite. Da klatschte der kleine Junge in die Hände und sagte: »Cool.« Nun nahm der Mann das Kind richtig wahr. Er fragte, wo es herkäme, und erfuhr, der Junge werde mit seiner Mutter in das Dorf ziehen. Die hätte das Haus neben dem alten Feuerwehrhäuschen gekauft.

Kleiner Junge möchte Kontakt

Als sich der Junge verabschiedet hatte, wusste Horst Bauer bereits eine ganz Menge über ihn und seine Familienumstände: Die Mutter wurde geschieden, als das Kind noch ganz klein war. Der Vater, ein Musiker, war wieder in seine Heimat Amerika zurückgekehrt. Sein Sohn kannte ihn nur von Fotos, auf denen der Mann am Schlagzeug saß. Die Mutter war Lehrerin und würde an der Grundschule im Nachbarort unterrichten, wo Willy* – so hieß er – nach den Sommerferien in die zweite Klasse gehen würde.

Der Wetter war gut im August und Horst Bauer nutzte die Gelegenheit für Instandsetzungsarbeiten außen am Haus. Willy hatte es sich zur Angewohnheit gemacht, ihn gelegentlich zu besuchen und, wenn es möglich war, ihm zur Hand zu gehen. Dabei stellte er sich erstaunlich geschickt an. Ähnlich wie der Erwachsene redete der Junge nur das Notwendigste. Der Mann fing an, sich an Willys Anwesenheit zu gewöhnen. Eines Tages – Horst Bauer stand gerade auf der Leiter und hatte ein paar Nägel im Mund – fragte das Kind unvermittelt: »Möchtest du nicht mein Opa sein?«

Die Nägel fielen zu Boden und der Mann stieg langsam die Leiter runter. »Dein Opa? – Was stellst du dir denn darunter vor?« »Ich kann dich weiter besuchen« sagte Willy. »Ich kann dir auch mal zeigen, was wir gerade in der Schule machen. Und manchmal kommst du zu mir und meiner Mama, und wir essen zusammen. Mit der Mama habe ich schon geredet. Sie hat nichts dagegen.« Der Junge erzählte noch, er hätte einmal einen Opa gehabt, doch der sei gestorben. »Da war ich noch klein. Da habe ich geglaubt, der Opa kommt nicht mehr, weil er im Gefängnis ist.«

Horst Bauer wandte ein, dass mit dem Opa komme für ihn überraschend. Er selbst hätte keine Kinder und wisse deshalb auch nicht genau, wie man mit Kindern umgehe. »Das kann doch jeder«, meinte Willy. »Du kannst mich auch wegschicken, wenn es dir zu viel ist. Opas tun so etwas. Sie haben ja auch nicht so viel Zeit wie Omas.«

Horst Bauer schaute ihn überrascht an. Willy hatte offenbar schon viel darüber nachgedacht. Dann bestieg der Mann wieder die Leiter und sagte so beiläufig wie möglich: »Ich sage jetzt nicht Ja und nicht Nein. Aber ich werde mir deinen Vorschlag überlegen.«

Beim abendlichen Telefonat erzählte Horst seiner Frau von Willys Werben. »Auf meine alten Tage noch Großvater werden – wie findest du das?« fragte er. Seine Frau meinte, da könne sie nur in Willys Sprache antworten: Sie fände es cool. Er ginge jetzt auf die 70 zu, und wäre damit genau im richtigen Alter, um noch einmal etwas Neues zu wagen. »Und wenn es gar nicht um Willy selbst geht? Vielleicht ist das ja nur ein Vorwand, den er und seine Mutter sich ausgedacht haben, weil sie einen Dummen suchen, der ihr Haus instand hält?« Daraufhin nannte seine Frau ihn einen misstrauischen alten Knochen und schlug vor, er könne seinen Verdacht doch ganz leicht überprüfen, indem er Willy besuche.

Eine Woche später lernte Horst Willys Mutter und ihr Haus kennen. Sie war Ende dreißig und wirkte etwas verhärmt. Sie redete viel und konnte kaum still stehen, weshalb der Gast innerlich sofort auf Abstand ging. Andererseits stellte sich für ihn als beruhigend heraus, dass die Mutter eine erfahrene Heimwerkerin war. Sie war von ihrem eigenen Vater angelernt worden, eben jenem Opa, von dem Willy geglaubt hatte, er sitze im Gefängnis. Die Mutter sagte, sie könne den Wunsch nach einem Großvater gut verstehen. Dann lud sie Horst Bauer ein, mit ihnen Spaghetti zu essen.

Stiller Sohn, geschwätzige Mutter

Gegen Ende des Abends war er vom Redestrom seiner Gastgeberin ziemlich erschlagen, und er fing an zu begreifen, warum sich Willy, der kleine Schweiger, so gern bei ihm aufhielt. Während die Mutter nun auch noch ausführlich den letzten Winterurlaub auf Gran Canaria beschrieb, machte sich Horst sorgenvolle Gedanken über das

Thema Wahlverwandtschaften und welche Verpflichtungen sich daraus ergeben mochten. Mit der Rolle eines Opas würde er sich womöglich anfreunden können, dachte er. Willy war einfach ein netter Junge, und er hatte ihn gern um sich. Aber auf keinen Fall würde er diese geschwätzige Frau in sein Leben lassen …

In diesem Moment sagte die Mutter, als hätte sie seine Gedanken erraten: »Es geht wirklich nur um den Jungen. Sie müssen keine Angst haben, dass auch ich noch mit Ihnen verwandt sein will. Mir ist völlig klar, dass jemand, der sich wie Sie in ein Dorf absetzt, keine Familienanbindung sucht.«

Vier Jahre später: Willy hat gerade den Stimmbruch hinter sich. Die Beziehung zwischen ihm und Wahlopa Horst ist gut und unspektakulär. Zweimal in der Woche sehen sie sich. Alle zwei Monate lässt Horst Bauer sich von Willys Mutter zum Essen einladen und erträgt ihren Wortschwall mit Fassung. Gelegentlich fachsimpeln sie über das Anbringen einer neuen Regenrinne oder wie groß der Aufwand für einen elektronischen Garagentoröffner wäre.

Willy besucht inzwischen das Gymnasium in der Kreisstadt. Er ist stark in Mathematik und Sport. In der Klassenfußballmannschaft wird er als Torschütze immer besser. Seine Sportsfreunde nennen ihn »Odonkor«. Horst Bauer ist stolz auf ihn. Er, der sich nie für Fußball interessierte, steht nun immer häufiger am Rand der Spielfläche und feuert Willy an.

Aus Niederlagen lernen

Menschen wie Horst Bauer geben selbst ihren Freunden keine Antwort auf die Frage, warum sie so sind, wie sie sind. Sophie Strauß* dagegen kennt keine grundsätzliche Scheu, wenn es darum geht, Fremden etwas Intimes aus ihrem langen und oftmals chaotischen Leben zu erzählen. Sie meint, auch ihre schweren Irrtümer und Verluste hätten sie geprägt, sie seien Teil ihrer Identität geworden. Für ihre guten Lebensabschnitte ist sie dankbar, und was ihre schlechten Zeiten betrifft, ist sie mit sich im Reinen. Ich glaube, sie würde mit dem Dramatiker und Regisseur George Tabori die Auffassung teilen, dass sich aus einer Niederlage mehr lernen lässt als aus einem großen Erfolg. Tabori, der mit über 90 Jahren noch Theaterstücke inszenierte und im Sommer 2007 starb, hatte seinen Schaffensdrang unter das Motto gestellt: »Scheitern, wieder scheitern, immer besser scheitern.«

Mit über 80 Jahren sieht Sophie Strauß keinen ernsthaften Grund zum Klagen. Wie schlecht es ihr auch zwischendurch ergangenen sein mag – am Ende ist es gut ausgegangen. Sie hat 26 Nachkommen, darunter acht Urenkel. Es herrscht Frieden in ihrer Familie. Dass einige gesundheitliche Probleme aufgetaucht sind, vor allem Schwierigkeiten beim Laufen, nimmt sie hin. »Es wird alles etwas langsamer, und man wird vergesslicher«, sagt sie über das Alter. »Ich hab sogar eine Weile Angst gehabt, dement zu werden, doch zurzeit sieht es nicht danach aus.« Selbst dann, wenn sie zur Unterstützung einen Stock braucht, steht sie aufrecht und wirkt daher größer als sie ist: eine gut aussehende ältere Frau mit Kurzhaarfrisur, interessiert und unternehmungslustig. Als Rentnerin zog sie in einen kleinen Kurort im Schwarzwald. Dort gibt sie Kurse für Senioren. Die Teilnehmer sind zwischen Ende fünfzig und Ende siebzig. Sie als Leiterin ist die Älteste.

Sie stammt aus dem Rheinland. Als sie ein Jahr alt war, kam es zu der ersten Katastrophe. Ihr Vater nahm sich das Leben. Sophies Mutter stand im Alter von 28 Jahren mit drei Kindern allein da. Sie wird von ihrer Tochter als liebevolle Person beschrieben, die Konflikten gern aus dem Weg ging und daher der Erziehungsaufgabe, vor allem mit den Söhnen, nicht gewachsen war. Eine der prägenden Persönlichkeiten in Sophies frühem Leben war ihr Großvater, ein Unternehmer, den sie rückblickend einen »sozial eingestellten Patriarchen« nennt. Er sorgte dafür, dass seine Mitarbeiter auf der Grundlage des Mietkaufs Hausbesitzer wurden, was in den damaligen Zeiten sehr ungewöhnlich war. Nie hat die Enkeltochter ihn schimpfen hören. »Er war ein großer Mann, er war mein Schutz«, erzählt sie. Was er in ihrer Gegenwart besonders gern tat: Er holte seine goldene Uhr hervor und pustete sie an. Da ging der Uhrendeckel auf … »Ich war noch so klein, dass ich dachte, die Uhr reagiert auf sein Pusten.«

»Die Ahnen begleiten uns bis heute«

Ihr Großvater, ein schwer herzkranker Mann, starb, als Sophie sechs Jahre alt war. »Man wollte mich nicht zu ihm lassen, aber ich machte so lange Theater, bis ich mich an seinem Bett von ihm verabschieden durfte.« Mit seinem Tod, sagt sie, sei ihre kleine Welt zusammengebrochen. Sie habe immer einen Vater gesucht, und nun hatte auch der Opa sie verlassen. Sophie Strauß hält einen Moment inne, dann fügt sie hinzu: »In Wahrheit begleitet mich der Großvater bis heute.« Es ist ein inneres Wissen, das sie, als sie in späten Jahren erstmals die Welt des indianischen Schamanismus betrat, bestätigt fand: »Ich glaube, dass die Ahnen uns begleiten.«

In ihrer Kindheit und Jugend lebte sie im Rheinland. Heute noch hat sie eine Freundin, die sie am ersten Schultag kennenlernte. Die beiden Frauen sind nun im Alter Nachbarinnen in der kleinen Stadt im Schwarzwald. Manchmal reden sie über die damaligen Zeiten, über den Krieg, das NS-Regime, über ihre Erinnerungen an die »Kristallnacht«. Als junges Mädchen verliebte sich Sophie in einen Soldaten. Der überlebte – ein großes Wunder – die Schlacht von Stalingrad. Danach wurde er nach Italien versetzt und starb zwei Tage nach seiner Ankunft. »Es hat mich zerrissen, ich dachte ich sterbe, ich war 17!« Bei den Bombenangriffen, berichtet sie, habe sie wahnsinnige Angst gehabt, es sei ihr regelmäßig auf den Darm geschlagen. »Man war ja der Gewalt ausgeliefert. Solche Erfahrungen lassen sich nicht auslöschen. Das lässt sich nicht verarbeiten. Man kann nur lernen, damit zu leben. Die Zeit heilt vielleicht keine Wunden, aber der Abstand wird größer.« Auch an die Nachkriegszeit hat sie schreckliche Erinnerungen. Heute hört man oft, die Menschen hätten damals zusammengehalten. Doch das stimme nicht, widerspricht sie. Es habe viel Hass gegeben; jeder habe eben überleben wollen.

Sophie machte ihr Abitur, aber einen Beruf erlernte sie nicht. Mit 21 Jahren heiratete sie. Ihr Mann war ein umtriebiger Kaufmann, jemand, der durch seine Geschäfte viel Geld gewann, aber auch viel verlor. Fünfmal während ihrer Ehe baute er im Ausland eine neue Existenz auf, auf drei verschiedenen Erdteilen. Für ihn war es selbstverständlich, seiner Familie mit drei Kindern immer wieder neue Lebenssituationen zuzumuten und seine Frau als Mitarbeiterin einzuplanen. Mal waren sie bettelarm, und sie mussten alle in einem Zimmer leben, mal ging es ihnen gut. Der Kaufmann merkte nicht, wie sehr seine Frau unter den Ortswechseln und dem ständigen Wieder-von-vorn-Anfangen litt und dass sie als Mutter nicht wusste, wie sie unter diesen Umständen ihren Kindern gerecht werden sollte.

Sie wollte nicht mehr leben

Mit 35 Jahren begann ihre traurige Karriere als Trinkerin. »Ich wollte das alles nicht mehr«, beschreibt Sophie Strauß diese Jahre. »Ich wollte nicht immer wieder neu anfangen, mit drei Kindern ... Ich wollte mich totsaufen, ja! Und mit 49 Jahren habe ich mit dem Trinken aufgehört.«

Es begann ein völlig neues Leben, und Sophie Strauß war dabei ganz auf sich allein gestellt. Als sie herausfand, dass ihr Mann eine andere Frau hatte, verließ sie ihn. Sie ging zurück nach Deutschland und besuchte die Gruppen der Anonymen Alkoholiker. Hier lernte sie, ohne einen Tropfen Alkohol zu leben. Daran hält sie sich bis heute. Seit über 30 Jahren ist sie das, was man eine »trockene Alkoholikerin« nennt. In den Selbsthilfegruppen fiel sie auf, denn es geschieht nicht oft, dass eine Frau um die 50 noch einmal dermaßen durchstartet, wie Sophie es tat. Offenbar hatte sie sich angesichts der Trümmerlandschaft ihrer Vergangenheit ohne Wenn und Aber für ein neues Lebensprogramm entschieden. Auch beruflich eröffneten sich Perspektiven. Sie bekam das Angebot, sich zur Suchttherapeutin ausbilden zu lassen.

Die Frau erkannte ihre große Chance und griff zu. Sie fand Arbeit in einer Klinik und machte eine begleitende Ausbildung. Ende der Siebziger und in den Achtzigerjahren wurden in Entwöhnungskliniken gern sogenannte »Ex-User« oder »genesene Alkoholiker« eingestellt. Damals mehr als heute waren Ärzte und Psychologen davon überzeugt, dass ein Mensch, der selbst das Elend der Abhängigkeit kennengelernt und sich schließlich daraus befreit hatte, ein Vorbild für Patienten sein könnte. Viele Jahre arbeitete Sophie Strauß in Einrichtungen der Suchthilfe. Zudem wurde sie von Betrieben engagiert, wo sie Seminare über Sucht am Arbeitsplatz hielt. Parallel hatte sie viel Erfolg mit Gruppen, die sie für trockene Alkoholiker anbot. Sie wollten von Sophie Strauß lernen, besser mit dem Leben zurechtzukommen – von dieser Frau, die eine so unglaubliche Geschichte hinter sich hatte und auf überzeugende Weise Optimismus und Realitätssinn miteinander verband. Die Arbeit gefiel der Suchttherapeutin vor allem deshalb, weil sie es mit Menschen zu tun hatte, die gerade dabei waren, ihr Leben neu zu erobern – Menschen, die nach langen dunklen Jahren zum ersten Mal wieder in der Sonne standen.

Kurse für Senioren

Viel verdiente sie damit nicht, aber es reichte für den Lebensunterhalt. Irgendwann stellte sie fest, dass sie 70 Jahre alt war und es somit an der Zeit sei, sich nach etwas Neuem umzuschauen. Denn es erschien ihr absurd, nun zwanzig Jahre als ruhige Rentnerin zu verbringen, zumal ihre Altersbezüge – wie es bei ihrer Vita nicht anders sein konnte – bescheiden ausfielen. Dreierlei geschah zwischen ihrem siebten und achten Lebensjahrzehnt: Sie besuchte fortgesetzt Seminare, in denen schamanisches Wissen vermittelt wird, sie zog von Norddeutschland nach Süddeutschland, und sie bot Kurse für Senioren an.

Damit betrat sie völliges Neuland, denn ihre Klientel verhielt sich ganz anders als die akuten oder ehemaligen Suchtkranken, mit denen sie in der Klinik und in Workshops gearbeitet hatte. Vorbei waren die Zeiten, als in ihren Gruppen Aufbruchstimmung herrschte, und das irritierte sie zutiefst. In ihrem Seniorenkreis wirkten die meisten Menschen wie versteinert. Am Anfang dachte Frau Strauß: An die kommst du nie ran … Dann erkannte sie: Die Teilnehmer wollen lieber zuhören als selbst reden. Man lebt in einer Kleinstadt, man kennt sich untereinander oder man hat voneinander gehört. Also hält man sich – ein Phänomen, das auch in kirchlichen Gemeindegruppen weit verbreitet ist – lieber mit Persönlichem zurück, damit man kein Opfer von Klatsch wird.

»Ich rede also in diesem Gesprächskreis viel von mir selbst, einfach und authentisch«, erzählt die Leiterin. »Zum Beispiel, dass auch ich lernen musste, darauf zu achten, wie oft ich das Wort ›aber‹ benutze: Ich möchte gern meine Freundin besuchen, aber … Ich möchte gern laut singen, aber ich habe Angst, was dann die Nachbarn von mir denken könnten … Mit einem ›Aber‹ machst du immer kaputt, was du vorher gesagt hast.«

Mit der Zeit wurde der Seniorenkreis, dem fast ausschließlich Frauen angehörten, durchaus lebendig, und Sophie Strauß stellte fest, wie stark die inneren Verbote gewesen waren, die sich einem Mehr an Lebensfreude entgegenstemmten: Das tut man nicht. Das darf man nicht. Das gehört sich nicht. Das ist falsch. Das ist Sünde. »Solche Sätze steckten ganz tief drin. Aber seit die Frauen sie ausgesprochen haben, werden sie zunehmend freier und vertrauensvoller.«

Was kann man im Alter noch ändern?

Anfangs fragte sie in die Runde, mit welcher Einstellung sich die Seniorinnen morgens im Spiegel anschauen, und die Antworten fielen erwartungsgemäß aus: Man blickt in den Spiegel und findet, man sieht schrecklich aus! Gut, sagte Sophie Strauß, jeder kenne das. Doch wie wäre es mit einem völlig anderen Tagesbeginn? Hey, guten Morgen, schön dich zu sehen! – Wie wäre es, damit anzufangen, freundlich zu sich selbst zu sein?

»Sich selbst zu schätzen oder gar sich selbst zu lieben, das hat diese Generation nicht drauf«, erläutert sie mir. »Sie sagen: ›Aber das darf man doch nicht. Ich darf mich doch nicht selbst loben!‹ Da frage ich: ›Ja, wer soll mich den sonst loben?‹«

Man merkt, was hier geschieht: Diese Frau bezieht Position. Sie hilft Seniorinnen, ihren Selbstwert zu entdecken. Sie lockt sie aus der Reserve und motiviert sie, sich selbst einige wesentliche Fragen zu beantworten: Was kann ich? Was habe ich an Reichtum, an Fähigkeiten in mir? Was kann ich an die Gesellschaft zurückgeben? »Das verstehen die wenigsten«, sagt Sophie Strauß ohne Vorwurf – sie habe es ja selbst erst einmal verstehen müssen. Darüber hinaus habe sie lernen müssen, dass sie für sich die volle Verantwortung trage, mit 70, 80, 90 Jahren, auch mit 100 Jahren. »Ich habe verstanden, dass mir diese Verantwortung nicht einmal genommen ist, wenn ich später pflegebedürftig sein sollte. In diesem Fall bin ich verantwortlich dafür, dass ich akzeptiere, dass es so ist wie es ist. Alter ist keine Krankheit. Alter ist eine Lebensphase. Es geht darum, mich für das zu bedanken, was ich heute habe. Mich auch dafür zu bedanken, dass ich meine Kinder loslassen konnte.«

Am Schluss unseres Treffens kommen wir auf ihre große Familie zu sprechen. In ihrer Nähe lebt niemand, aber es herrscht Verbundenheit. Die Ehe von Sophie Strauß wurde nie geschieden. Sie waren ein ausgesöhntes Paar, als ihr Mann vor einem Jahr starb. In den letzten zwölf Monaten blieb sie an seiner Seite, bis zu seinem Tod. »Ja, das war möglich. Dabei muss man bedenken, dass wir früher ein sehr heftiges Leben führten«, sagt sie über ihre Beziehung, »dass wir viel erlebten und viel erlitten. Ja, und dann sind wir in vollem Frieden auseinander gegangen, in großer Liebe. Mehr lässt sich mit Worten nicht beschreiben.« Alle Kinder, Enkel und Urenkel waren bei der Beerdigung anwesend. Jetzt ist Sophie Strauß die Stammesälteste. Das wertet sie als das große Geschenk ihrer späten Jahre: der Frieden in ihrer Familie. Sie nennt es »eine Gnade«.

Ein bodenständiger Charakter

Mein nächster Besuch führt mich in die sächsische Kleinstadt Tharandt. Er lebe im »Professorenhaus«, sagt Otto Wienhaus, während er mich in den Wintergarten führt. Sein Vater habe hier gewohnt, und auch er selbst sei hier – genau genommen im heutigen Esszimmer – vor 70 Jahren auf die Welt gekommen. Das Haus wurde Ende des 19. Jahrhunderts gebaut. Ich hatte Otto Wienhaus vorab das Konzept meines Buches geschickt, und während wir Platz nehmen, sagt er: »›Wir Alten …‹ Interessant! Da merkt unsereins erstmal, dass er dazugehört.«

Er hat mich am kleinen Bahnhof von Tharandt abgeholt. Hätte dort so viel Betrieb geherrscht wie auf dem Hauptbahnhof von Dresden, wäre ich an ihm vorbeigelaufen. Otto Wienhaus gehört eindeutig zur Gruppe der »jungen Alten«. Der Professor ist Forstwissenschaftler und Chemiker und ohne Zweifel ein bodenständiger Charakter. Er lebt nicht nur in dem Haus seines Vaters, er unterrichtet auch an der Hochschule, an dem bereits sein Vater Professor war, am Institut für Pflanzenchemie und Holzchemie, das zur TU Dresden gehört. Er will mich nicht langweilen mit der langen Liste seiner Forschungsgebiete, nur so viel: die Holzkohlegewinnung gehöre dazu und die Schädlingsbekämpfung im Wald, angefangen beim Borkenkäfer.

Das Besondere an Otto Wienhaus: So fest er in seinem Heimatboden verwurzelt sein mag – er ist auch ein Freund von Aufgaben in der Ferne. Es handelt sich um Reisen des Senioren-Experten-Service, kurz SES, eine Stiftung der deutschen Wirtschaft. Die Organisation, die vom Bundesministerium für wirtschaftliche Zusammenarbeit und Entwicklung finanziell unterstützt wird, vermittelt Ruheständler dorthin, wo ihr Fachwissen gefragt ist: vor allem in kleine und mittlere Unternehmen, aber auch in öffentliche Institutionen, in Kommunen und berufliche Ausbildungsstätten. Seit dem Gründungsjahr 1983 kam es zu 17 000 Einsätzen weltweit. 7000 Experten, Männer und Frauen, sind im Computer erfasst; die Kunst der überwiegend ehrenamtlichen Mitarbeiter besteht darin, ein bislang ungelöstes Problem einerseits und Spezialisten andererseits zusammenzubringen. Im Falle von Otto Wienhaus gelang es in den vergangenen Jahren viermal. Er reiste nach China, nach Pakistan und nach Guyana. Jeweils drei Wochen hielt er sich vor Ort auf. Flug, Unterkunft und Verpflegung waren frei. Während seiner beiden Aufenthalte in China bekam er einen Wagen, einen Fahrer und einen Dolmetscher zur Verfügung gestellt, dazu ein Taschengeld von 10 Euro am Tag.

Déjà-vu in China

Der Kulturphilosoph, Soziologe und Historiker Eugen Rosenstock-Huessy (1888–1973) war der Meinung, es gehöre zur Menschenwürde, dass man am Ende seines Berufslebens seinen Nachfolger einarbeitet. Er lebte in einer anderen Zeit, als Berufswissen noch kein so schnelles Verfallsdatum hatte wie heute – jedenfalls dann, wenn man als Deutscher im eigenen Land bleibt. Anders ist es, wenn man sich mit seinem Knowhow dorthin begibt, wo es noch gefragt ist – wo sich bei der Produktion Probleme stellen, die hierzulande schon gelöst sind und an deren Lösung man selbst mitgearbeitet hat. Zum Beispiel, wenn es um das Säubern der Flüsse geht.

Der erste Einsatzort für Wienhaus in China war eine Industriestadt mit dem Namen Feixiang, durch die ein Fluss führt. Als der Wissenschaftler an dessen Ufer stand, erlebte er ein Déjà-vu: Handelte es sich doch um die gleiche dunkle, stinkende Brühe, die er von der Elbe der Sechziger- und Siebzigerjahre in Erinnerung hatte. Das Wasser war vor allem durch die Produktion eines vorgelagerten Zellstoffwerks verschmutzt. Auch in anderer Hinsicht fühlte Wienhaus sich in DDR-Zeiten zurückgebeamt: »Bei Empfängen und offiziellen Abendessen saß links neben mir der Parteisekretär. Der hat dann auch eine Rede gehalten.« Währenddessen trug der Professor aus Deutschland wie seine Gastgeber eine dicke Winterjacke, denn in China werden die Häuser nicht geheizt.

Seine Aufgabe, weshalb man ihn hergeholt hatte, bestand jedoch nicht darin, den Fluss zu säubern, sondern Wertstoffe aus dem Abwasser der Zellstoffproduktion zu filtern. »Aber indem dies geschah, wurde gleichzeitig der Fluss von Schadstoffen entlastet«, erläutert er das Ergebnis. Bei den Wertstoffen handelte es sich unter anderem um Lignin, das beim Betonmischen gute Dienste leistet. Des Deutschen Qualifikation bestand nicht nur in seinem Wissen, sondern in der Art, wie er Grundlagenforschung betrieben hatte. Immer schon war es ihm wichtig gewesen, mit Fachleuten aus anderen Bereichen, zum Beispiel Verfahrenstechnikern, zusammenzuarbeiten. Mit den Chinesen, die er in Übereinstimmung mit dem, was die Medien bei uns bekannt geben, als diszipliniert und wissenshungrig beschreibt, kam er gut zurecht. Aber anders, als er es aus der hiesigen Berichterstattung gewohnt war, erlebte er in Feixiang keine Ignoranz angesichts der großen Umweltbelastungen. In der Stadt mit 500 000 Bewohnern litt man unter dem giftigen Zustand des Flusses, in dem die Alten noch gefischt hatten. Und so blieb es nicht aus, dass die Lösung von ökologischen Problemen immer mehr Raum im fachlichen Austausch einnahm. »Es ist einfach schön«, sagt Wienhaus, »wenn man sein Wissen weitergeben kann.«

Bei seiner zweiten Reise nach China standen wiederum die Zellstoffproduktion und das Herausfiltern von Wertstoffen im Vordergrund. Der durch Schadstoffe verseuchte Fluss wurde in das nahe gelegene Gelbe Meer geleitet. Hier war man an weiteren Maßnahmen zur Reinigung des Abwassers nicht sonderlich interessiert. Das legt die Frage an Wienhaus nahe, ob ihn das nicht frustriert habe. Seine Antwort: Eindeutig Nein. Er ist lange genug auf der Welt, um sich zu daran erinnern, dass es auch in Deutschland eine Zeit gab, in der dem Meer grenzenlose Belastbarkeit zugetraut wurde. »Man darf diesen Ländern nicht gleich unsere Standards überstülpen«, sagt er. Man dürfe nicht erwarten, dass Spezialwissen über Schadstoffentsorgung auf Anhieb Gehör findet. Vielleicht geschehe es ja zu einem späteren Zeitpunkt, bei seinem Nachfolger oder Nachnachfolger.

Es bedarf eines langen Atems

Engagement im Umweltschutz verlangt nun mal einen langen Atem, und so war seine Gelassenheit auch bei seinem Einsatz in Pakistan hilfreich. Ein Familienbetrieb hatte ihn angefordert. Es handelte sich um den einzigen Hersteller von Hartfaserplatten im Land. Das Problem war, dass beim Pressen der Hartfasermasse die Siebe verklebten, was dem Endprodukt erhebliche Mängel zufügte. Auch hier war das Abwasser belastet, dennoch wurden damit die angrenzenden Felder bewässert. Umweltschutz war kein Thema, genauso wenig wie Arbeitsschutz. Wertstoffgewinnung aus dem Abwasser interessierte die pakistanische Betriebsleitung nicht im Geringsten. Sie wollte saubere Siebe und sonst gar nichts. Vor seiner Reise hatte Wienhaus mit einigem Aufwand Informationen zusammengestellt, und zwar über die deutschen Methoden hinsichtlich Qualität und Umweltschutz bei der Produktion von Hartfaserplatten. Alles umsonst? Wer weiß. Wienhaus hat die Unterlagen der Betriebsleitung übergeben. Vielleicht, sagt er, würden sie ja dort bei künftigen Überlegungen miteinbezogen.

Der deutsche Fachmann konnte das Problem vor Ort nicht lösen. Heimgekehrt vermittelte er den Kontakt zu Firmen, von der Hilfe zu erwarten war. Ob es dann tatsächlich geschah, hat er bislang nicht erfahren. Die Produktionsstätte lag auf dem Land, irgendwo zwischen Islamabad und Karatschi. Sie war von hohen Mauern umgeben und stand unter Polizeischutz. »Hier lebte ich wie interniert«, erzählt Wienhaus schmunzelnd. »Eine reine Männergesellschaft. Es gab 600 Mitarbeiter und keine einzige Frau.« Die Betriebsleitung – sie bestand aus Söhnen und Neffen der Eigentümerfamilie – wohnte unter der Woche auf dem Werksgelände und der Gast aus Deutschland ebenfalls. Die einzige optische Abwechslung bestand darin, dass täglich kunterbunt dekorierte Lastwagen Akazienholz anlieferten. Darauf stürzte sich jedes Mal eine Ziegenherde. Sie war der Grund, warum Wienhaus mit Milch versorgt werden konnte. Ab und zu fehlte ein Tier, dann gab es Ziegenfleisch zum Dinner.

Trotz der Einschränkungen seines Aufenthalts will der 70-Jährige seine Zeit in Pakistan nicht missen. »Sie erfahren ja so viel mehr über die Realität eines Landes, wenn Sie in einem Betrieb arbeiten, als wenn Sie als Tourist herumreisen.«

Keine schönen Urlaubsziele

Nun, Urlaubsziele waren die Einsatzorte in China und Pakistan nicht. Guyana schon eher – jedenfalls gibt es Bestrebungen, dort Ökotourismus zu fördern. Mit seinen 700 000 Einwohnern gehört das ehemalige Britisch Guayana zu den kleinsten Ländern der Welt, und es grenzt an einen Riesen, an Brasilien.

Zwei ehemalige Studenten von Otto Wienhaus haben in einem Indianerdorf im Regenwald ein interessantes Entwicklungshilfeprojekt ins Leben gerufen, getragen von der »AmazonasWald-Kanada-Initiative e.V.« Dass sie den Professor als Berater zu sich in den Dschungel holten, hat vor allem damit zu tun, dass er über viele Jahre zusammen mit anderen Instituten die wissenschaftlichen Grundlagen der Holzkohlenproduktion erforschte, ein großer Wirtschaftsfaktor in der ehemaligen DDR.

Um zu verstehen, was genau seine Aufgabe in Südamerika war, muss vorab ein kleines, aber hochinteressantes Kapitel der Bodenkunde beleuchtet werden. Der Regenwald in Südamerika wächst auf Böden, die bekanntlich zu den nährstoffärmsten der Welt gehören. Brandrodung ist die übliche Methode, um den Anbauflächen Erträge abzugewinnen, aber die Fruchtbarkeit hält nur vier Jahre. Dann ist die Erde völlig ausgelaugt, und ein weiteres Stück Urwald wird ein Opfer der Flammen.

Aber an einigen Stellen, wo vor der Ankunft der Europäer am Amazonas Indianer lebten, ist der Boden mit einer bis zu einem Meter dicken, schwarzen und fruchtbaren Schicht bedeckt. Die Einheimischen nennen diese Böden Terra Preta, also schwarze Erde. Man weiß inzwischen, dass Terra Preta vor langer Zeit von Menschenhand geschaffen wurde. Die Erträge auf ungedüngter Terra Preta übertreffen die Erträge auf der üblichen Amazonaserde um ein Vielfaches. Die Schwarzerde ist nachhaltig fruchtbar – was sich darin zeigt, dass sie zum Teil schon seit über 1000 Jahren dem extremen Klima Amazoniens ausgesetzt ist und dennoch gutes Wachstum verursacht. Offenbar ist Terra Preta ein Gemisch aus Holzkohle, Tonscherben, Küchenabfällen, Knochen und Fäkalien. Es scheint so zu sein, dass fast alles, was an organischen Stoffen anfiel, für ihre Herstellung verwendet wurde, ähnlich dem Verfahren, das viele Gartenbesitzer heute beim Kompostieren anwenden. Noch müssen die Bodenkundler lernen, die Terra Preta besser zu verstehen. Doch sie hoffen, bald eine einfache Methode zu entwickeln, mit der die heutigen Bauern Amazoniens eine neue Terra Preta erzeugen können.

Vor allem die Holzkohle ist ein entscheidender Faktor für die Fruchtbarkeit der Terra Preta. Sie wirkt wie ein Speicher und verhindert, dass wichtige organische Nährstoffe durch den reichlichen Niederschlag aus dem Boden gewaschen werden. Hier nun war das Spezialwissen von Otto Wienhaus gefragt. Im Schulgarten von Surama, so der Name des bereits erwähnten Indianerdorfes, wurden unter Beimengung von Holzkohle Versuchsbeete angelegt, die danach in die Obhut von Schulklassen übergingen.

Ganz sicher hätte man den Professor aus Tharandt nicht einfliegen lassen, wäre es ganz simpel nur um die Produktion von Holzkohle gegangen – ein altes, erprobtes Verfahren, das schon lange seinen Weg nach Südamerika gefunden hat. Doch üblicherweise dauert die Herstellung von Holzkohle in einem Meiler etwa drei Wochen.

DDR-Experiment macht in Indianerdorf Schule

Der Wissenschaftler entwickelte ein Schnellverfahren. Hintergrund war die Mangelwirtschaft zu DDR-Zeiten. Man wird erfinderisch, wenn es immer wieder zu Engpässen kommt. Eines Tages meldete sich ein Bekannter bei Wienhaus und stellte ihm sein Problem dar: Ein Familienfest im Garten stehe bevor, aber es gebe nirgends Holzkohle zu kaufen. Da entschloss sich der Professor zu einem Versuch. Eine alte Blechtonne in seinem Garten diente ihm als Meiler. Dann kombinierte er sein Fachwissen mit Beobachtungsgabe und Experimentierfreude, und – ein neues Verfahren war geboren, genau genommen ein Turboverfahren. Es dauerte nur 20 Stunden, und die Holzkohle war gebrauchsfertig. Die Party war gerettet!

Ganz ähnlich verfuhr Wienhaus 30 Jahre später im Regenwald von Guyana. Diesmal benutzte er alte gelbe Ölfässer, an denen in Lateinamerika kein Mangel herrscht, als Meiler. Wieder dauerte es nur 20 Stunden, bis die Holzkohle verwendet werden konnte. Mit der kurzen Produktionszeit ist man nun beim Experiment Terra Preta ein Stück vorangekommen. Sich bei der Herstellung von Holzkohle auf drei Wochen einzulassen entspräche nicht der Mentalität der dort lebenden Kleinbauern.

Auch in seinem Heimatort in Deutschland wird Wienhaus über das weitere Vorgehen und die Auswirkungen von Terra Preta auf dem Laufenden gehalten. E-Mails werden ausgetauscht, was möglich ist, weil im Dschungeldorf die Laptops an eine Solaranlage angeschlossen sind. Auch die Pumpe der Bewässerungsanlage wird darüber mit Energie versorgt. Das alles verdankt man sächsischen Schülerinnen und Schülern, die ideenreich Spenden sammelten.

Wienhaus schaut zurück auf sein Leben und scheint mit den wesentlichen Entscheidungen einverstanden zu sein. Er weigerte sich, der SED beizutreten; daher fehlte ihm eine zentrale Voraussetzung, um zum Professor berufen zu werden. Er bekam nur eine Dozentur. Es erging ihm damit wie anderen parteilosen Kolleginnen und Kollegen. Man half sich gegenseitig so gut es ging, um die Nachteile zu mildern. Aus dem Zusammenhalt einer Notgemeinschaft erwuchs ein enger Freundeskreis. Als der Wissenschaftler in Tharandt seinen 70. Geburtstag feierte, erschienen auch die Verbündeten von früher. Im Alter merkt man, ob man seine Beziehungen gepflegt hat oder nicht. Wienhaus tat es, und er zitiert in diesem Zusammenhang seine Mutter: »Sie hatte dazu den Satz: ›Wege, die nicht betreten werden, wachsen zu.‹«

Wie sich nach der Wende herausstellte, bestand seine Stasi-Akte aus 400 Seiten. Immer wieder las er darin, wie fundiert seine wissenschaftliche Arbeit sei, er selbst aber leider »politisch unzuverlässig«, weil er der Partei fernbleibe und auch seine Westkontakte – sein Bruder und weitere Verwandte lebten in Westdeutschland – nicht einschränke. Am letzten Tag der DDR schließlich wurde er zum ordentlichen Professor ernannt. Verbeamtet wurde er nicht mehr. Außerdem entstand auf Grund komplizierter Übergangsregelungen für zehn Jahrgänge, denen er das Pech hat anzugehören, eine erhebliche Versorgungslücke. Sie haben nur einen Rentenanspruch von 35 Prozent der letzten Bezüge. Die Ungerechtigkeit soll nun durch eine Sammelklage beseitigt werden. »Hoffentlich warten sie nicht, bis wir alle tot sind«, sagt Wienhaus. Selbst wenn er wollte, könnte er sich nicht zur Ruhe setzen. Weiterhin hält er Vorlesungen und arbeitet an Forschungsthemen mit. Doch der Hauptteil dessen, was ihm am Herzen liegt, drückt sich in unbezahlter Arbeit aus. Zum Beispiel ist er Stadtrat und Ortsvorsteher seiner Heimatstadt. Auch auf seine ehrenamtlichen Auslandseinsätze wird er künftig nicht verzichten.

Ein erstaunlicher alter Mann

Es gibt weit mehr Menschen als man denkt, die im Ruhestand noch einmal etwas Neues wagen. Als ich Paul Meyer anrief, in der Hoffnung, ihn als Gesprächspartner für dieses Kapitel zu gewinnen, lachte er auf. »Im Alter noch mal durchstarten? Ist es das, was Sie meinen? O.K., da bin ich dabei.« Er ist 87 Jahre alt und Ingenieur. Genau genommen ist er Erfinder. Eine bürgerliche Variante von Daniel Düsentrieb: immer an Neuem interessiert, wenn es mit eigenen Forschungen verbunden ist. Jemand hatte mir von einem Workshop während der Lindauer Psychotherapiewochen erzählt, wo ein erstaunlicher alter Mann aufgetreten sei: Paul Meyer, Entdecker einer Selbstheilungsmethode, die auf reiner Vorstellungskraft beruht. Er war gemeinsam mit dem Professor für Psychiatrie, dem Klinikdirektor Konrad Maurer, Universität Frankfurt, aufgetreten. Mein Interesse war geweckt. Ich besorgte mir einen Mitschnitt auf DVD. In seiner Einführung sagte Konrad Maurer, nicht nur jede Körperbewegung aktiviere die dafür zuständigen Bereiche im Gehirn, sondern das Gleiche werde auch mit der *Vorstellung* einer Bewegung erreicht. Und dies wies er an Hand von Abbildungen nach, die mithilfe des sogenannten »Neuroimaging« gemacht wurden. Er betonte: »Psyche und Psychotherapie prägen das Gehirn.«

Dann trat Paul Meyer auf. Ich lernte einen begeisterungsfähigen Mann mit freier Sprache und leisem Humor kennen. Markant sind an ihm – er hat mir erlaubt, das hier hier zu notieren – die abstehenden Ohren. Seine Methode, die er »Imaginatives Resonanz Training« (IRT) nennt, könnte man als eine Abwandlung des mentalen Trainings beschreiben. Es ist bekannt, dass vor allem Spitzensportler und Musiker nicht nur real, sondern gleichfalls in der Vorstellung üben. Für die Selbstbehandlung bestimmter körperlicher Symptome, aber auch zur Steigerung der Konzentrationsfähigkeit oder zur Beruhigung wird seit Jahrzehnten das Autogene Training empfohlen. Wenn also Paul Meyer Menschen dazu ermuntert, ihre Vorstellungskraft zu nutzen, ist das nicht neu. IRT arbeitet dennoch anders und viele Patienten, zunehmend auch Ärzte, sind verblüfft über die Ergebnisse. Dass Paul Meyer als Nicht-Mediziner und Nicht-Psychologe seine Erkenntnisse in Fachkreisen vortragen und die Teilnehmer seines Workshops zur Selbsterfahrung auffordern durfte, muss als ein Ritterschlag für den eigenwilligen Außenseiter und Autodidakten angesehen werden – geschah es doch im Rahmen der bedeutendsten Tagung der Psychotherapie im deutschsprachigen Raum, die jedes Frühjahr in Lindau stattfindet.

Er muss immer weiter forschen

Sollte jemand Herrn Meyer unverhofft über den Weg laufen und ihm von irgendeiner akuten Unpässlichkeit wie Schnupfen oder Zahnschmerzen erzählen, dann kann es gut sein, dass Herr Meyer spontan Hilfe anbietet. Denn nichts ist ihm wichtiger, als Menschen mit IRT vertraut zu machen. Es handelt sich um eine Methode, die er, seit er sie vor knapp 20 Jahre entdeckte, ständig weiterentwickelt. Jede Begegnung mit einem Patienten, den er als Nicht-Mediziner vermutlich gar nicht als Patient bezeichnen darf, wird also für seine Forschung genutzt. Deshalb: Wer ihn in seiner Wohnung in Wiesbaden besucht, aus privatem oder sonstigem Interesse, sollte eine Stunde zusätzliche Zeit mitbringen, denn mit ziemlicher Sicherheit wird Meyer ein entsprechendes Angebot machen – wobei ihm entgegenkommt, dass es kaum Menschen über 50 gibt, die vollkommen symptomfrei sind. Irgendetwas wird sich schon finden lassen, um IRT auszuprobieren. In meinem Fall waren die Kopfschmerzen nach 20 Minuten nachhaltig beseitigt.

Wer ist dieser Mann, der sich, wenn ihm etwas zu Boden fällt, so schnell bückt, dass ihm ein jüngerer Mensch nicht zuvorkommen kann? Ein alter Mann, der immer noch gut hört und gut sieht, ohne Medikamente auskommt und unerwartet vergnügt auflacht?

Geboren wurde er 1921 in Köln. Sein Vater war Engros-Metzger und hatte seine Firma am Schlachthof. 1933, als Hitler an die Macht kam, begann der Terror der Nazis gegen die jüdischen Mitbürger. 1936 wurde Paul Meyer als 15-Jähriger von seinen Eltern nach England geschickt; seine Schwester und sein Bruder kamen 1939 nach.

Die Kindertransporte der jüdischen Realschule Köln retteten ihnen das Leben. Was immer die Zukunft an Bedrohungen noch mit sich bringen würde, dachten Paul Meyers Eltern – wenigstens ihre Kinder sollten in Sicherheit sein. Mutter und Vater, sowie die ganze ältere Generation, überlebten die NS-Zeit nicht. Sie wurden in Auschwitz ermordet.

Heute sind die Kinder weit älter, als ihre Eltern wurden, und leben in drei verschiedenen Erdteilen. Paul Meyer ist verheiratet und kinderlos. Seine Schwester in Kanada hat drei Kinder und vier Enkel. Sein Bruder in Israel, der die Tochter eines Kölner Rabbiners heiratete, hat sechs Kinder und 25 Enkel.

Nach Beendigung der Schulzeit in England studierte Paul Meyer Hoch- und Tiefbau. Seine Idee dazu war: Als Ingenieur kann ich überall mein Geld verdienen, denn gebaut wird auf der ganzen Welt. Doch es kam anders. Nie baute er eine Brücke, nicht mal ein Haus. Dennoch sollte ihm sein Ingenieursgrundwissen zugute kommen. Nach Ausbruch des Krieges, während der Internierung, lernte er einen Mathematiker und Philosophen kennen, ehemals außerordentlicher Professor für theoretische Physik an der Universität Wien. Er war Lagerinsasse in Dachau gewesen. Paul Meyer beschreibt ihn als einen Mann mit genialen geistigen Fähigkeiten und geringer Sprachenkompetenz – ein einseitiges Genie. Jede Herausforderung nahm er an. Wenn er ein Projekt anfing, kam am Ende Erfolgreiches heraus. Das Besondere war: Der Professor betrat nie ein Labor, er machte seine Versuche ausschließlich im Kopf. Nur konnte er das, was er tat, nicht wirklich vermitteln, denn er verzichtete nicht nur auf Laborversuche; genauso wenig war er in der Lage, technische Zeichnungen anzufertigen.

»Aber die Engländer sind ja große Pragmatiker«, erklärt Meyer. »Sie störten sich nicht an den Eigenheiten des Erfinders, sondern machten ihn zum Leiter der Forschungsabteilung einer Motorenfabrik.« Denn es gab eine Lösung des Vermittlungsproblems und die trug den Namen Paul Meyer. Der junge Ingenieur wurde des Professors Assistent und engster Vertrauter. »Ich war sein Kommunikator«, erzählt er. »Ich habe seine Gedanken in Zeichnungen übertragen. Ich war auch sein Archiv, denn sobald er eine Arbeit abgeschlossen hatte, konnte er sich nicht mehr daran erinnern.«

Später gründete der Professor eine eigene Firma. Es ging dabei um Erfindungen in der Verfahrenstechnik, um spezielle Mischmaschinen. Zum besseren Verständnis schlägt Meyer mir vor, ich möge mir so etwas wie einen komplizierten industriellen Fleischwolf vorstellen, bei dem unten – je nachdem – Plastik oder Gummi rauskomme. »Es gibt kaum etwas, das schwieriger mit anderen Stoffen zu mischen ist als Gummi«, erläutert er. Die Mischmaschinen waren vor allem für die Autoreifenindustrie von großem Interesse. Nach dem Tod des Professors, seines älteren Freundes und Mentors, übernahm Paul Meyer dessen Firma, die inzwischen viele Lizenznehmer hatte. In den Siebzigerjahren siedelte er nach Deutschland über, trennte sich aber bis heute nicht von seinem englischen Pass. Er entwickelte die Verfahren des Professors weiter, bis er mit Ende 70 in den Ruhestand trat. Bei ihm bedeutete das: mit neuer Power loslegen – endlich fulltime tun, woran sein Herz hing.

Wie kann man Traumatisierte heilen?

Schon in England war in ihm das Interesse an dem großen Thema Krankheit und Heilung gewachsen. »Dort hatte ich viele Überlebende kennengelernt, nicht nur den Professor, und meine zentrale Frage war: Wie heilt man solche tiefsitzenden Wunden? Und das ist ja bis heute so geblieben. Wir leben in einem Zeitalter der Flüchtlinge, der ›displaced persons‹, in Afrika und sonstwo auf der Welt.« Bereits als junger Mensch kam ihm der Verdacht, dass die herkömmliche Psychotherapie nur wenig zur Genesung beitragen konnte. Für ihn bestand nie ein Zweifel an der Auffassung, dass sich seelische Belastungen als organische Krankheiten niederschlagen können und umgekehrt. Bei seinen Beobachtungen und Überlegungen konzentrierte er sich auf das am ehesten Greifbare, auf die körperlichen Symptome.

»Als Erfinder muss man in der Vorstellung arbeiten – so wie jeder andere kreative Mensch auch«, erklärt er. »Also lag es für mich nahe, den Vorgang des Imaginierens auch auf Heilungsprozesse anzuwenden.« Meyer geht nun davon aus, dass wir alle von Natur aus ein – wie er es nennt – »Körperbild von unserer eigenen perfekten Gesundheit« in uns tragen. Das sei unser Grundmuster, glaubt er, was jedoch im

Krankheitsfall von Störfeldern überlagert werde. Darum sagt er seinem Gegenüber, das Fußbeschwerden hat, nicht: »Stellen Sie sich ihren Fuß vor«, sondern: »Lassen Sie in Ihrer Vorstellung – nicht an Ihrem Körper, aber körpernah – einen Fuß erscheinen. Schauen Sie dafür *nicht* in sich hinein, sondern halten Sie die Augen offen; bleiben Sie in Kontakt mit Ihrer realen Umgebung. Überlegen Sie nicht, wie dieser Fuß aussehen soll, sondern lassen Sie die Vorstellung wie von selbst kommen.«

Als Ingenieur, zu dessen Alltag technische Zeichnungen mit eindeutigen Maßangaben gehörten, war ihm aufgefallen, dass beim Beschreiben von Vorstellungsübungen, zum Beispiel in der Psychotherapie oder in der Meditation, die konkrete Größe des imaginierten Objekts überhaupt keine Rolle spielte. »Ich entdeckte aber: Wenn wir uns ein Körperteil in wirklicher Größe vorstellen, dann hat es eine Rückwirkung – eine klare Resonanz – auf den realen Körperteil.«

Danach geht es darum, einen vorgestellten Fuß oder eine Hand in einem klar definierten Ablauf anzuspannen und zu entspannen bzw. zu bewegen. Dazu bedarf es am Anfang einer Anleitung. Es würde zu weit führen, hier die weiteren Schritte im Detail darzustellen, wichtig ist vor allem dies: Es geht nicht nur um das Imaginieren, sondern auch um das Beobachten dessen, was in der Vorstellung aufgetaucht ist: Verändert sich das Bild? Gibt es ein Empfinden in der vorgestellten Hand oder in der angrenzenden Armregion? Spürt man Wärme oder Schmerz? Gibt es Signale im realen Körperbereich? Der Ablauf ist immer derselbe. Es geht um klare Kommunikation. Jeder Schritt muss, wenn er beendet ist, vom Trainer bestätigt werden, dann erst wendet sich der »Aufmerksamkeitsleiter«, wie Meyer ihn nennt, dem nächsten Schritt zu. Die Übungen erfolgen in Zyklen, und jeder Zyklus braucht einen eindeutigen Abschluss. Nach einer Reihe von Zyklen erfolgt die Aufforderung: »Nehmen Sie nun die vorgestellte Hand in ihre wirkliche Hand hinein.« Das Imaginationsbild soll sich also – weiterhin alles in der Vorstellung – im entsprechenden realen Körperteil auflösen. »In diesem Prozess« sagt Meyer, »werden die Störfelder, die das gesunde Körperbild überlagern, scheibchenweise beseitigt. Die Menschen empfinden sich zunehmend als Chef oder Chefin ihrer Vorstellung und nicht mehr länger als Opfer ihrer Erkrankungen.«

Der Übende bewegt sich während der ganzen Sitzung nicht. Alles geschieht nur in seiner Vorstellung. Meyer als »Aufmerksamkeitsleiter« berührt ihn nicht. Das ist das für ihn Günstige seiner Methode. Andernfalls müsste er, da er Menschen mit Beschwerden und Krankheiten vor sich hat, wenigstens eine Heilpraktikerausbildung vorweisen.

Erfolgreiche Methode

Der Mediziner Konrad Maurer hatte in seiner Einführung zur IRT gesagt, er sei von der Methode überzeugt. Sie habe häufig eine Wirkung, und ein Erfolg trete oft erstaunlich rasch ein. Unzählige Fallgeschichten hat Paul Meyer von Menschen gesammelt, die – meistens bereits nach der ersten Sitzung – von einer Besserung berichteten. Vor allem alte Menschen, die in einen bestimmten Köperbereich immobil geworden waren, oder solche, die wegen chronischer Schmerzen keine Krankengymnastik machen konnten, fühlten sich erleichtert. Viele von ihnen setzten die Methode als Selbstbehandlung fort und erreichten völlige Genesung. Eine seiner typischen Geschichten, die er mit seinem leicht rheinischen Tonfall vorträgt, klingt so: Eine Frau, die er schon lange kannte, weil sie in der Kantine der Maschinenfabrik arbeitete, wo er als Berater tätig war, trug eines Tages die Hand in der Schlinge. Wie sie ihm erzählte, war sie sechs Monate zuvor wegen Knochenerweichung operiert worden. Die Wunde war längst zugeheilt; die Frau konnte aber die Hand nicht schließen, sie konnte nicht zugreifen. Meyer schlug ihr vor: »Aber in der Vorstellung könnten Sie das tun. Da müssen Sie auch keine Angst haben, denn in der Vorstellung können Sie ja nichts kaputtmachen.« Sie erklärte sich zu einer Sitzung bereit. Schon nach wenigen Übungszyklen begann ein Kribbeln in der Narbe, sie wurde wärmer, und dieser Zustand breitete sich auf die ganze Hand aus. Am Ende der Sitzung konnte sie die wirkliche Hand zu einer Faust machen. Sie war entblockiert.

Meyer erzählt von einer anderen Frau, die unter offenen Beinen litt, von einer dritten, die immer wieder von Schwindelgefühlen befallen wurde, von einem Mann, dem nach einer Beinamputation das Phänomen des Phantomschmerzes zusetzte, von einem Geiger, dem nach einem Unfall seine Finger nicht mehr gehorchten. Dass sich die

Wunden am Bein schlossen, dass der Schwindel kontrollierbar wurde, dass der Phantomschmerz sich verabschiedete und der Musiker wieder auftreten konnte – all dies, fügt Meyer hinzu, lasse darauf schließen, dass hier Menschen mit einer guten Vorstellungsgabe ausgestattet gewesen seien. Die Kunst des Imaginierens ist nun mal, wie er zu bedenken gibt, unterschiedlich ausgeprägt, wie andere Fähigkeiten auch; sie wird aber durch intensives Üben erheblich verbessert. Es sei auch nicht falsch, meint er, in diesem Zusammenhang von geistiger Wahrnehmung zu sprechen, wie sie häufig Künstlern zu eigen sei, oder von Bewusstseinerweiterung, wie sie während der Meditation auftreten könne. Im Übrigen, räumt er ein, sei er selbst darin kein Überflieger, andernfalls würde er sich vielleicht noch besser helfen können. Da seien eben typische Altersbeschwerden – »Prostata, Muskelschwund und das Skelett beugt sich« –, doch insgesamt halte sich alles noch im erträglichen Rahmen. »Ich werde meinen Körper durch Vorstellungsarbeit und Diät noch so weit in Gang halten, bis ich mitgeteilt habe, was ich mitteilen muss«, versichert er. Das Leben abschließen heißt für ihn: ein Buch über seine Heilungsmethode schreiben. Das wird sein Vermächtnis sein.

Kapitel 12
Letzte Entscheidungen
Bewusst das Leben abschließen

Wann beginnt der Abschied?

In den letzten Lebensjahren drängt es viele Menschen, noch zu tun, was getan werden muss. Sie ordnen ihre Papiere. Sie überprüfen ihr Testament. Sie fangen an, sich von ihrem Besitz zu trennen, und damit beginnt der Abschied. Altmodisch ausgedrückt: Sie bestellen ihr Haus. Sie verschenken Bilder, Haushaltsgegenstände, Kleidung und Schmuck. »Mit warmen Händen geben«, so nannte man den Vorgang in früheren Zeiten. Bei meiner bereits im 4. Kapitel erwähnten 90-jährigen Freundin geschieht es beiläufig. Sie, die Sentimentalitäten meidet, teilte mir kürzlich mit, sie sei gerade dabei, ihren Keller auszuräumen. »Meine elektrische Brotmaschine kannst du gern haben«, sagte sie. »Verletzungen kann ich mir auch woanders holen.«

Es gibt alte Menschen, die können sich jahrelang damit beschäftigen: Wer würde sich über was freuen? Wem könnten sie was in die Hand drücken? Mit welchen Worten? Die sind nicht immer leicht zu finden. Welche Bedeutung hat ein bestimmtes Geschenk für die Beziehung? Soll es schlicht ein Erinnerungsstück sein? Oder ist damit ein Auftrag oder Anerkennung verbunden? Wenn es die Schwiegertochter und nicht die Tochter ist, die den schönsten Halsschmuck der Großmutter bekommen soll, wird der Familiensinn der Angeheirateten gewürdigt. Dass sie künftig die Familie zusammenhält, wird ihr eher zugetraut als der eigenen Tochter.

Womöglich wird zu diesem Zeitpunkt auch das Auto weggegeben. Geht es in den Besitz einer Enkelin über, könnte damit auch eine pädagogische Absicht verbunden sein: Die Studentin möge das gepflegte Fahrzeug wertschätzen, es regelmäßig warten, etwas für ihre eigene Sicherheit tun – und es bitte nicht so zumüllen lassen wie ihre Blechdose, mit der sie bislang unterwegs war.

Wer den Frieden innerhalb seiner engsten Umgebung im Blick hat, der bemüht sich, bei der Vergabe gerecht zu sein. Das Finanzielle lässt sich leichter ausgleichen als das Ideelle. Auf jeden Fall hat das Verteilen von Besitz den Charakter eines Tests zur Frage, wie es grundsätzlich steht um die Beziehungen in der Familie oder innerhalb der Wahlverwandtschaft. Der oder die Älteste kann sich an Hand der Reaktionen ein ungefähres Bild davon machen, was einmal unter den Erben los sein wird. Bei unseren Vorfahren kursierte dazu der Spruch: »Du kennst dein Sippschaft? Erb erstmal mit ihnen!«

Dass der Kampf ums Erbe schon vor dem Ableben ausbricht, ist Stoff für viele Dramen, auch für Familiendramen. Meistens wird einer habgierigen Sippschaft die Schuld gegeben. Der Krieg in der Familie kann aber ebenso durch den künftigen Erblasser provoziert worden sein. In *King Lear* von Shakespeare wird genau damit das Drama in Gang gesetzt. Auch dieser Alte macht kurz vor seinem Tod einen Beziehungstest. Doch es interessiert ihn nicht, wie sich seine drei Töchter untereinander verstehen, sondern es geht ihm einzig um die Frage: Welche meiner Töchter liebt mich am meisten? Der alte König will sein Reich an sie weitergeben. Den größten Teil soll diejenige erhalten, die ihm beweist, dass ihre Liebe zum Vater größer ist als die ihrer Schwestern.

Wie man eine Familie spaltet

Das Tröstliche an Shakespeares Dramen ist, dass sie uns zeigen: Früher war es auch nicht besser. Schon immer ließen Menschen sich einiges einfallen, um die eigenen Nachkommen gegeneinander aufzuhetzen. Ist der Vater ein König, hat das verheerende gesellschaftliche Folgen. Im wahren Leben spielt sich alles eine Nummer kleiner ab: Ein braver Bürger überschreibt seine Firma dem Erstgeborenen und verheimlicht dies seinem zweiten Sohn so lange, bis dieser rechtlich nichts mehr dagegen unternehmen kann. Damit ist ein Spaltpilz in die Familie eingepflanzt, der aller Voraussicht nach auch in der kommenden Generation wirksam bleiben wird. Die Mutter der so ungleich behandelten Söhne wird womöglich als alte Witwe klagen: »Warum verstehen sie sich nicht? Familie muss doch zusammenhalten …« Sie wird ausblenden, dass auch sie daran beteiligt ist, weil sie ihren Mann unterstützte, »zum Wohle der Firma« den Ältesten zu bevorzugen.

König Lear dagegen macht sich nicht einmal die Mühe, seiner Haltung ein moralisches Mäntelchen umzulegen. Er ist nichts anderes als ein egoistischer und kindischer Greis, der über keinerlei Menschenkenntnis verfügt. Den Test bestehen seine beiden ältesten Töchter, von deren Schmeicheleien er sich einwickeln lässt. Seine jüngste Tochter dagegen, die ihn als einzige tatsächlich liebt, jagt er davon. Lear teilt sein Land unter seinen beiden ältesten Töchtern auf und das Verhängnis nimmt seinen Lauf. Es entwickelt sich, typisch für Shakespeares Königsdramen, eine blutige Geschichte mit Verrat, Krieg und Wahnsinn.

Von einer vorbildlichen Familie kann also bei den Lears keine Rede sein. Erfreulich zivilisiert geht es im Allgemeinen bei den Schneiders oder Meiers zu. Dort bemüht man sich, den Nachlass gerecht zu regeln. Darüber hinaus wird, wenn die Zeit gekommen ist, der Inhalt von Schränken, Schubladen und Kartons inspiziert und ein Termin für den Sperrmüll ausgemacht. Was die Nachwelt nicht mehr braucht, kommt weg. Der Hintergrund ist klar und nachvollziehbar. Man möchte in guter Erinnerung behalten werden. Für viele Menschen ist es eine grässliche Vorstellung, ihre Kinder müssten sich später einmal durch eine völlig unsortierte Hinterlassenschaft durcharbeiten. Nicht alles, was einem im Leben Freude bereitet hat, wird posthum auf Verständnis stoßen. Nicht jeder intime Brief löst bei der Nachwelt Entzücken aus. Wenn es richtig ist, dass jeder Mensch seine Geheimnisse hat, dann gilt das auch für das Verhältnis von Eltern und Kindern. Nein, sein Lebenszimmer will man doch lieber in einem ordentlichen Zustand zurücklassen.

Wer erbt, räumt auf

Aber Letzteres ist nur eine der Varianten auf dem Weg, das Leben abzuschließen, und viele Alte interessiert es nicht im Geringsten. Sie halten es für Zeitverschwendung und sind der Auffassung: Wer erbt, räumt auf. Sie selbst hätten Wichtigeres zu tun; es seien noch ganz andere Dinge zu bewegen. Häufig meinen sie damit, sie möchten sich selbst bewegen. Sie wollen reisen. Weil sie merken, dass ihnen die Zeit davonläuft, wollen sie endlich tun, was sie bislang aufgeschoben haben. Bevor sie sterben, wollen sie noch einmal den Ort und die

Landschaft sehen, wo sie als Kinder und Jugendliche aufwuchsen. »Heimwehreisen« nennen sich die Busfahrten nach dem ehemaligen Ostpreußen oder nach Polen, die überwiegend von Weißhaarigen unternommen werden. Dabei bilden sich Gemeinschaften des Erinnerns. Je länger man unterwegs ist, desto vertrauter wird man miteinander. Man hält Rückschau auf Vertreibung, Flucht und Elend, auf elterliche Verstrickungen in das NS-Regime und auf den Neubeginn. All dies sind Themen, die tiefe Emotionen auslösen, und viele Reisende entlastet es, sich darüber mit Schicksalsgenossen austauschen zu können.

Aber auch hier zeigt sich wieder: In keinem anderen Lebensabschnitt sind unterschiedlichere Menschen unterwegs als im Alter. Längst nicht alle reisen gern in Gruppen. Meine bereits erwähnte uralte Freundin ließ sich überreden, zusammen mit fünf anderen Frauen eine Kur in Tschechien zu machen. »Nie wieder«, fasste sie ihre Erfahrung zusammen. »Es war furchtbar. Dieses ständige Gerede!« Aber eines will sie noch tun, bevor sie stirbt: Sie will in Kapstadt ihre älteste Freundin aus Kindertagen besuchen. »Bevor es zu spät ist«, fügt sie hinzu, »auch sie wird allmählich dement.«

Der Nobelpreisträger John Steinbeck fühlte bereits mit Anfang 60, dass seine Kräfte nachließen. Er hatte einen Schlaganfall hinter sich und befürchtete einen zweiten. Da wuchs in ihm der Wunsch, noch einmal, wie als junger Mann, allein »on the road« zu sein. Nur sein Pudel Charley begleitete den Schriftsteller auf seiner Rundreise im Campingbus durch die Vereinigten Staaten. Seine Erlebnisse und Reflexionen veröffentlichte er unter dem Titel *Reisen mit Charley* – ein Klassiker der Reiseliteratur.

Auf dem Rasenmäher unterwegs

Geschichten von Reisen, »bevor es zu spät ist«, können tief berühren. Ein überzeugendes Beispiel ist der Film *Eine wahre Geschichte – Straight Story* (USA, 1999), der ebenfalls gute Chancen hat, in die Reihe der Klassiker aufgenommen zu werden. Im Mittelpunkt steht ein eigenwilliger, wortkarger Kauz, der 73-jährige Alvin Straight, dem die Gebrechen des Alters zu schaffen machen. Er ist verwitwet, ein Mann aus einfachen Verhältnissen, der mit seiner Tochter in der Provinz lebt. Eines Tages erfährt er, sein Bruder habe einen Schlaganfall erlitten. Seit einem Streit vor zehn Jahren haben die beiden kein Wort mehr miteinander gesprochen. Alvin will ihn besuchen. Weil er nicht mehr Autofahren kann, tritt er die Reise auf seinem Rasenmäher an – von Iowa nach Wisconsin, 500 Kilometer. David Lynch schuf das langsamste Road Movie der Filmgeschichte. Es nimmt die Zuschauer nicht einfach nur mit auf den Weg, wie jedes gute Kino, sondern es entschleunigt sie. Der Film bringt sein Publikum zur Ruhe, so dass sich ihm nach und nach die Innenwelt des Alten und Wesentliches seiner entbehrungsreichen Lebensgeschichte offenbaren.

Alvin tuckert an Maisfeldern und Weizenflächen vorbei, er kommt durch kleine Orte, deren Bewohner erstaunt und gerührt auf den Alten reagieren. Sie begreifen sofort: Hier befindet sich jemand auf seiner letzten Lebensreise. Einmal gerät Alvin in Panik, als bei einer Abfahrt die Bremsen versagen und der Rasenmäher auf Tempo 50 beschleunigt. Er muss warten, bis sein Gefährt repariert ist. Das Bett, das ihm angeboten wird, lehnt er dankend ab. Er schläft lieber im Freien. Eines Abends setzt sich eine schwangere Ausreißerin an Alvins Lagerfeuer, und er erzählt ihr von seiner Familie, so wie er später bei anderen Zufallsbegegnungen das Älterwerden und sein Kriegstrauma ansprechen wird. In sparsamen Sätzen vermittelt er den Wert des familiären Zusammenhalts; er rückt die Besinnung auf das Wichtige im Leben in den Mittelpunkt. Er ist, wie sein Name es ausdrückt, straight, geradlinig. Und auf diese Weise erzählt der Film Alvins Geschichte: schnörkellos, unsentimental. Beim Wiedersehen der beiden Brüder werden keine Tränen auf alten Gesichtern gezeigt, sondern die Kamera schwenkt nach oben, in den Himmel.

Wir leben in einer Kultur der Talkshows, der nicht enden wollenden Worte. Über-alles-Reden ist ein Wert an sich geworden. Ständig versorgen uns die Medien mit Psychologie light. Was wir dabei gern vergessen, ist dies: dass eben auch das Unaussprechliche existiert und dass es sich dabei um einen Schatz handeln kann. Aber nicht jeder hat Zugang; nicht jeder besitzt das Sensorium, diese Dimension bei sich und anderen wahrzunehmen. Die Tiefen des Seins durch Worte zu erfassen ist kaum möglich – auch nicht die wesentlichen Lebenserfahrungen eines alten Mannes. Wer er ist und wie er der wurde, den wir auf seinem Rasenmäher erleben, davon erzählen uns sein Gesicht, seine Augen, sein Gang, seine Gesten, seine Stimme und sein Schweigen.

Eine Lebensreise der ganz anderen Art ist das Aufschreiben von Erinnerungen. Unzählige Menschen in Deutschland sind derzeit damit beschäftigt. Es ist nicht übertrieben, in diesem Zusammenhang von einem Erinnerungsboom zu sprechen. Im Alter rückt die Kindheit wieder näher. Fiel diese Kindheit in Kriegszeiten, sind die Erinnerungen häufig eine Last. Jahrzehntelang war es den meisten Kriegskindern gelungen, nach vorn zu schauen und sich nicht mit den Schrecken und Verlusten ihrer frühen Jahre zu befassen. Doch wenn das Kurzzeitgedächtnis nachlässt, fällt es immer schwerer, die Erinnerungen an Katastrophen zu verdrängen. Viele Kriegskinder erleben sich in ihrer Identität verunsichert. Nicht selten haben sie das Gefühl, ihren Platz in dieser Welt noch nicht gefunden zu haben. Von »Leerstellen im Identitätsgefühl« spricht Michael Ehrmann von der Universität München an Hand seiner Forschungen über die Folgen der verschwiegenen Kriegskindheiten. Und er betont: »Ohne Erinnerungsarbeit gibt es kein Gefühl der Kontinuität des eigenen Lebens – ohne diese gibt es keine positive Identität.«[22] Viele ältere Deutsche schreiben ihre Kriegserlebnisse auf, in der Hoffnung, »sich etwas von der Seele zu schreiben«. Ausgangspunkte sind häufig nur Erinnerungsfetzen, die noch kein Bild ergeben. Das geschieht erst nach und nach, wenn das Gedächtnis Verschüttetes wieder preisgibt. In der Regel sind es schmerzhafte Prozesse. Dennoch setzen sie sich hin und schreiben, oft monatelang, oft hundert Seiten und mehr.

Ein Buch mit Lebenserinnerungen

Johanna Rathgens schrieb 173 Seiten. Ihre Lebenserinnerungen nannte sie »Abschied und Neubeginn«. Sie ist kein Kriegskind – ihre drei Kinder sind es. Johanna Rathgens wurde 1918 in Schlesien geboren und lebt heute in Bergisch Gladbach nahe Köln. Sie wohnt im Haus ihrer Tochter und ihres Schwiegersohnes. Ihre Nachkommen sind zahlreich: drei Kinder, 10 Enkel, acht Urenkel. Für eine 90-Jährige ist ihre Art sich zu kleiden bemerkenswert; bei unserem Gespräch trägt sie einen leuchtend blauen Blazer, ein schöner Kontrast zu ihrem weißen Haar. Das Gehen fällt ihr inzwischen schwer.

Dennoch gehört sie zu den betagten Damen, in deren Gestalt und Ausstrahlung sich etwas Jungmächenhaftes erhalten hat. Es bereitet keine Mühe, sich vorzustellen, wie leichtfüßig sie früher durchs Leben lief.

Als sie an ihrem Erinnerungsbuch arbeitete, hatte das für sie keine therapeutische Funktion. Sie hatte sich ihrem Schicksal schon Jahrzehnte vorher gestellt. Für sie war das Erinnern nicht ein Weg der Selbsterforschung und der Identitätsklärung. Sie musste nicht erst herausfinden, was ihr Leben aus den Angeln gehoben hatte und wie es wieder zusammengesetzt worden war. Sie hatte nicht verdrängt. Sie war 26 Jahre alt und Mutter von drei Kindern, als im Sommer 1944 ihr Ehemann Karl Ernst Rathgens wegen Landes- und Hochverrats in Berlin-Plötzensee hingerichtet wurde.

Karl Ernst ist bis heute Johannas große Liebe. Sie heiratete ihn, als sie 20 Jahre alt war. Es war eine große Hochzeit auf dem schlesischen Gut ihrer Großeltern in der Nähe von Breslau. Und es waren noch Friedenszeiten. Ihr Mann war Berufsoffizier. Während des Krieges sah sie ihn nur während der Heimaturlaube. »Krieg bedeutete, immer wieder Abschied zu nehmen«, erzählt sie. »Da muss ich jetzt so oft dran denken: Wenn er wieder fort musste, fand der Abschied zu Hause oder am Bahnhof statt. Wir waren beide sehr gefasst. Aber zu Hause habe ich mich dann in mein Zimmer verkrochen und stundenlang geheult.«

Nach der Niederlage von Stalingrad Anfang 1943 hatte sich in der Bevölkerung die Angst, man werde Söhne, Brüder und Ehemänner nie wiedersehen, ins kaum mehr Erträgliche gesteigert. Entsprechend waren die Szenen, die sich an den Zügen abspielten. »Auch für die Männer waren diese Abschiede schrecklich«, erklärt die alte Dame. »Die brachen zum Teil auch zusammen, die hatten nicht mehr die Kraft, das durchzustehen.« In den letzten Kriegsjahren wurde in Breslau den Angehörigen verboten, mit auf den Bahnsteig zu gehen.

Nach der Geburt ihres dritten Kindes, 1944, diagnostizierte der Arzt Kindbettfieber. Medikamente halfen nicht. Ihr Zustand war, wie Johanna Rathgens in ihren Buch beschreibt, hoffnungslos.

»Ich spürte, dass es zu Ende ging, und hatte nur den einen Wunsch, Carl Ernst noch einmal zu sehen. Ich äußerte das auch und man schickte ihm ein Telegramm – und er kam! Ich werde es bis heute nicht vergessen, was es für mich bedeutete, als er total übernächtigt plötzlich in der Tür stand, denn ob er kommen könnte, war ja im Krieg mehr als zweifelhaft; doch wurde ihm mitgeteilt, dass ich in höchster Lebensgefahr sei! Und ein Wunder geschah, vor dem wir alle sprachlos standen: Mir ging es von Tag zu Tag besser.«[23]

Das Fieber schwand. Sie wurde wieder vollkommen gesund. Der Arzt sprach von einem Rätsel. In jenen Tagen sah Johanna Rathgens ihren Mann zum letzten Mal.

Dass er als Oberstleutnant in den Widerstand gegen Adolf Hitler verwickelt war, hatte sie gewusst. Ein Jahr vor seinem Tod hatte er ihr während eines Heimaturlaubs davon berichtet. »Er sah um zehn Jahre gealtert aus, während er davon sprach«, erinnert sich seine Witwe. »Er sagte, Hitler müsse verschwinden, nur er persönlich könne sich als Christ nicht zum Mord durchringen.« Es gibt kaum Dokumente über die Rolle von Karl Ernst Rathgens im deutschen Widerstand. Bis heute ist unklar, warum er von der Ostfront in das Führerhauptquartier berufen wurde und was genau seine Aufgaben in der Wolfsschanze waren. Er wusste, dass ein Attentat geplant war, und sagte zu seiner jungen Frau: »Wenn das je rauskommt, verlier ich meinen Kopf.«

Der NS-Staat nahm Rache

Die Liste der Männer und Frauen, deren Namen im Zusammenhang mit dem Attentat des 20. Juli 1944 genannt werden, ist lang. Die meisten Angehörigen der Hingerichteten waren von einem Tag auf den anderen bettelarm, denn der NS-Staat ging weit in seiner Rache. Er ließ das Vermögen der Familien beschlagnahmen. Manchen Frauen wurden die kleinen Kinder weggenommen und unter falschem Namen in Heimen versteckt. Den Müttern wurde nahegelegt, sich posthum von ihren Männern scheiden zu lassen, nur dann würden sie ihre Kinder wiedersehen.

Im Unterschied zu anderen Witwen hatten die Nazis Johanna Rathgens die Kinder gelassen. Doch auch sie stand als junge Mutter mittellos da. Auch sie hatte erleben müssen, wie sich »vier Kerle der Gestapo« in ihrem Heim einnisteten, um eine Inventur ihres Besitzes zu machen. Jeder Kaffeelöffel wurde auf der Liste aufgeführt. Weder sie noch ihr Mann kam aus wohlhabenden Familien. Das Gut, auf dem sie geheiratet hatten, erwirtschaftete gerade das Notwendigste. Es gab keine Verwandtschaft, die ihr und den drei kleinen Kindern nennenswert hätte unter die Arme greifen können. Auch Johannas Mutter litt sehr darunter, dass sie ihre Tochter finanziell nicht unterstützen konnte. In ihrer Not ließ sie sich von einem Anwalt beraten, der Nationalsozialist war.

> »Er sagte ihr, es gebe nur eins: dass ich mich nachträglich von meinem Mann scheiden ließe und meinen Mädchennamen wieder annehme und damit die Kinder auch. Das Erstaunen meiner Mutter war groß, weil dies ja auch gesetzlich gar nicht möglich war. Er aber sagte: ›Gesetze ändern wir, wenn es nötig ist.‹ Sie kam zu mir und berichtete mir absichtlich ganz sachlich von diesem Ratschlag. Ich muss sie wohl völlig entgeistert angesehen und geäußert haben, dass dieser Mann wohl total verrückt sei und so was für mich nie in Betracht käme. Erleichtert fiel sie mir um den Hals, dass ich trotz meiner Jugend auch nicht eine Sekunde mit dieser Antwort gezögert hatte.«[24]

In größter Not zeichnete sich Rettung ab. Kleine Wunder geschahen, die in der Summe die Kraft eines großen Wunders entfalteten. Fast täglich lagen auf ihrer Türschwelle Obst und Gemüse, oder es trafen Briefe mit Geldscheinen ein, oft anonym. Beim Fleischer oder Bäcker wurden der jungen Mutter Päckchen über die Ladentheke gereicht, und man wollte nicht, dass sie dafür zahlte. Inzwischen hatte sich herumgesprochen, dass die Gestapo ihre beschlagnahmten Wertsachen in einer Aktion versteigern wollte. Daraufhin wurde die junge Witwe von Bewohnern des Ortes angesprochen und ihr wurde versichert: Machen Sie sich keine Sorgen. Wir werden es alles aufkaufen und Ihnen zurückbringen. Und noch etwas anderes geschah: Kurz vor der Flucht aus Schlesien wurde ihr ein Sparbuch mit 2000 Reichsmark geschickt. Das Geld war von alten Freunden ihres bereits 1931 verstorbenen Großvaters gesammelt worden. Sie hatten von ihrem Schicksal gehört und beschlossen, aus alter Verbundenheit etwas für die Enkeltochter ihres verehrten Freundes zu tun. Ohne das Sparbuch hätte Johanna Rathgens mit ihren Kindern nicht überlebt.

Mit drei kleinen Kindern auf der Flucht

Die Front der Roten Armee rückte näher und näher. Doch von deutscher Seite bestand unverändert der Befehl: Die Bevölkerung bleibt, wo sie ist. Niemand darf flüchten. Als es schließlich erlaubt war, im Januar 1945, lagen die Temperaturen bei 20 Grad Minus. Mit zwei Kleinkindern und einem Säugling machte Johanna Rathgens sich auf den Weg in den Westen, in überfüllten Waggons, in Viehwagen. Den Kindern ging es erbärmlich schlecht. Dem Baby fror die Windel am Körper fest. Seine Mutter hatte keine Milch mehr. Später werden darüber in ihren Erinnerungen die knappen Sätze stehen: »Ein vor Kälte und Hunger sterbendes Kind. Keine Mutter vergisst so etwas.« Durch unfassbar günstige Umstände und die Hilfe von Verwandten, Freunden, aber auch von Fremden erreichten sie nach nur vier Tagen die Ferieninsel Sylt, wo ihre Mutter ein kleines Sommerhaus besaß. Die meisten Flüchtlinge waren Wochen oder Monate unterwegs. Kamen sie danach in ein Lager, konnte die Zeitspanne, bis sich ihr Leben endlich wieder normalisiert hatte, etliche Jahre dauern.

Aber auch bei Johanna Rathgens dauerte es noch einige Jahre, bis die größte Not vorbei war, vor allem die größte Sorge, ihre Kinder könnten nicht satt werden. Dazu kam der Mangel an Medikamenten und Heizmaterial. Wer ihre Erinnerungen liest, wird hin- und hergerissen. Einerseits wird da eine Frau vom Unglück verfolgt. Eine Kette schwerster Erkrankungen und Unfälle zieht sich durch ihr ganzes Leben. Andererseits sind da immer wieder Schutzengel, die sie vor dem Schlimmsten bewahren und schließlich ihr Leben wieder in eine gute Bahn lenken. Sie fühlte sich Zeit ihres Lebens »von guten Mächten wunderbar geborgen«, wie Dietrich Bonhoeffer 1944 kurz vor seiner Hinrichtung niederschrieb. Offenbar ist es ihr selbst im größten Elend gelungen, tröstliche Umstände und ihr wohlgesonnene Menschen wahrzunehmen und ihnen zu vertrauen. Nach Kriegsende nahm sie Kontakt zu anderen Witwen auf, deren Männer hingerichtet oder verfolgt worden waren. 1956 zog sie mit ihrer Familie nach Berlin. Hier führte sie, als ihre Kinder erwachsen wurden, ein offenes Haus. Vor allem junge Menschen fühlten sich von ihr angezogen. Die Witwe konnte ihnen Orientierung geben. Erwachsene wie sie waren zur damaligen Zeit eine Rarität: Johanna Rathgens war ehrlich. Sie stellte sich nicht so dar, als hätte sie das NS-Regime von Anfang an verabscheut. Doch sie hatte sich gründlich mit dem Nationalsozialismus auseinandergesetzt, auch mit der Tatsache, dass sie als Mitglied des Bundes Deutscher Mädchen ihr Sportabzeichen gemacht hatte.

Politik interessierte sie sehr, und gleichzeitig dachte sie völlig ideologiefrei. Die jungen Leute trauten ihr viel zu. Es wurde der Wunsch an sie herangetragen, man wolle mit Menschen diskutieren, die nach dem Krieg in Deutschland Verantwortung übernommen hätten. Bei ihren Kontakten – gemeint waren ihre Verbindungen zu Angehörigen des deutschen Widerstandes – müsse es ihr doch gelingen, interessante Persönlichkeiten in ihre Wohnung einzuladen. Das Projekt lief zäh an, führte aber schließlich zum Erfolg. Was in der Rathgens'schen Wohnung regelmäßig stattfand und durch die 68er-Bewegungen neue aufregende Impulse bekam, war politische Bildung im besten Sinne. Nicht nur die Jüngeren, sondern auch die lebenserfahrenen Älteren profitierten davon.

Jedes Jahr am 19. Juli, am Tag vor der Gedenkfeier, öffnete Johanna Rathgens ihr Haus für die Kinder der Männer und Frauen des deutschen Widerstandes. Denn das ist das Besondere im Zusammenhang mit den Familien des 20. Juli: Seit 1945 existiert eine gut funktionierende Selbsthilfegruppe der Angehörigen – eine Schicksalsgemeinschaft, wie es sie in Deutschland kein zweites Mal gibt. In den ersten Jahren nach Kriegsende ging es nur darum, die materielle und seelische Not der Witwen und Kinder zu lindern. Später organisierte die Stiftung 20. Juli Gedenkveranstaltungen, die bis heute in Berlin stattfinden. Es handelt sich um eine Gemeinschaft, die ständig wächst, weil sich auch Enkel und Urenkel zugehörig fühlen.

Besondere Verdienste hatte sich dabei Renate Gräfin von Hardenberg erworben. Bereits in den Sechzigerjahren organisierte sie Jugendtreffen mit Reisen nach Holland, Frankreich und Israel. Diese Fahrten und die Treffen bei Johanna Rathgens hat viele Angehörige der zweiten Generation bis heute zusammengeschweißt. Vor 40 Jahren wurde gesagt, es sei abzusehen, wann niemand mehr zu den Gedenkfeiern käme. Heute ist das Interesse größer denn je. »Zum Anfang gab's bei der Gedenkfeier kaum Stühle, nur eine Reihe, und da saßen dann die Politiker und ein paar prominente Witwen. Wir anderen waren überhaupt nicht gefragt. Allerdings«, fügt Johanna Rathgens mit einem amüsierten Lächeln hinzu, »seit ein paar Jahren wird man in die erste Reihe gesetzt. Wir sind ja nur noch so wenige.«

Todesort wurde zum Kraftort

Wichtiger als die Gedenkfeier wurde ihr über die Jahre der mit dem Datum 20. Juli verbundene Gottesdienst in der früheren Hinrichtungsstätte Plötzensee. Es existiert kein Grab ihres Mannes. Also ist sein Todesort für sie der Platz, an dem sie ihm nah sein kann. »Dort fühle ich ihn sehr stark«, sagt sie. Nach seinem Tod hatten sie die Bilder vom Erhängen verfolgt. Aber das ist völlig anders geworden. »Natürlich überfallen einen die Schauerbilder immer wieder mal. Aber heute spüre ich wirklich die Würde dieser Männer, denen der Feind gar nichts mehr antun konnte. Dem waren sie völlig überlegen. Und das war eben nicht nur mein Mann, sondern ich glaube, alle waren es gewesen. Ganz egal, ob sie Christen oder Nichtchristen waren. Das ist wirklich ein Trost, und darum ist das für mich bei diesen ganzen Feiern das Allerwichtigste.«

Gebetet wird während des Gottesdienstes unter den Fleischerhaken, die auf Befehl Hitlers angebracht wurden, der angeordnet hatte: »Sie sollen hängen wie Schlachtvieh ...«

Für Johanna Rathgens ist der Todesort ihres Mannes zum Kraftort geworden. Das ist das Außergewöhnliche an dieser Frau: Sie hat sich keine existentielle Konfrontation erspart und ist gestärkt daraus hervorgegangen.

Es war nötig, ihrer Lebensgeschichte so viel Raum zu geben, weil man ohne sie nicht versteht, warum sie als 90-Jährige so heiter ist. Grundsätzlich hat sie zum Tod ein entspanntes Verhältnis, auch zu ihrem eigenen. Sie hat bei Angehörigen nicht nur seine schrecklichen, sondern auch seine tröstende Seite kennengelernt. Ihre Mutter starb friedlich. Ihr Großvater verlangte noch auf seinem Sterbebett nach Weintrauben. Nachdem er sie gegessen hatte, sagte er: »Herrlich, herrlich, herrlich …« und entschlief – mit einem Strahlen auf seinem Gesicht, wie seine Enkeltochter sich erinnert.

Jemand wie sie hat nah am Tod gelebt. Davon erzählt die Liste ihrer Krankheiten. Kürzlich war sie in der Praxis eines ihr bis dahin unbekannten Arztes. Der notierte sich ihre Krankengeschichte: Gallenoperation, Krebs, Hüftoperation, Hepatitis C als Folge verseuchter Blutkonserven, bei einem Sturz beide Arme gebrochen, und so weiter … Da sagte der Arzt: »Sie dürften hier gar nicht sitzen. Sie müssten tot durch diese Tür gehen.«

Nachdenken über die eigene Beerdigung

Mit Ende siebzig war sie davon überzeugt gewesen, der Tod werde nicht mehr lange auf sich warten lassen. Sie glaubte, das Hepatitis-C-Virus werde ihre Leber zerstören. Also machte sie einen Termin bei einem Bestatter und besprach mit ihm den Rahmen von Beerdigung und Trauerfeier. Ihre Liederwünsche sind ihr während unseres Gesprächs gerade entfallen, aber im Mittelpunkt, betont sie, müsse das Gotteslob stehen. Auf keinen Fall soll es ein trauriges Fest werden, und das erklärt sie mir so: »In letzter Zeit ist mir viel danach zumute, wie es in dem Lied im Gesangbuch heißt: ›Bleibe bei uns Herr, denn es will Abend werden, und der Tag hat sich geneiget.‹ Ja, so ist mir zumute, so ist es am besten beschrieben, nicht traurig, sondern eine Heimkehr.«

Ständig Todesanzeigen von alten Freunden zu bekommen, stellt sie nüchtern fest, habe einen großen Einfluss auf sie. Es gebe nur noch wenige Menschen der eigenen Generation. »Sie können sich das vielleicht in Ihrem Alter nicht vorstellen, aber mein eigenes Leben ist ziemlich uninteressant geworden.« Man werde sehr einsam als alter Mensch, fügt sie hinzu, und die Einsamkeit mache es einem auch leicht zu gehen. Es sei einfach an der Zeit.

Sie hat keinen großen Wunsch mehr, außer diesen: am Lebensende von quälenden Schmerzen verschont zu bleiben. Im vergangenen Jahr starb ihre beste Freundin, ebenfalls eine Witwe aus dem Kreis des deutschen Widerstandes. Fünf Jahre hatte sie gelitten, konnte nicht mehr schlucken, konnte nicht mehr reden. Am Ende habe sie auch nichts mehr aufschreiben können, erfahre ich, sie sei geistig voll da gewesen, aber verstummt.

Aus ihrem künftigen Bestatter wurde mit den Jahren ein guter Bekannter. Es handelt sich um Fritz Roth, der sich als Missionar einer neuen Trauerkultur einen Namen machte und in den Medien gern zitiert wird. Mittlerweile gehört zu dem Bestattungshaus in Bergisch Gladbach auch ein privater Friedhof. Nur wenige Schritte sind es zu dem lichten Buchenwald auf hügeligem Gelände. Hier müssen sich die Angehörigen nicht regelmäßig um das Grab zu kümmern. Man kann es auch so gestalten, dass es keiner Pflege bedarf. Für Roth ist es wichtig, eine Alternative zur anonymen Bestattung anzubieten. In seinen Augen gehört es zur Würde eines jeden Menschen, dass nach seinem Tod sein Name bleibt. Auf dem privaten Friedhof sind nur Urnenbestattungen erlaubt, deshalb brauchte Johanna Rathgens eine Weile, um sich mit dem Konzept anzufreunden. Inzwischen hat aber auch sie den Wunsch nach einer Erdbestattung von ihrer Liste gestrichen, und demnächst, erzählt sie, werde sie sich ein passendes Plätzchen aussuchen. »Es ist so schön, da unter einem Baum zu liegen. Ich freu mich da richtig drauf.«

Ein Koffer für die letzte Reise

Einen kleinen Koffer für ihre letzte Reise hat sie schon gepackt. Fritz Roth hatte auch hierzu die Idee. Er schrieb hundert Menschen an, alte und junge, und bat sie, sich einmal zu überlegen, was ihnen in ihrem Leben wichtig sei, und dies real oder symbolisch in ein Köfferchen zu legen.

Aus diese Weise kam unter dem Titel »Einmal Jenseits und zurück« eine Ausstellung im Bestattungshaus zustande, die bis heute viel Beachtung findet, denn die Koffersammlung machte als Wanderausstellung Karriere. Die alte Dame freut die anhaltende Resonanz. »Meinen Koffer werde ich wohl so bald nicht wiedersehen.« Er enthält ein kleines Kissen, wie sie es schon als Kind in ihrem Bettchen hatte und das sie bis heute begleitet. Darauf liegt ein schmaler blauer Band mit Bibelworten für jeden Tag, den Herrnhuter Losungen. Auch Familienfotos und vom Gut ihrer Großeltern in Schlesien hat sie in den Koffer gepackt. Ein großes gerahmtes Foto ist gleichzeitig ein historisches Dokument: Es zeigt ihren Mann vor dem Volksgerichtshof in Berlin.

Sie selbst, verrät sie mir, habe keine Vorstellungen vom Jenseits. »Aber mein Mann und ich haben das Gefühl gehabt, wir werden uns irgendwann wiedersehen. Aber wie, das weiß man ja nicht. Es wird ja nicht derselbe Mensch sein …«

Sie geht davon aus, dass sie und ihr Mann sich im Jenseits erkennen werden. Wie sicher ist sie in diesem Punkt? Kann sie das in Prozenten ausdrücken? Meine Frage überrascht sie, doch dann antwortet sie: »Ziemlich sicher. Sagen wir – zu 80 Prozent.«

So unbefangen, wie sie von Sterben, Tod und dem Weiterleben danach spricht, könnte man glauben, ihr Leben wäre vollkommen abgeklärt und hätte mit dem normalen Alltag nichts mehr zu tun. Ganz falsch. Noch immer trifft sie sich regelmäßig mit ihrer Bridge-Runde, um, wie sie sagt, die grauen Zellen zu trainieren. Es geschieht ausgiebig, über vier Stunden.

Sie fährt auch noch mit ihrem Auto. Natürlich mache sie keine langen Fahrten mehr, erläutert sie, aber für Besorgungen und Arztbesuche sei so ein Wagen etwas Herrliches. Und so drängt sich die Vorstellung auf, eines Tages werde sie bei Bestatter Roth vorfahren, um sich bei ihm in den Sarg zu legen.

Schluss

Wir erleben gerade die Geburt eines neuen Symbols oder doch zumindest die Karriere einer grafischen Darstellung: die deformierte, auf den Kopf gestellte Bevölkerungspyramide. Sie taucht jedes Mal dann auf, wenn im Fernsehen ausführlicher über die künftige demografische Entwicklung und die wachsende Zahl der Alten berichtet wird. Inhaltlich handelt es sich bei der Grafik nur um nüchterne Aussagewerte hochgerechneter Statistiken. Dennoch kann hier die Wahrnehmung in die Irre geführt werden, weil eine Pyramide, die ihre ursprüngliche Form verloren hat, instabil wirkt.

Man könnte daraus den Schluss ziehen, dass früher, als die Pyramide unten breit war und nach oben einigermaßen spitz zulief, die Gesellschaft noch festen Boden unter den Füßen gehabt hätte, während nun mit dem ständig größer werdenden Altenanteil alles aus dem Ruder zu laufen droht. Richtig daran ist, dass die heutige demografische Entwicklung ein Novum in der Geschichte darstellt, und dass wir uns rechtzeitig auf die Folgen einstellen müssen. Falsch wäre es, hier einen Verlust zu beklagen. Die scheinbar stabile Bevölkerungspyramide, die noch bis zu Beginn des 20. Jahrhunderts ihre Gültigkeit besaß, wurde aus viel Leid erbaut, denn bekanntlich führte ein Großteil der Krankheiten, die heute routiniert und erfolgreich behandelt werden, zum Tod.

Vor 35 Jahren lebten in Deutschland 265 Hundertjährige; 1994 waren es 4600 und heute sind es etwa 10 000.[25] Hochbetagte hat es allerdings schon immer gegeben. Davon zeugt das früher so beliebte Motiv der Lebensstufen. Bei den Darstellungen, die vor allem aus dem 18. und 19. Jahrhundert stammen, handelt es sich um eine aufsteigende und in der Mitte wieder absteigende Treppe. Beginnend mit der Abbildung eines Kleinkindes, unten links, kennzeichnen die Menschen auf den Stufen die fortschreitenden Lebensphasen. Dabei variiert der Höhepunkt je nach Geschlecht. Üblicherweise sind es eine 30-jährige Frau oder ein 50-jähriger Mann. Im höchsten Alter schließlich, mit 90 Jahren, stehen Mann und Frau wieder auf der gleichen Stufe, nämlich auf der letzten, unten rechts im Bild.

Unsere Ahnen gingen, genau wie wir, davon aus, dass kaum jemand älter als 100 Jahre wird. Das waren Erfahrungswerte. Die Phantasien sahen anders aus. Im Mittelalter existierte die Vorstellung, Menschen könnten eines Tages 150 bis 200 Jahre alt werden. Oder man glaubte, Gott hätte als Strafe nicht nur die Sintflut geschickt, sondern gleichzeitig auch noch das Menschenleben verkürzt. Auch hier gibt es Entsprechungen in der heutigen Zeit, wenn uns die neuen Biotechnologien in Aussicht stellen, die Lebenserwartung könnte um 50 Prozent und mehr gesteigert werden.

Wie die englische Historikerin Pat Thane in ihrem Buch *Das Alter – eine Kulturgeschichte*[26] nachweist, lassen sich rückwirkend über einzelne Regionen Europas recht zuverlässige Aussagen zur Altersverteilung in der Bevölkerung machen. Die geringe durchschnittliche Lebenserwartung von 40 bis 50 Jahren, die seit der Neuzeit bis ins 18. Jahrhundert hinein mehr oder weniger gleich blieb, speiste sich aus der hohen Kindersterblichkeit. Wer aber das Erwachsenenalter erreichte, hatte gute Chancen, 60 Jahre und älter zu werden. Diese Altersgruppe machte zwischen 6 und 10 Prozent der Bevölkerung aus. In einigen Landstrichen stieg der Anteil auf 18 Prozent. (Heute liegt er in Deutschland bei etwa 25 Prozent.)

Thane räumt mit Vorstellungen auf, wonach es die Alten früher besser gehabt hätten als heute, wäre ihnen doch ein beschaulicher Lebensabend im Schoße der Großfamilie beschieden gewesen. Entsprechende Wunschbilder gehen auf das 18. und 19. Jahrhundert zurück, als sich das Ideal der bürgerlichen Familie formte. Die Malerei griff den Traum vom Familienglück auf und entwickelte daraus ein ganzes Genre, das über Abbildungen in Schulbüchern noch eine Reihe von Generationen nachwirkte und womöglich auf diesem Weg in unser kollektives Gedächtnis gelangt ist. Viel üblicher sind über Jahrhunderte hinweg ganz andere Kulturäußerungen zum Thema Alter gewesen: die eindringlichen bis drastischen Warnungen, sich in seinem letzten Lebensabschnitt auf keinen Fall von den eigenen Kindern abhängig zu machen. Zum Beispiel: »Wer sich vom Brot seiner

Kinder abhängig macht und Not leidet, soll mit dieser Keule erschlagen werden.«[27] Der Spruch bezog sich auf Holzkeulen, die im späten 18. Jahrhundert an einigen brandenburgischen Stadttoren befestigt waren.

Wer sich in die Abbildungen und Texte von Pat Thanes historischem Werk vertieft, wird feststellen,

- dass Menschen schon immer völlig unterschiedlich alterten, dass sie jedoch der Wunsch einte, ihre Selbstständigkeit so lange wie möglich zu erhalten.
- dass »die Würde des Alters« erst während der Aufklärung, als die Menschenrechte formuliert wurden, ihren Platz im gesellschaftlichen Wertekanon Mitteleuropas fand und
- dass das Schicksal der Einsamkeit im Alter in vergangenen Zeiten viel verbreiteter war als heute.

Die hohe Kindersterblichkeit hatte zur Folge, dass viele Menschen am Lebensende gänzlich ohne Familie dastanden. Sozialkritische Maler und auch frühe Fotografien, die in Obdachlosenasylen und Armenhäusern entstanden, haben die Einsamkeit der Alten auf erschütternde Weise dokumentiert. Es handelte sich nicht nur um alte Mütter oder Väter, deren Kinder bereits tot waren. Vielfach lebten die Jüngeren einfach zu weit entfernt, als dass sie sich um die Eltern hätten kümmern können. Bittere Armut, aber auch politische Verfolgung zwang viele Menschen fortzugehen, zunächst ein Wechsel innerhalb Europas, später nach Übersee. Eine Auswanderungswelle folgte der nächsten. Ein Massenaufbruch ins Ungewisse: Jeder hoffte, aber niemand wusste, ob er überleben würde. Wie viele Auswanderer mögen es gewesen sein, von denen die Zurückgebliebenen nie wieder ein Lebenszeichen bekamen? Reisen war gefährlich, ob mit dem Dampfschiff, mit Pferd und Wagen oder zu Fuß. Das Übersiedeln nach Amerika oder Australien bedeutete schon deshalb häufig den gänzlichen Kontaktabbruch, weil die Nachrichtenvermittlung von Übersee nach Europa unzuverlässig war. Mit den Errungenschaften des Telefons, des Internets und mit Billigflügen ist es leicht, über viele tausend Kilometer in Kontakt zu bleiben.

Damals wie heute erleichterte Reichtum die Umstände des Alterns. Gelegentlich waren die Reichen sogar im Nachteil. Im 17. Jahrhundert litten sie eher unter Zahnausfall, weil Zucker so teuer war, dass ihn sich die Armen nicht leisten konnten.

Damals wie heute gilt: Im Alter erleidet man Verluste, die kein Geld der Welt wiederbeschaffen kann. »Freu dich bloß jeden Tag über deine Gesundheit«, fordert mich meine 90-jährige Freundin in letzter Zeit wiederholt auf. »Wenn man das Wasser nicht mehr halten kann, ist das grässlich! So geht es mir, und so geht es meinem Mann. Und ich sag dir noch was: Das geht allen Menschen unseres Alters so – es redet nur keiner drüber!«

Sie gehört ohne Frage zu den eigenwilligen Alten. Sie klagt viel, was man bis vor fünf Jahren kaum von ihr hörte. Entsprechend sieht ihre Altersbilanz aus: »Bis 85 war alles bestens.« Gelegentlich fügt sie hinzu, mehr könne man schlechterdings nicht vom Leben verlangen; nun sei eben die Zeit angebrochen, in der mehr bezahlt als eingenommen werde. Sie hat solche Einsichten, aber haltbar sind sie nicht. Am nächsten Tag kann es sein, dass sie am Telefon flucht – das tut sie tatsächlich, die alte Dame –, weil sie mit ihrem Hörgerät nicht klarkommt, und vielleicht einen Tag später wird sie gerade ihre Hörhilfe als einen Segen bezeichnen. Offensichtlich bedeutet Altsein in einer Phase, in der die Kräfte rapide abnehmen, vor allem dies: voller Widersprüche sein. Sie entstehen durch große Schwankungen in der Tagesform. Es kann nicht falsch sein, wenn sich das bei einigen Jüngeren herumspricht, damit sie aufhören, ihre alten Eltern bereits auf Grund ihrer Widersprüche für verwirrt zu halten.

Ende der Siebzigerjahre erreichte unsere Gesellschaft eine frohe Botschaft: Alter ist kein unabwendbares Schicksal, sondern es hängt vom Menschen selbst ab, wie seine Entwicklung im Alter verläuft. Als Folge hielten die Aktivierungsprogramme Einzug in die Altenpflege. Sie bewirken viel Gutes, unter der Voraussetzung, sie werden individuell und nicht prinzipiell eingesetzt. Alte Menschen haben ein Recht darauf, abzubauen. Es muss Großmutter erlaubt sein, »weniger zu werden«, wie man es früher nannte.

Der Pflegefachmann und Pädagoge Erich Schützendorf warnt davor, die älter werdenden Menschen darauf zu verpflichten, alles zu tun, um einem möglichen und drohenden Abbau vorzubeugen und entgegenzuwirken. Wer dann dennoch abbaut, so Schützendorf, habe möglicherweise nicht genug für den Erhalt seiner körperlichen und psychischen Kräfte getan. Am Ende gelte dann womöglich der hilfs- und pflegebedürftige alte Mensch als ein bedauernswertes Opfer, das die Folgen seines individuellen Versagens tragen müsse.

Schützendorf malt ein bedenkenswertes Zukunftsszenario aus: »Die sozialpolitischen Konsequenzen des Modells vom selbstverantworteten Alter könnte für meine Generation fatal sein. Ich frage mich, ob ich im Jahr 2030 als 80-Jähriger – 70 Jahre nach dem Tod meiner Großmutter – bei der Beantragung des Pflegegeldes einen Fragenkatalog vorgelegt bekomme. Darin habe ich dann anzukreuzen, ob ich meinem Alterungsprozess ausreichend vorgebeugt habe und was ich unternommen habe, um meine Pflegebedürftigkeit zu verhindern.

Vielleicht werde ich sogar Zertifikate über den Besuch von Gymnastikkursen, Kursen zur richtigen Ernährung und Kurse zum Training des Gedächtnisses vorlegen müssen. Ich befürchte jetzt schon, dass man mein Pflegegeld kürzen wird, weil ich die entsprechenden Belege nicht vorweisen kann.«[28]

Viele Klischees sind über den letzten Lebensabschnitt im Umlauf. Eines davon lautet: »Die Sorgen nehmen im Alter einfach zu.«[29] Der Wissenschaftler Horst W. Opaschowski, der die Befindlichkeit der deutschen Bevölkerung erforschte, begründete mit dieser Aussage, warum die Älteren erheblich mehr Zukunftsängste haben als die Jüngeren. Meiner Meinung nach wäre der Satz dann zutreffend, würde es sich hierzulande um eine arme Gesellschaft handeln. Richtig ist aber, dass es noch nie eine Rentnergeneration gab, die materiell so gut versorgt war wie die heutige.

Ich stimme mit Katharina Starke* aus dem zweiten Kapitel überein, die in einem kleinen Referat vortrug, jedes Lebensalter habe seine Belastungen, mit dem Unterschied, dass die Sorgen mit 70 Jahren andere seien als die mit 30 Jahren.

Der Hintergrund für die größere Zukunftsangst von älteren und alten Menschen speist sich meiner Ansicht nach in erster Linie aus der Kriegsvergangenheit. Fast alle meine Gesprächspartner für das vorliegende Buch machten von sich aus die Kriegsjahre zum Thema. Es war ihnen ein großes Anliegen, darüber zu reden, und entspricht dem, was ich es seit einer Reihe von Jahren grundsätzlich in Begegnungen mit dieser Altersgruppe antreffe. In der Regel ist man nicht nur dankbar, dass man die Katastrophe überlebt hat, sondern auch dafür, dass man die Erinnerungen daran während eines aktiven und pflichtenreichen Lebens auf Abstand halten konnte. Im Ruhestand gelingt das nicht mehr so gut, und es tauchen vielfach Fragen zur eigenen Identität auf: Wer wäre man geworden ohne die Prägung von NS-Zeit und Krieg in jungen Jahren, ohne Armut in der Familie? Man versucht, sich andere Varianten des eigenen Lebens vorzustellen: Was, wenn ich auch mit einem Vater aufgewachsen wäre und nicht nur mit der Mutter? Oder: Was, wenn ich als Jugendliche auf meine Eltern hätte stolz sein können, anstatt mich dafür zu schämen, dass sie dem Nationalsozialismus die Treue hielten? Was, wenn ich wirklich zugewandte Eltern gehabt hätte, und nicht solche, die keine Sicherheit und Wärme geben konnten, weil ihnen durch die deutsche Katastrophe nachhaltig der Boden unter den Füßen weggezogen worden war?

Im Alter rücken auch Gedanken an frühe Begegnungen mit Gewalt und Elend wieder näher. Es lässt sich womöglich nicht mehr leugnen, wie gravierend die frühen Erfahrungen für das spätere Leben waren. Auch viele in der Nachkriegszeit Geborene fangen an zu erkennen, dass die Zeit des Unheils in ihren Familien nachwirkte und sie deshalb nicht die Rückenstärkung und den Segen für ihr Leben bekamen, die ein junger Mensch einfach braucht.

Menschen, die sich darüber Rechenschaft ablegen, erstaunt es nicht, dass Angehörige der dreißiger, vierziger und fünfziger Jahrgänge häufig ein besonders großes existentielles Sicherheitsbedürfnis entwickelten. Es war ein Bedürfnis, das nicht weiter auffiel, solange der Sozialstaat in der Lage war, einen großen Teil der individuellen Lebensrisiken zu tragen. Seit der Sozialstaat damit an seine Grenzen stieß, ist das Sicherheitsempfinden enorm beeinträchtigt. Vater Staat kann bestimmte kollektive Ängste nicht mehr beschwichtigen – tiefsitzende Verlustängste, die einem großen Teil unserer Bevölkerung aus längst vergangenen Zeiten noch in den Knochen stecken und im Zuge des Generationentransfers teilweise auch an die Nachkommen weitergegeben wurden. Ich gehe davon aus, dass diese Ängste in absehbarer Zeit öffentliches Thema werden. Sie sind es vor allem, die nun schon seit 20 Jahren einen wachen kollektiven Blick in die Zukunft verhindern, wodurch sich unser Land Bildungsmisere, Reformstau und Mängel in der Altenpflege eingehandelt hat – alles

Probleme, die untergründig mit dem Adjektiv »unlösbar« ausgestattet werden.

Aber kommen wir noch einmal von den gesellschaftlichen Fragen zurück auf individuelle Schicksale. Alle Fachleute, die sich mit den Folgen von kollektiven Gewaltereignissen befassen, wissen, wie unterschiedlich Traumata verkraftet werden. Auf Tagungen der Psychotherapie kommen in diesem Zusammenhang immer wieder die ungleich ausgeprägten seelischen Widerstandskräfte und die so genannten Ressourcen zur Sprache. Zum Beispiel: Angehörige der Kriegskindergeneration, die grundsätzlich körperlich gesund waren, die liebevolle Eltern hatten, und, ganz wichtig, *vor* der Katastrophe noch viele unbeschwerte Kindheits- und Jugendjahre ansammeln konnten, waren weit besser mit Ressourcen ausgestattet als solche, die nicht bestärkt ihr Leben begannen. Die Lebensgeschichten von Paul Meyer und Johanna Rathgens sind dafür gute Beispiele.

Zu den großen Fähigkeiten, die zu einem gelungenen Leben beitragen, gehört das Pflegen von Beziehungen und Freundschaften, vor allem auch die Kontakte zu jüngeren Menschen. Wer das kann und nicht erst mit 65 Jahren anfängt, es einzuüben, wird später wohl kaum zu den einsamen Alten zählen. Doch der Umkehrschluss – wer im Alter einsam ist, trägt selbst die Schuld – ist falsch und inhuman. Gerade Menschen, die unter den Spätfolgen unverarbeiteter Traumata leiden, haben mehrheitlich große Beziehungsprobleme und nur wenig Zugang zur Welt der Jüngeren.

Weil wir wissen, dass individuelle Ressourcen ungleich verteilt sind, müssen für die Benachteiligten gesellschaftliche Ressourcen bereitstehen. Wenn bekannt ist – was jede Heimleitung weiß und so manche Pflegekraft in Betracht zieht –, dass einer Altersverwirrung auch Gewalterinnerungen aus Kriegzeiten zu Grunde liegen können, dann ist nicht länger nachvollziehbar, warum es in den Lehrplänen der Altenpflege dazu noch keinen allgemein verbindlichen Schwerpunkt gibt. Ressourcen schaffen muss nicht zwangsläufig mehr Geld kosten; häufig entstehen Ressourcen bereits durch Informiertheit.

Wie reagiert unsere Gesellschaft darauf, dass der große Unterschied zwischen Älteren und Jüngeren darin besteht, dass die einen Kriegskinder sind und die anderen Friedenskinder? Die letzten Kriegskinderjahrgänge sind gerade in den Ruhestand gegangen. In spätestens

15 Jahren werden auch sie ein großes Thema in der Altenpflege sein. Und wie reagiert unsere Gesellschaft darauf, dass nicht wenige ältere Menschen mit Migrantenhintergrund hilflos und vereinsamt sind? Das Ignorieren der daraus resultierenden Mängel wird auf Dauer weit mehr Probleme verursachen, als wenn wir heute daran gingen, entsprechende [illegible] Angebote zu schaffen.

[illegible] Umgang mit dem Alter [illegible] meiner Arbeit an die- [illegible] Ansicht, dass Ratgeber [illegible] Angesprochenen nur [illegible] wissen alte Menschen [illegible] eben erwarten können [illegible] ch suchen, kann es für [illegible] eht es dabei um Fragen [illegible] und wenn ja, welche? [illegible] ligkeit? Wie grenzt man [illegible] er Auseinandersetzung [illegible] lassenheit und Lebens- [illegible] n.

[illegible] t im Wesentlichen kein [illegible] chte noch hinzufügen: [illegible] chenk – verglichen mit [illegible] ich mich in die Kultur- [illegible] mer dankbarer, nicht in [illegible] ein.

Anhang

Anmerkungen

1 Lehr, Ursula: Der demografische Wandel und seine Konsequenzen für Individuen und Gesellschaft. Vortrag gehalten auf dem Kongress des Deutschen Akademikerinnenbunds 2003. Im Internet zu finden unter: www.dab-ev.org/index.php?id=157.
2 Roth, Philip: Jedermann. Aus dem Englischen von Werner Schmitz. Hanser, München/Wien 2006, S. 148.
3 Franzen, Jonathan: Die Korrekturen. Übers. v. Bettina Abarbanell. 10. Aufl. Rowohlt, Reinbek bei Hamburg 2002, S. 780.
4 Lewycka, Marina: Kurze Geschichte des Traktors auf Ukrainisch. Übers. v. Elfie Hartenstein. dtv, München 2006.
5 Ebenda, S. 156.
6 Benn, Gottfried: Was schlimm ist. In: Der Neue Conrady. Das große deutsche Gedichtbuch. Von den Anfängen bis zur Gegenwart. Neu herausgegeben und aktualisiert von Karl Otto Conrady. 3. Aufl. Artemis & Winkler 2003, S. 688.
7 Steffensky, Fulbert: Heitere Gelassenheit – Über die Kunst des Abdankens. Hörfunksendung. NDR Kultur, 18. 2. 2007.
8 Gernhardt, Robert: Gesammelte Gedichte 1994–2004. S. Fischer, Frankfurt am Main 2005, S. 579.
9 Simic, Charles: Es ist immer drei Uhr. In: Thomas Steinfeld (Hg.): »Einmal und nicht mehr«. Schriftsteller über das Alter. DVA, Stuttgart/München 2001, S. 82.
10 Prediger 3,12–13.
11 Erhard, Heinz: Das große Heinz Erhardt Buch. Goldmann, München 2007, S. 270.
12 Berk, Herman-Josef, in: Sabine Bode: Das Schöne daran: Es stört nur die anderen. Hörfunksendung. WDR 3, 1. 10. 2006.
13 Ebd.
14 Lehr, Ursula: Der demografische Wandel und seine Konsequenzen für Individuen und Gesellschaft.
15 Tomowa, Ekaterina: Die vom Himmel Vergessenen. Dt. von Annemarie Mara. Kiepenheuer & Witsch, Köln 1994.

16 Radebold, Hartmut: Die dunklen Schatten unserer Vergangenheit. Ältere Menschen in Beratung, Psychotherapie, Seelsorge und Pflege. Klett-Cotta, Stuttgart 2005.

17 Hirsch, Rolf Dieter, in: Sabine Bode: Lieber nicht hingucken. Hörfunksendung. WDR 3, 21. 02. 1999.

18 Riva, Maria: Meine Mutter Marlene. Aus d. Amerikanischen v. Julia Beise et al. Bertelsmann, München 1992, S. 859.

19 Hahn, Ulla: Das verborgene Wort. DVA, Stuttgart/München 2001, S. 21.

20 Ebd., S. 15.

21 Hirsch, Rolf D.: Die Wohn- und Lebenssituation alter Migranten: Aspekte zur Gesundheit und Gewalt. Bonn 2006. Im Internet zu finden unter: http://www.hsm-bonn.de/download/08_migr.pdf.

22 Ehrmann, Michael: Kriegskinder im Forschungsinterview. Vortrag gehalten auf der Tagung »Der Krieg nach dem Krieg – Spätfolgen bei traumatisierten Menschen«, veranstaltet von »kriegskind.de e.V« und »Förderverein Kriegskinder für den Frieden e.V.« am 6./7. Oktober 2006 in Kiel.

23 Rathgens, Johanna: Unveröffentlichtes Manuskript.

24 Ebd.

25 Vgl. Lehr, Ursula: Der demografische Wandel und seine Konsequenzen für Individuen und Gesellschaft.

26 Thane, Pat (Hg.): Das Alter: eine Kulturgeschichte. Aus dem Engl. von Dirk Oetzmann und Horst M. Langer. Primus, Darmstadt 2005.

27 In: Ebd., S. 12.

28 Schützendorf, Erich: Das Recht der Alten auf Eigensinn. Ein notwendiges Lesebuch für Angehörige und Pflegende. 3. Aufl. Reinhardt, München/Basel 2004, S. 45.

29 Opaschowski, Horst W., zitiert in: Studie. Ende der »German Angst«. In: Süddeutsche Zeitung, 4. 5. 2007. Im Internet zu finden unter: www.sueddeutsche.de/deutschland/artikel/846/112734.

Zitatnachweis

19 Aus: Jonathan Franzen, »Die Korrekturen«. Deutsche Übersetzung von Bettina Abarbanell. Copyright © 2002 by Rowohlt Verlag GmbH, Reinbek bei Hamburg.

46f. »Was schlimm ist«. Aus: Gottfried Benn. Sämtliche Werke. Stuttgarter Ausgabe. Band I: Gedichte 1. In Verb. m. Ilse Benn hrsg. v. Gerhard Schuster. Klett-Cotta, Stuttgart 1986.

58 Robert Gernhardt, Ach. Aus: ders., Gesammelte Gedichte 1954–2004. © S. Fischer Verlag GmbH, Frankfurt am Main 2005, S. 579.

61 Aus: Charles Simic, Es ist immer drei Uhr. In: Thomas Steinfeld (Hrsg.): »Einmal und nicht mehr«. Schriftsteller über das Alter. © der deutschen Übersetzung 2001: Deutsche Verlags-Anstalt, München, in der Verlags-

gruppe Random House GmbH. © des amerikanischen Originals: Charles Simic.

64 »Zu spät«. Aus: Heinz Erhardt, Das große Heinz Erhardt Buch. © Lappan Verlag, Oldenburg.

75 f. Aus: »Die vom Himmel Vergessenen. Hundertjährige erzählen ihr Leben« von Ekaterina Tomowa. Aus dem Bulgarischen von Annemarie Mara. © 1994 by Verlag Kiepenheuer & Witsch, Köln.

112 f. Aus: Ulla Hahn, Das verborgene Wort. © 2001 Deutsche Verlags-Anstalt, München, in der Verlagsgruppe Random House GmbH.

214 Aus: Erich Schützendorf: Das Recht der Alten auf Eigensinn. © 3. Auflage 2004, Ernst Reinhardt Verlag, München/Basel, S. 45.